铁路货物运输与物流

张 琦 ◎主编
杨 浩 ◎主审

中国铁道出版社有限公司
2024年·北 京

内容简介

本书是北京交通大学教改项目专项支持的交通运输类本科专业教材建设成果。本书内容面向现代物流和货物运输发展的要求，尝试以物流和运输的空间经济关系，阐述货物运输方式选择和国际货物运输的特点，并进一步按照大宗散装货物、成件包装货物、集装箱、冷链货物、阔大货物、危险货物等不同货物的理化属性和运输特点，阐述各品类货物运输所需的仓储条件、装卸设备、载运工具、运输组织方式和集疏运模式，将传统铁路货物运输与现代物流发展相结合，创新铁路货物运输教材的编写思路，形成基于现代物流要求的货物运输组织理论体系和知识结构。

本书可作为高等院校交通运输专业本科生教材和研究生教学参考书，也可供从事运输工作及相关领域的理论和实际工作者参考。

图书在版编目（CIP）数据

铁路货物运输与物流 / 张琦主编. -- 北京 : 中国铁道出版社有限公司, 2024. 12. -- ISBN 978-7-113-31860-4

Ⅰ. U294.1

中国国家版本馆 CIP 数据核字第 20243XR984 号

书　　名：铁路货物运输与物流
作　　者：张　琦

策划编辑：金　锋
责任编辑：王　耘　董姗姗　　**编辑部电话：**（010）51873098　　**电子邮箱：**13901350@163.com
封面设计：赵　兆
责任校对：安海燕
责任印制：赵星辰

出版发行：中国铁道出版社有限公司（100054，北京市西城区右安门西街 8 号）
网　　址：https://www.tdpress.com
印　　刷：北京盛通印刷股份有限公司
版　　次：2024 年 12 月第 1 版　2024 年 12 月第 1 次印刷
开　　本：787 mm×1 092 mm 1/16　**印张：**14.25　**字数：**318 千
书　　号：ISBN 978-7-113-31860-4
定　　价：68.00 元

序

物流原意为“后勤保障”，是第二次世界大战期间军事工程的产物，战后面向社会发展，成为各国重要基础或支柱产业。在中国，物流则是伴随改革开放，围绕物的运输这一本源需求，对传统货运业向上、下游相关服务领域进行统合和拓展，在实践中逐步发展的新兴产业。以铁路为代表的传统货物运输业，也因势利导，改革体制机制、应用和集成先进信息技术、机械化、自动化技术和组织管理技术，推动社会服务对象和服务功能的转型升级改造，逐步纳入社会物流及其管理体系，构成国内、国际经济循环的重要组成部分。

本书正是基于物流系统中铁路货物运输自身的发展以及外部运输市场竞合关系演变的要求而展开的理论探索的初步成果。本书注重按照不同货物的理化属性及其运输条件和运输需求特点分类归纳，从物理上阐述不同类别货物运输供给的技术特征和发展方向，以物流与空间经济的关系，从事理上阐述不同品类货物运输需求的经济特征及最佳运输方式选择，进而阐明与之适应的运输组织模式。总之，创新铁路货物运输教材的编写思路，在传承与批判既有铁路货物运输组织理论体系的基础上，将现代物流理论、技术与传统铁路货物运输组织理论有机融合，形成基于现代物流要求的铁路货物运输组织理论体系和知识结构，着力培养高素质人才，创造更智能、高效、低碳、安全的新型运输生产工具，拓展范围更广阔的服务对象，加强交通运输与其他行业融合发展，是编写本书的宗旨。

本书是作者及其团队多年教学与科研的成果总结，也是与时俱进面向国家深化改革开放的新发展格局，对交通运输（铁路运输）专业教材的知识结构、学术体系进行调整和更新的一次尝试。

学无止境！随着中国现代物流与供应链迅速发展，铁路货物运输在深化供给侧结构改革、以高新技术孕育新质生产力、创新业态、拓展商业化经营、推进绿色低碳可持续发展等方面将继续面临新的机遇和挑战。社会主义现代化建设新时期中国铁路改革与发展的实践，必将为铁路货物运输组织理论和技术的创新开辟更广阔的空间。衷心期待有更多的理论研究和实际工作者积极参与教材建设、提供宝贵意见和建议，共同为创建有中国特色的铁路运输组织理论方法而努力。

杨浩

2024年11月

前言

随着以先进信息、工程及经济管理理论技术支撑的现代物流业及综合交通运输的蓬勃发展，货物运输结构和运输需求发生了很大变化。从货物运输结构的角度，货物运输不仅包括大宗低值生产物资，还有大量生活用品及高值消费物资；不仅涵盖国内货物运输，还有大量的国际货物运输；不仅涉及传统的国际海运航线，更有基于陆路基础设施联通而快速发展的国际铁路联运、国际多式联运。从货物运输需求的角度，货物运输不仅要求“运得了”，而且越来越要求“运得好”。货物运输结构和运输需求的变化，对铁路货物运输提出了更高的要求，铁路货运组织模式也随之不断创新。重载运输充分体现了大宗物资输送的规模效应；行包专列、高铁快运等列车的开行为托运人提供了更多的时间效用；适箱货物品类的不断增多与中欧班列的快速发展为集装箱运输与国际铁路联运增添了更大的发展空间；冷链运输、新能源汽车运输等为鲜活货物与危险货物运输提供了新的业务挑战。因此，铁路货物运输不仅在实践场景不断探索新的运输组织形式，在理论层面也亟待跳出既有框架，与时俱进，从全物流链的角度研究货物运输组织问题。本书正是基于铁路货物运输自身的发展变化以及市场要求而展开的理论探索，也是对交通运输（铁路运输）专业教材的知识结构进行调整的一次尝试。

本书一共七章。第一章绪论结合铁路货物运输发展趋势以及现代物流发展要求，以面向物流的货物运输作为总括，分析了运输与物流的关系、基于货物品类差异的运输方式选择与物流需求、货物运输与物流综合成本、以及国际货物运输与物流的特性等。根据不同品类货物不同的运输需求与物流要求，按照大宗散装货物、成件包装货物、集装箱、冷链货物、阔大货物、危险货物等不同货物的理化属性和运输特点，阐述各品类别货物运输所需的仓储条件、装卸设备、载运工具、运输组织方式和集疏运模式，形成了第二章至第七章的篇章结构与内容。

本书旨在将传统铁路货物运输与现代物流发展相结合，创新铁路货物运输教材的编写思路。在传承既有铁路货物运输教材基本内容的基础上，对其一贯沿用的传统框架结构进行了适当调整，将现代物流知识与传统铁路货物运输组织理论有机融合，总结运输市场发展需求和新型运输组织模式的实践，形成基于现代物流要求的铁路货物运输组织理论体系与知识结构。

本书是北京交通大学教改项目专项支持建设的交通运输类本科专业新编教材，是作者及其团队多年教学研究与科研、实践的成果总结。全书由北京交通大学交通运输学院张琦教授主编、杨浩教授主审。杨浩教授在成书和审稿中，多次提出详细的修改意见和建议。魏玉光、王力、张进川、米希伟等多位老师对本书的编写提出了宝贵意见和建议，并完成了其中部分章节的内容。杨浩森、杨必成、董宇轩、刘月等也参与了本书的资料收集与文本整理等工作。在此一并表示衷心的感谢！本书在编写过程中，参阅了国内外相关领域的研究成果、技术标准、规章规则等，参考和引用了所列参考文献中的某些内容，在此谨向这些文献的作者、编著者以及相关专家学者们致以诚挚感谢！对于遗漏或其他原因未能列出的参考文献资料，在此表示谢意和歉意。

近年来，我国现代物流与供应链发展迅速，铁路货物运输、特别是集装箱运输也因交通运输可持续发展、交通运输供给侧结构性改革等要求而与综合运输以及现代物流相融合，并处于快速发展中。各种新技术的研发与应用、新型运输组织形式的探索、以及新品类货物的问世，使得货物运输需求日渐多样化、个性化，运输供给创新也随之日新月异。由于作者水平有限，不能尽言所有，不妥之处在所难免，敬请读者给予批评指正。

编者

2024年7月

目录

第1章

绪 论

本章基于铁路货物运输发展趋势以及现代物流发展要求，以面向物流的货物运输作为总括，阐述货物运输与物流的关系、货物运输与物流综合成本、基于货物品类差异的物流需求与货物运输方式选择以及国际货物运输与物流的特性等。

1.1 面向物流的货物运输概述

1.1.1 运输与物流的定义

1. 运输的定义

《物流术语》(GB/T 18354—2021)对运输的定义是“利用载运工具、设施设备及人力等运力资源，使货物在较大空间上产生位置移动的活动。”该定义反映了运输活动的如下特点：运输是将物品从供应地向需求地的送达活动，包括集货、搬运、装卸等活动。货物运输是在较大的、有一定空间距离的地域范围内，以改变货物的空间位置、实现货物空间位移的有目的的经济活动。

2. 物流的定义

《物流术语》(GB/T 18354—2021)中，对物流的定义表述为“根据实际需要，将运输、储存、装卸、搬运、包装、流通加工、配送、信息处理等基本功能实施有机结合，使物品从供应地向接收地进行实体流动的过程。”该定义反映了物流的基本功能，包括包装、仓储、装卸与搬运、运输、流通加工、信息处理等。

美国供应链管理专业协会（Council of Supply Chain Management Professionals，CSCMP）对物流定义的表述是“物流是供应链管理的一部分，旨在有效地计划、实施和控制正向物流与逆向物流，以及起始点和消费点之间的物品储存、服务和相关信息，最终达到满足顾客需求的目的”。该定义明确了物流活动的基本目标或主要结果是满足顾客需求，通过货物的空间位移和储存等关键物流活动，实现在合适的时间、恰当的地点向顾客提供需要的商品，即物流为顾客提供了时间效用和空间效用。

1.1.2 运输与物流的关系概述

1. 运输与物流的关系

从上述定义可以看出，运输是物流系统的重要环节之一，也是物流的基础与核心。运输与物流是从属关系。同时，运输是物流最核心的功能，运输质量决定着物流整体水平以及物流服务的可实现程度，因此，运输与物流之间又具有相互依赖相互制约的关系。

（1）运输实现了物流为顾客提供的时空效用

货物运输产品的核心是货物的空间位移。通过各种运输方式的基础设施、载运工具，在一定的运输组织方法与运输管理下，运输改变了货物的地点或位置，消除了货物生产与消费的空间差异，实现了商品的使用价值，即商品的“空间效用”。运输作为物流的关键环节，能够将货物在合适的时间送达顾客期望的地点，产生了商品的“时间效用”。

（2）运输是物流系统的核心

马克思将运输称为“第四个物质生产部门”，即运输是生产过程的继续。运输是国民经济的基础，相应地，运输需求也是社会经济和人们日常生活的派生需求。同时，运输是物流的核心功能。物流系统的三大主体功能是运输、仓储和流通加工，分别实现物流活动为商品所创造的空间效用、时间效用和形式效用。因此，运输是物流所有功能中的核心，在物流活动中居于主导地位。

（3）运输保障了物流资源的空间均衡

由于资源禀赋、地理条件以及经济发展水平的差异，不同地区的产业结构、社会经济发展水平、运输发展水平、运输需求及其构成等多方面存在结构上、数量上、方向上的不均衡性。物流活动在创造商品的时间效用和空间效用时，借助运输活动实现货物的空间转移，在一定程度上能够减少资源的地区差异性，实现货流平衡。

（4）运输成本的控制有助于实现物流成本的节约

全社会物流成本表示为全社会物流总费用与GDP的比值，用于衡量单位GDP产出的物流费用消耗水平。其中，运输费用是物流费用的重要组成部分。2022年我国社会物流总费用约占GDP的14.7%，其中，运输费用占社会物流总费用的比重为53.65%。物流被称为企业的“第三利润源”，因此运输成本的有效控制能够很大程度上实现物流成本的有效节约。

2. 运输与供应链的关系

《物流术语》(GB/T 18354—2021)对供应链的定义是“生产及流通过程中，围绕核心企业的核心产品或服务，由所涉及的原材料供应商、制造商、分销商、零售商直到最终用户等形成的网链结构。”该定义表明了产品或服务从生产或流通环节向最终用户的空间转移过程，也充分说明从供应链的角度来看，供应链运作的主要环节与运输活动密不可分。

(1) 供应环节中的运输活动

在供应链的原材料供应环节，生产企业需要通过采购、调运原材料以及零部件等活动来完成企业的物资生产。不同品类的原材料、不同形式的零部件，其运输需求可能不同。原材料需求以大批量为主，零部件则可能是大批量、也可能是小批量多批次形式。相应地，需要选择不同的运输方式、采用不同的运输组织形式、以满足企业原材料和零部件的物资供应。

(2) 生产环节中的运输活动

在供应链的生产环节，生产企业的生产过程往往会产生物料的短距离搬运，具有短距离、小批量和高频次的特点，例如将生产物料从仓库运往相应车间的生产工位。据统计，物料的短距离搬运产生的费用占整个生产费用的20%～30%。

(3) 销售环节中的干线运输

在供应链的销售环节，生产企业的产成品从工厂仓库向消费市场流动。商品从生产仓库大批量、较长距离地运输到批发商的中转仓库，或者各级物流中心，这种大规模运输也称为“干线运输”。干线运输多为工厂与各区域物流中心之间的长距离、大规模运输。干线运输是供应链销售环节的重要支撑与组成。

(4) 销售环节中的短途配送

在供应链销售环节的末端配送中，商品从进入物流中心到准备进入发货阶段，即将商品向批发业配送中心、大型零售商配送中心以及零售店甚至消费者手中的运输，这一过程称为配送。配送过程需要根据目标客户的要求完成商品的分拣，再进行相应运输。运输是实现供应链最后一公里的必要手段。

3. 运输物流系统的构成

现代物流体现了系统性、网络性、综合性和经济性等现代管理思想。由于运输与物流之间的关系，运输系统的结构及运输市场的构成与物流系统的核心部分具有很大程度上的一致性。运输物流系统主要由运输节点、运输线路、运输网络、载运工具以及运输活动参与方构成。

（1）运输节点

运输节点是运输物流系统中的重要组成要素之一，也是运输网络的必要元素。从运输的角度看，运输节点即为车站、港口、机场等。从物流的角度看，运输节点包括物流中心、转运节点、配送中心、仓库等。从节点功能看，车站、港口、机场等运输节点是运输企业面向客户的窗口，也是办理各种运输业务的场所，包括货物运输的受理、制票、承运、保管、装车、卸车、交付等；而根据运输节点所处的位置及功能也可以分为枢纽节点、货源节点、港口节点、口岸节点等。从运输网络的角度看，运输节点相连构成运输线路，并通过节点将不同走向、不同等级的干线或者干支线连接在一起，构成某种运输方式的运输网络。综合运输枢纽将不同运输方式的线路相连接，构成立体化的综合运输网络，经由运输节点完成同种运输方式不同线路之间或者不同运输方式之间货物的中转、转运，以及干支线线路之间的货物集疏运。

（2）运输线路

运输线路是支撑载运工具移动、实现货物空间位移、具有一定方向性的物理通道，是运输与物流活动赖以进行的最重要的基础设施，也是运输与物流系统中的重要要素。运输线路直接承担着货物运输任务，是线路所经区域货流及时、迅速、安全通过的重要保障。运输线路是运输节点通过一定的判别条件和连接标准而形成的线路，运输线路中的主干线路，构成了运输网络的主骨架。在一定空间内，由不同运输方式、走向大体一致的多条运输线路就构成综合运输通道，并形成具有一定层次性、空间性的综合运输网络。

（3）运输网络

随着社会经济的发展以及交通技术的进步，运输节点和运输线路不断进行全方位的扩展、延伸与交叉，形成了运输网络。运输网络是运输节点之间、运输线路之间得以联系、并实现运输活动可达性、运输系统稳定性、可靠性的重要形式。点线所构成的运输通道存在运输中断的可能性，将不同的运输线路通过枢纽节点连接起来，将尽头线路的末端延伸或者与其他线路相连，形成具有可替代线路的运输网络，能够极大地提高运输网络不中断运输的可靠性、运输节点之间的直达性以及运输网络的效率。

（4）载运工具

载运工具是实际承载货物在运输线路上移动、实现货物从一个节点到达另一个节点的各种运输设备和装置。载运工具具有装载货物的容积空间，能够承受运输过程中货物重量以及各种作用力。因此，在运输中需要根据货物的理化特性、外形尺寸、体积重量等配备与货物运输要求相符合的载运工具，以确保运输安全。

（5）运输活动参与方

在货物运输中，一般通过货物运输合同确定承托双方的权责关系。因此，托运人、收货人与承运人是货物运输合同的当事人，也是货物运输活动的重要参与者。在运输合同履行过程中，承托双方的意愿有时是一致的。比如，都希望货物能够在规定的时间内安全、经济地送达指定的地点。同时，承运人作为运输企业，在完成运输任务的同时，也具有取得运输收入、提高运输利润、降低运输成本的愿望。

在货物运输合同订立过程中，有时并非货主本人直接参与合同的签订，而是委托货运代理人签订合同，或者委托多式联运经营人负责多式联运的全程运输并与各区段实际承运人签订运输合同。货运代理人（freight forwarder）作为货主与承运人之间的中间环节，只负责收揽货物，收取佣金，而不直接参与实际的运输活动。多式联运经营人（multimodal transportation operator，MTO）则是具有签发运输合同的法律实体，在多式联运中参与货物运输过程，并对货物运输全程负责。

政府是运输活动的特殊参与方。运输政策的制定引领着运输活动向着高效率、兼具社会效益与系统稳定的方向发展。政府通过主导对交通运输网络的规划以及交通基础设施的建设，实现不同地区运输资源的平衡，促进了区域运输与社会经济的发展。运输法律法规的颁布则体现政府对运输活动的干预，以规范承运人的行为或者运输市场的发展，实现公共资源的合理开发和利用，实现交通运输的可持续发展。

1.2 货物运输与物流综合成本

1.2.1 货物运输费用与成本的内涵

运价是运输产品价格的货币表现，表现为单位运输产品的价格。运费是承运人为完成货物运输，根据与托运人之间的运输合同及相关规定，由托运人或收货人向承运人支付的运输费用。运费主要表现为托运方为货物运输而支付的运输成本；或者是承运人向托运人或收货人收取的运输报酬，主要表现为承运人为货物运输而获得的运输收入。运费表现为单位运价与运量的乘积。

运费是承运人根据运输契约向托运人收取的运输报酬，运费应是单位运价与运量之积，即

$$F = PQ$$

式中 F——运费（元）；

P——单位运价（元/t）；

Q——运量（t）。

货物运输产品的计量单位是吨·公里或吨·海里，相应地，货物运输运价以每吨公里（或海里）若干元表示，称为吨公里或吨海里运价率，即运价率实质就是每单位运输产品的运价。

1. 按距离别的差别运费确定方法

按运输距离确定运输费用是基于货物运输距离的差异而形成的不同运输费用。一般地，运输费用随着运输距离的延长而增加，按运输距离确定运输费用是最简单也是最基本的运费确定方法。但实际运输中，根据不同运输方式不同费率确定原则，并不是完全按距离远近成正比例地制定运价，绝大多数距离运价是按递远递减原则制定的，即按距离确定运输费用具有运输费用/运输成本随着运输距离的延长而表现出单位运输产品费用逐渐降低的趋势，具有单位运输成本递远递减的特征。运价率随运输距离的延长而降低，在中短途运输距离降低幅度比较明显，而在长途远距离运输中降低幅度趋缓，超过一定距离保持稳定水平。

2. 按货种别的差别运费确定方法

按货种别的差别运费确定方法考虑到货物自身价值的差异性及其对运费的承受水平，对不同品类的货物适用不同的运价率，形成不同运费。按货种别的差别运费确定方法，也是前述基于货物品类差异的运输方式选择以及运输产品设计的重要依据。按货种别的差别运费主要是通过货物类别的划分和费率级差的确定来体现的。例如，在目前我国货物运输的运价制度中，铁路采用分号制，水运和公路采用分级制，即根据货物类别的划分将相应的货物运价分成若干号或若干级别，不同运价号或费率级别分别对应不同的运价率，并有不同的费率级差。

除了与货物运输直接相关的运费之外，货物运输与物流综合成本的构成还包括货物包装、仓储、装卸、搬运、配送以及管理等各环节发生的与货物运输及物流活动相关的全链条物流费用。

不同运输方式的运费计算方法和依据因其运输组织过程以及运输管理方法的差异而有所不同。

1.2.2 货物运输费用的确定方法

1. 公路运输运费的确定

公路运输整批货物及集装箱运输费用一般按吨（箱）次费用、运价费用和货物运输其他费用计收。公路运输零担货物和计时包车运输费用一般按运价费用和货物运输其他费用计收。

公路运输整批货物及集装箱运输费用可以用如下公式计算：

整批货物运费（元）=吨次费（元/t）×计费重量（t）+整批货物运价〔元/（t·km）〕×计费重量（t）×计费里程（km）+货物运输其他费用（元）

重（空）集装箱运费（元）=重（空）箱运价〔元/（箱·km）〕×计费箱数（箱）×计费里程（km）+箱次费（元/箱）×计费箱数（箱）+ 货物运输其他费用（元）

2. 水路运输运费的确定

水路运输中运费的确定方法会根据远洋班轮运输、海运集装箱全程运输，以及内河水运的差异而不同。

班轮运费通常包括基本运费和附加运费两部分，是班轮公司根据货物种类，性质，营运航线，装、卸港等货运作业情况以及市场环境，为弥补运输货物的费用开支，按照业已制定的费收政策与策略而规定的货运价格。其中，基本运费是根据普通货物在航线上各基本港口间进行运输的平均水平制订的，是任何一种货物都要计收的运输费用；附加运费则是针对一些需要特殊处理的货物或者发生一些特殊作业视不同情况而加收的运费。

班轮运输基本运费可以按照如下公式计算：

运费=费率×计费吨（箱数）

海运集装箱全程运输根据作业区段不同划分为发货地内陆运输，装货港集装箱码头搬运、装卸作业，海上运输，卸货港集装箱码头搬运、装卸作业以及收货地内陆运输等五个部分。在国际集装箱多式联运的情况下，承运人根据具体作业内容不同对应收取相应的运输费用。根据国际集装箱多式联运全程作业区段，海运集装箱全程运输费用通常包括海运运费、堆场服务费、拼箱服务费、集散运输费以及内陆运输费等。

内河水运运费主要采取以下几种计费方式：

（1）单一运价。单一运价是指针对相同品类货物，不论其运输距离长短，都采用相同的每货运吨运价。

（2）均衡里程运价。均衡里程运价是指针对相同品类货物，货物的运价率随运输距离的增加而成正比例地增加，即吨公里运价保持不变。

（3）递远递减运价。递远递减运价是指针对相同品类货物，每吨公里运价随运输距离的增加而逐步降低。

（4）航线运价。航线运价主要指适用于航线上两个港口之间直达货物的运价。

3. 铁路运输运费的确定

按照《铁路货物运价规则》的规定，我国铁路货物运输费用主要包括车站费用、运行费用、服务费用和额外占用铁路设备的费用等，具体由货物运费、杂费以及专项和代收费用等构成。

铁路整车（集装箱货物）运输的运费可以按照如下公式计算：

整车运费=（基价1+基价2×运价里程）×计费重量

集装箱运费=（基价1+基价2×运价里程）×箱数

其中，基价1和基价2是“铁路货物运价率表”中规定的适用的运价率，不同品类货物适用不同的运价号、对应不同的运价率，分别表示车站费用的单位运价和运行费用的单位运价。

运价里程是根据货物运单上填写的发、到站，按《货物运价里程表》计算出的发站至到站之间用于计算运费的运输距离。运价里程一般根据《货物运价里程表》，按照发站至到站间国铁正式营业线最短径路（与国家铁路办理直通的合资、地方铁路和铁路局临管线到发的货物也按发、到站间最短径路）计算，但《货物运价里程表》内或国铁集团规定有计费径路的，按规定的计费径路计算。运价里程不包括专用线、货物支线的里程。通过轮渡时，需要将规定的轮渡里程加入运价里程内计算。水路联运的货物，需要将换装站至码头线的里程加入运价里程内计算。

当发生下列情况时，发站在货物运单内注明，运价里程按实际经由计算：

（1）因货物性质（如鲜活货物、超限货物等）必须绕路运输时；

（2）因自然灾害或其他非铁路责任，托运人要求绕路运输时；

（3）属于“五定”班列运输的货物，按班列经路运输时。

但对于承运后的货物发生绕路运输时，仍按货物运单内记载的径路计算运输费用。

1.3　物流需求与运输方式选择

1.3.1　物流需求

对于具体的运输需求而言，运输方式选择是一种市场行为，重要的考量因素是运输成本，包括向运输企业支付的运输服务费用成本和货物在途运输时间耗费的成本。运输成本在很大程度上取决于运输企业的收益管理水平。

收益管理，又称产出管理、价格弹性管理，或者称“效益管理”或“实时定价”，主要是通过建立实时预测模型和对以市场细分为基础的需求行为分析，确定向不同细分市场执行不同的最佳的销售或服务价格的管理模式。收益管理的核心是价格细分，也称作价格歧视（price discrimination），就是基于市场细分，采用一些合理的原则或者限制性条件，根据客户不同的需求特征和价格弹性向客户执行不同的价格标准。

基于收益管理概念的本质，有必要对货物运输市场进行细分并对相应细分市场的货物设计满足其运输需求的货物运输产品，明确货物品类差异条件下的运输方式选择的差异化，确定货物品类差异化形成的货物运输产品多样化。

1. 低价值货物运输需求

从产业类别看，产品价值相对较低的行业，其运输成本在总物流成本中的占比较高，如煤炭、冶金、矿建材料等行业运输成本占比甚至高达50%，降低运输成本对于控制此类行业物流成本将产生比较显著的效果。因此，对于低价值货物运输细分市场，可以采取低廉的运输价格争取货源。一方面通过扩大运输规模提升运输企业收益，另一方面较低的运输费用能够降低托运方运输货物的经济成本。

2. 高价值货物运输需求

对于高价值产品、高附加值产品、高时效性产品的行业，物流速度是影响成本和价值的重要因素。便捷、快速的运输与物流系统是实现货物在流通中时间效用和空间效用的重要保证。因此，对于高价值货物运输细分市场，可以设计具有较高运输速度和精准时效的运输产品，一方面提升货物送达速度，压缩供应链交付周期、保证履约按时交货，另一方面能够通过降低时间成本而实现节省货物综合物流成本的目的。

3. 基于货物品类差异化的运输产品精细化、谱系化设计

不同品类货物对运输需求的差异性表现在物流活动的各个主要环节：煤炭、矿石等大宗货物一般没有特殊的运输包装，在普通堆场存放，使用铁路敞车、拦板式卡车、散装货船等载运工具运输；书籍、日用品等则可以使用纸箱等包装，在仓库存放，使用铁路棚车、厢式卡车、散杂船等运输；而精密仪器、笔记本电脑、生鲜食品等则需要具有防震抗压或保温等功能的包装，在现代立体仓库或冷库中存放，装入通用集装箱或冷藏集装箱中使用铁路集装箱平车、集装箱专用车、公路集装箱卡车或全集装箱船运输。不同品类货物在物流环节的上述差异，也反映在货物具有不同的运输需求，选择不同的运输方式或采用不同的运输组织形式，相应地，货物的全程运输时间以及综合物流成本也会不同。

在收益管理的同时，根据不同品类货物运输需求特征的差异，进行精细化货物运输产品设计，采用适应不同种类货物装运要求的运载工具、设计不同的运输组织模式、装卸作业模式，形成适应货物运输结构和产业需求特征的差异化运输产品和物流系统。

1.3.2 运输方式选择

1. 各种运输方式的主要特点

通常，运输方式的划分主要有铁路运输、公路运输、航空运输、水路运输、管道运输等五种，每种运输方式有其各自特点及适用条件。各种运输方式的主要特点与适用范围见表1.1。

表 1.1　各种运输方式主要特点和适用范围

运输方式	优　　点	缺　　点	适用范围
铁路运输	（1）运输能力大，速度快，符合大运量货物运输需求； （2）具备比较完善的铁路运输网络，可以实现货物中长距离干线运输； （3）全天候运行运输安全性高； （4）对环境影响较小，属于绿色运输方式	（1）短途运输费用较高，送达速度较公路低； （2）运输灵活性较差； （3）基础设施投资大，建设周期长，沉没成本高	主要适用于中长距离、大运量货物的陆路运输、以及陆路联通国家的国际货物运输
公路运输	（1）通达性好，易于实现“门到门”运输； （2）短途运输中具有比较突出的经济性和快速性； （3）具有较好的灵活性、便捷性	（1）单车载运量小； （2）道路运输外部代价比较高	主要适用于中短距离、小批量货物的陆路运输；作为干线运输的集疏运方式，实现“门到门”运输
水路运输	（1）运输费用较低； （2）运输能力大，符合大运量货物以及超长、超大、超重货物的运输需求； （3）符合洲际国际货物运输需求	（1）运输速度较慢； （2）短途运输中港口费用占比高； （3）航行受天气影响较大	主要适用于大运量、低值货物的中长距离运输以及国际货物运输；内河水运可以作为远洋及沿海干线运输的集疏运方式
航空运输	（1）运输速度快； （2）具备比较完善的航空运输网络，可以实现货物中长距离干线运输； （3）符合洲际国际货物运输需求	（1）运输费用高； （2）所运输货物的体积、重量、品类有一定限制； （3）飞行受气候影响比较大； （4）基础设施建设成本以及载运工具购置成本较高	主要适用于时效性要求高、高价值货物、小批量货物、以及国际货物运输
管道运输	（1）适合于气体、液体货物的运输，运输效率较高； （2）节省货物包装，以及运输过程中的加固费用等	（1）用于特定品类、特定流向货物的运输； （2）基础设施建设投资较大	主要适用于大宗气体、流体货物的运输，如石油、天然气、煤浆、矿石浆体等

2. 运输方式选择的主要因素

一般情况下，货物运输方式的选择受到货物品类、运量、运输距离、运输时间、运输成本等多种因素的影响。其中，货物品类、运量和运输距离是由货物自身属性特征、货物需求量以及货物资源分布及需求空间分布所决定。而运输时间和运输成本的考量是不同品类货物选择运输方式的主要依据，也是各种运输方式竞争的重要方面。

运输方式的经济性体现在运输方式选择过程中对运输成本的衡量。根据各种运输方式的技术经济特征，短途货物运输选择公路运输方式能够获得较低运输成本的同时兼顾灵活性，而中长途货物运输则更适宜采用铁路或者水路运输方式。

运输方式的时间性则体现在运输方式选择过程中对运输速度与准时率的衡量。不同运输方式受到其运输技术以及载运工具设计的限制，有不同的运输速度。目前，各种运输方式货物运输的技术速度分别为：铁路80～160 km/h，水路10～30 km/h，公路80～120 km/h，航空900～1 000 km/h。因此，对于时效性要求非常高的高价值货物长途运输，航空运输方式能够更好地满足货物运输需求。

运输方式的通达性通常使用交通线网的几个技术性能指标来衡量，表现为不同运输方式的路网密度、线网连通度、主要城市覆盖率以及可达性等。

（1）路网密度

路网密度反映了不同运输方式一定区域范围内路网的建设规模，反映了基于运输基础设施建设的路网供给能力。其计算公式如下：

$$\rho=\frac{L}{\sqrt[3]{APG}} \tag{1.1}$$

式中 L——线网长度，km；

A——区域总面积，10 km²；

P——区域内人口数量，万人；

G——区域的经济产值，万亿元。

（2）线网连通度

线网连通度是指不同运输方式在一定区域范围内运输节点之间通过运输线路或网络相互连通的程度。线网连通度在一定程度上反映出不同运输方式的网络布局与结构。其计算公式为：

$$C=\frac{\frac{L}{K}}{\sqrt{AN}} \tag{1.2}$$

式中 C——规划区域内交通网络节点的连通度；

K——不同运输方式的非直线系数，定义为某种运输方式连接节点之间的实际线路总里程与直线总里程之比，通常取1.2～1.4；

N——规划区域连通的节点数；

L、A的含义同公式(1.1)。

(3) 主要城市覆盖率

主要城市覆盖率反映了不同运输方式网络结构与其覆盖区域城市空间布局之间的适应程度，也在一定程度上反映了运输网络所覆盖区域城市节点之间的连接关系，体现出运输网络的形态密度。其计算公式为：

$$\text{主要城市覆盖率}=\frac{\text{连通主要城市换算个数}}{\text{规划区主要城市换算个数}}\times 100\% \tag{1.3}$$

其中，城市换算方法是选择运输网络所覆盖的区域中某一城市为标准城市，其他城市按经济、人口指标换成标准城市。主要城市是指满足以下某一条件的城市：①人口在50万以上的城市；②主要旅游景点所在地；③边境口岸及具有国防战略意义的城市；④港口城市、交通枢纽城市以及战略地位重要的城市。

(4) 可达性

可达性反映了运输网络中运输节点之间连接的便捷程度以及该运输节点可以通达的程度。通常使用一定范围内的平均运输距离或者平均运输时间来表示。其计算公式为：

$$c_2=\frac{1}{n}\sum_{i=1}^{n}D_i \text{ 或 } c_2=\frac{1}{n}\sum_{i=1}^{n}T_i \tag{1.4}$$

式中 D_i、T_i——第i个运输节点至其他运输节点的平均运输距离和运输时间；

n——节点数。

基于各种运输方式的主要特征及其适用范围以及不同运输方式线网分布及通达范围的限制，运输全过程往往需要不同运输方式的协作配合才得以完成，因此，多式联运是货物运输的必然发展趋势。同时，就货物运输的品类、批量、方向及运距而言，在不同运输方式之间也客观存在可替代性，因而导致运输市场上不同运输企业间围绕运输价格和服务水平的相互竞争。各种运输方式之间从竞争走向合作的发展大趋势，必然带来运输时间的节约和运输成本的降低，实现货物运输全过程的效率优化。

1.4 国际货物运输与物流特性

1.4.1 国际货物运输与物流的特点

国际货物运输与物流是货物在不同国家或地区之间的运输物流活动。根据运输组织形式不同，国际货物运输可以是由两种及其以上不同运输方式组成并完成全程运输的国际多式联运，也可以是全程由两个及其以上国家的铁路共同参与并完成全程运输的国际铁路联运以及国际远洋运输、国际航空运输等。

国际货物运输与物流具有以下主要特点：

(1)通常情况下，国际货物运输与物流是国际贸易的一个组成部分。通过实现国际货物运输与物流的时间效用和空间效用，完成国际贸易双方之间的货物交易关系。因此，履行国际货物运输合同是履行进出口贸易合同、满足商品市场的需求以及跨境结汇金融程序等的重要基础。

(2)国际货物运输的距离和物流综合成本会与运输方式选择、运输组织形式以及贸易双方针对货物运输签订的相关条款有关。因此，针对国际运输的货物提高货源组织水平、优化运输组织方式、提升货物运输效率对于提高国际货物运输能力、降低货物全程物流综合成本具有重要意义。

(3)国际货物运输与物流是相邻国家之间或者是经由多个国家的运输物流活动。国际货物运输一般都是长途运输，而且与国内货物运输相比，国际货物运输过程涉及的作业环节更多，包括不同运输方式之间、不同载运工具之间、不同轨距铁路之间的货物换装、票据传递及更换单据、海关及边检查验等。国际货物运输还必须遵守不同国家和地区的相关法律法规和规定。

(4)国际货物运输与物流面临的不确定风险更高。由于国际货物运输是跨国家、长距离、多环节、多方式的货物运输，运输全程与物流活动面临的不确定风险更高，包括自然环境风险以及社会政治环境风险等，也对承运人运输组织水平、风险规避能力提出了更高要求。

1.4.2 国际货物运输与物流的发展要求

1. 单证互认与运单物权化

国际货物运输中的国际多式联运涉及跨国界的不同运输方式之间的协同作业问题，国际铁路联运则涉及不同国际铁路组织、不同国家铁路、不同部门之间的协同作业问题。运单物权化是将国际联运运单作为物权凭证进行流转，包括变现、转让、抵押。物权化的运单即代表对货物的所有权。运单物权化是国际贸易运输的通行规则，是世界经济全球化发展的显著特征。实现单证互认和运单物权化有利于促进国际货物联运过程中的多环节衔接、提升各方权益安全保障，建立欧亚之间统一的铁路运输空间，提高洲际铁路通道竞争力。

由具有一定资质条件的多式联运经营人所签发的多式联运提单是证明多式联运合同

订立，托运人已交付货物、多式联运经营人接管货物并负责交付货物，收货人能够凭提单在目的地提取货物的有价证券。多式联运提单具有货物运输合同证明、货物收据和物权凭证的属性和特征。

（1）多式联运提单是国际货物多式联运合同的证明。多式联运经营人作为货物运输承运人向托运人签发提单，即表明承托双方之间已就货物运输达成意思表示一致，并形成相应的运输契约，即作为多式联运合同的多式联运提单。

（2）多式联运提单是多式联运经营人接管货物的证明和收据。一般情况下，承运人或者多式联运经营人在接收托运人交付的货物，并核查货物质量、数量等确认无误后签发运输合同或提单。因此，签发提单即表明承运人或多式联运经营人已确认接管货物。

（3）多式联运提单是收货人凭单提货以及承运人交付货物的凭证。目前，我国铁路货物运单为记名运单，即运单上"收货人"栏准确记载收货人的姓名，并且承运人须将货物交付给运单上记载的收货人，即按单交货。而海运提单或多式联运提单则按照"收货人"栏的填记方式不同分为不同种类，其中，记名提单与铁路货物运单类似，提单"收货人"栏记有明确的收货人，在目的地，承运人按照提单将货物交付给提单上写明的收货人，也是按单交货。

（4）多式联运提单是提单上所列记的货物所有权的证明，即物权凭证。海运提单或多式联运提单中，除了记名提单之外，还有指示提单和空白提单。与记名提单或者铁路货物运单不同，指示提单和空白提单上"收货人"栏没有具体的收货人，需根据指示填记或背书的方式确定最终的收货人。收货人在目的地凭单提货，即承运人将货物交付给持有提单的收货人。因此，指示提单和空白提单具有一定的流通性，是具有物权凭证的可以转让的有价证券，可以转让买卖，但也相应的存在一定的风险。

2. 信息共享与业务协同

国际货物运输与多式联运涉及铁路、公路、航空、海运、港口以及货主、海关、检验检疫等多方主体和相关部门，各方之间信息共享是实现国际货物运输与多式联运业务协同、提升物流效率的重要技术手段。即不论是在每程运输内部业务相关方之间还是在多程运输的业务相关方之间，各主体都应基于及时的信息交互和共享实现业务协同，以压缩国际货物运输与多式联运过程中在不同运输方式之间、不同业务部门之间的等待时间，提高全程运输效率，降低全程物流成本。近年来，公路、铁路、水路、民航信息化建设的不断升级改造推动了各种运输方式单据电子化的发展，并以此为基础，通过交换、协作等方式汇集、共享不同运输方式的信息资源，为国际货物运输与多式联运提供信息服务，实现不同运输方式之间的无缝链接和协同作业。

1.4.3 我国现代物流发展趋势

《“十四五”现代物流发展规划》（简称《规划》）指出，现代物流是经济的“经脉”，连接生产与消费，高度集成并融合运输、仓储、分拨、配送、信息等服务功能，是延伸产业链、提升价值链、打造供应链的重要支撑，在构建现代流通体系、促进形成强大国内市场、推动高质量发展、建设现代化经济体系中发挥着先导性、基础性、战略性作用。随着新一轮科技革命和产业变革不断发展，全球产业竞争也形成创新链、供应链、人才链、数据链等多链融合的新局面，将对现代物流的发展带来深刻影响，并加速其变革进程。新形势下，我国现代物流将向着智能化、融合化、绿色化、国际化等方向不断发展。

1. 智能化

《规划》提出推进物流智慧化改造是现代物流的重点发展领域和方向。深度应用第五代移动通信、北斗、移动互联网、大数据、人工智能等技术，促进自动化、无人化、智慧化物流技术装备以及自动感知、自动控制、智慧决策等智慧管理技术应用，稳步发展网络货运、共享物流、无人配送、智慧航运等新业态。

新技术、新装备在物流领域应用广泛，推动物流创新链、数据链的形成，进而推动现代物流向着智能化、数字化方向发展。随着新能源、新材料以及人工智能等新技术的不断成熟，无人仓、无人码头、无人配送车、物流机器人等新技术、新装备将会逐渐普及，“人工智能+智慧物流”将成为现代物流发展的新模式、新场景。

2. 融合化

全球产业正向着多链融合的方向发展。多链融合强调产业链、供应链与创新链的深度融合，影响现代物流发展路径。区别于传统物流产业形态，现代物流的发展将打破既有产业边界，精准对接经济社会、资源环境等的需求，实现物流业与农业生产、工业制造等传统产业以及新能源、智能制造等战略性新兴产业的融合创新发展。例如，基于“互联网+”的现代物流与农业、先进制造以及电子商务等产业的融合，已经催生出订单农业、电商物流、网络货运、海外仓等物流新业态。

3. 绿色化

《规划》中提出深入推进节能减排是现代物流的重点发展方向。加强货运车辆适用的充电桩、加氢站以及内河船舶适用的岸电设施等配套布局建设，加快新能源车辆在现代物流特别是城市配送领域的应用，继续加大柴油货车污染治理力度，持续推进运输结构调整，提高铁路、水路运输比重。

将绿色发展理念贯穿现代物流全过程，推动物流业向高效、节能、低碳转变，走绿色、可持续发展道路，是现代物流高质量发展的内在要求。随着物流领域绿色化与智能化共同发展，在科技创新和应用中实现节能减排和生态环保。

4. 国际化

近年来，我国国际物流得到快速发展。截至2024年9月，中欧班列通达欧洲约25个国家224个城市。截至2022年底，我国国际道路运输合作范围拓展至19个国家，水路国际运输航线覆盖100多个国家和地区，航空网络覆盖约60个国家和地区。

在全球物流网络互联互通的形势下，以高水平开放增强全球物流供应链竞争力，同时考虑国内国际两个大局、两种资源，以开放的主动赢得发展的主动和国际竞争的主动，是现代物流的重要发展方向。

①加快推进国际物流通道建设。加快中欧班列集结中心建设，加强“两沿十廊”国际物流大通道建设，优化国际海运网络，推动中欧陆海运输健康发展，拓展洲际航空网络，加快构建多元化国际物流通道。

②加强国内、国际物流网络衔接。以国家物流枢纽为牵引，加快构建串接国内、辐射全球的物流基础设施网络，推动建立海外物流基地、海外仓等，强化境外物流组织能力。

③推进国际物流制度规则“软联通”。深入参与国际标准规则制定，推进双边、多边交通运输合作，提升国际物流供应链信息服务水平。

参考文献

[1] 宋葛龙，向爱兵. 推动我国现代物流业高质量发展思路研究[J]. 中国物价，2024（2）：5-8.
[2] 唐仁敏. 推动“十四五”时期现代物流高质量发展[J]. 中国经贸导刊，2023（1）：20-28.

第2章

大宗散装货物运输

本章介绍大宗散装货物的概念及其基本理化特性和运输特性。基于大宗散装货物基本特性，介绍大宗散装货物的场库设备配置、储存方式与仓储要求，以及载运工具、装卸设备、装卸搬运作业等。以煤炭及重载列车为例，介绍大宗散装货物主要运输线路、运输组织形式、集疏运网络等。

2.1 大宗散装货物概述

2.1.1 大宗散装货物的概念

大宗散装货物，是指未加任何包装，可以直接运输、交付以至销售的块状、粉末状、颗粒状货物，主要包括谷物、矿石、煤炭等。大宗散装货物一般作为工业、农业生产的原材料、燃料和人类生活的必需品，一般具有货源稳定、运输批量大、货种结构比较单一的特点。并且由于货物品类的特殊性以及供需空间联系特点，此类货物一般使用专用载运工具运输、不使用包装容器、不按件数而按重量计费装运，且运输具有明显的方向性。

2.1.2 大宗散装货物的特性

1. 理化特性

大宗散装货物通常是指散装固体状货物，一般是由颗粒状、粉末状或较大块状物所组成的物质或其混合物，组成成分基本均匀。

通常情况下，大宗散装货物具有以下理化特性：

（1）呈颗粒状

颗粒度指散装货物中单个货物颗粒几何尺寸的大小。大多数散货物料均含有不同大小和形状的颗粒。对于粒状物料，颗粒度为组成颗粒的最大直径；对于块状物料，颗粒度为组成料块的最大对角线长度。

（2）容重差异大

货物的容重是指散装货物自然堆积状态下，单位体积货物的重量。容重一般与大宗散装货物的组织结构、化学成分、形状大小、比重以及含杂质程度等有密切关系。一般情况下货物的容重越大，则作用在装卸机械或载运工具上单位体积上的重力越大。当装运或装卸颗粒度和容重较大的货物时，由于货物与车辆、船舱或机械承重表面的接触部分容易受磨损，一般需要采用抗磨能力强的材料制造。因此，大宗散装货物的容重是选择货物载运工具与装卸机械的主要影响因素之一。

（3）下沉性

下沉性指散装货物装载于容器时，由于大宗散装货物的颗粒之间有一定的缝隙，会产生货物的下沉。大宗散装货物在运输过程中，由于受到运输中各种力的作用，载运工具会发生一定程度、一定方式和方向的摇摆和震动，可能造成货物装载状态随之发生变化，散装货物颗粒间的空隙减小，在车辆或船舱内发生下沉。大宗散装货物的下沉性与散装货物颗粒间的空隙度直接相关，而散装货物颗粒间空隙度的大小，又与散装货物的物质特性、货物形态、颗粒大小、积载因素、表面状态、散落性等因素有关。

（4）流散性

流散性是指运输过程中，载运工具内的大宗散装货物因受摇摆、颠簸等外力的作用，能够自由松散流动的特性。货物的流散性有利于利用重力进行货物的装卸作业，但是当散装货物在载运工具内发生较大幅度的横向移动或纵向移动时，会对载运工具的稳定性产生不利影响。通常用自然坡度角来反映散装货物的流散性，货物的自然坡度角越小，其流散性越好；货物的自然坡度角越大，其流散性越差。

（5）扬尘性

扬尘性是指大宗散装货物因其粉末状或颗粒状的物质状态，容易产生细小颗粒飘散在空气中造成对其他货物和环境污染的性质。煤炭、矿石等散装货物在装卸、运输过程中会产生大量粉尘污染，造成作业环境污染，危害作业人员身体健康，在线路两侧或钢轨特别是隧道衬砌表面粉尘堆积和接触网导线表面粉尘污染，增加了线路维修养护工作，给铁路行车安全带来较大影响。在使用筒仓保管、储存粮食时，散粮出入库产生的粉尘容易引起筒仓爆炸。因此，由于大宗散装货物的扬尘性，货物的装卸、储存、运输过程要配备相应的抑尘、防尘、防爆等设施设备，提高运输安全性，降低污染和货物减损。

2. 运输与物流特性

(1)运输距离长

大宗散装货物大多属于资源性物资，由于自然资源分布的不均衡性以及农业物资产地的地域性，使得大宗散装货物的供需地之间具有较大跨度的空间距离。相应地，大宗散装货物运输以中、长途运输为主。以我国煤炭运输为例，煤炭主要产于山西、陕西和内蒙古西部等“三西”地区（煤炭总储量占全国75%以上），而煤炭主要需求地区是经济相对发达、电煤用量高的东南沿海地区，这种供需间的空间差异，决定了我国煤炭长距离运输的特点。

(2)运量大，运输需求比较稳定，便于组织整列/整船运输

大宗散装货物以煤炭、矿石、粮食等货物品类为主，运输需求比较稳定，具有运量大、季节性和方向性明显等运输特点，便于组织整列直达运输。例如，我国煤炭多数用于火力发电，煤炭产地和电厂之间形成了稳定的供需联系。电厂的煤炭库存量，成为衡量经济发展良性的重要标志。我国在煤炭重载运输方面已经积累了丰富的理论研究成果和成功的实践经验。目前，大秦铁路年煤炭运量约占全国铁路年煤运总量的五分之一，用户群辐射26个省、自治区、直辖市，已成为目前世界上单条铁路货运量最高的线路。

(3)运输时效性要求低，运输成本低

大宗散装货物多为较低价值、较低附加值的资源性生产资料或生活资料，货物理化性质比较稳定，供需市场价格和需求量也相对稳定。除了应急物资运输外，一般没有急运需求，对运输时效性要求低。由于货物运量大、货物价值低，大宗散装货物一般对运输费用比较敏感，属于价格敏感类货物。因此，在运输方式选择上，大宗散装货物一般以运能大、运输费用低的铁路、水运为主。

(4)联运比例大

为了充分发挥各种运输方式的技术经济优势，降低全程综合物流成本，大宗散装货物全程运输适宜采用多式联运的组织形式。在货物品类、运量、装卸地点等条件比较合适的情况下，组织重来重去，能够达到提高载运工具利用率、降低运输成本的目的。例如，我国“三西”地区的煤炭经秦皇岛港、天津港、黄骅港、日照港等港口转船运抵东南沿海的煤炭海铁联运，天津港与内蒙古地区之间组织的金属矿和煤炭双向海铁联运，洛阳与新疆之间组织的氧化铝和铝锭双向公铁联运等，都取得了良好的运营效率和效益。

(5)对装卸设备和仓储条件要求高

大宗散装货物一般使用专用载运工具运输，为了提高装卸效率，加快载运工具周转，

需要配备符合货物理化特性和载运工具特点的装卸设备设施。同时，仓储设施也要与装卸设备相配套，并配备必要的抑尘、防尘、防爆、除湿等专用设施设备，提高货物储存质量和安全。

2.2 大宗散装货物的场库设备配置与储存方式

货物储存是指货物在离开生产过程但尚未进入消费过程的间隔时间内的停留，即货物在流通领域暂时性的存放。货物储存起着保证并调节市场供应、及时满足消费者需求的作用。由于货物理化特性、包装、储存条件等方面的差异，在外界因素的影响下，不同品类的货物在储存过程中可能会发生各种变化，造成货损。因此，根据货物理化特性和运输要求，配置合适的场库设施设备，采用合理的仓储方法和技术，是满足货物储存要求、保证货物运输质量与安全的必要条件。

大宗货物多为燃料、矿石等自然资源，资源的丰裕和劳动的物化决定了货物价值较低，经过运输易地后，附加的劳动价值相应也较低，属于低附加值货物。所以，运输之前的初加工对于提高货物的价值意义重大。如煤炭、矿石去除杂质的精选，将原木加工为型材等，不但可以使货物提质增值，而且减少无效运输，节省运力和运费。

承运人自承运货物时起至交付货物时止，对货物的安全负有全部责任。除了多式联运的无缝换装转运之外，通常情况下，货物在承运后装车或装船之前、卸车或卸船之后交付前以及中转过程中，都需要在货场或码头暂时存放。铁路货场或港口码头是办理货物运输的基本场所，是承运人办理货物承运、进货检查、仓储保管、装卸搬运、货物中转、货物交付等运输作业环节的基地。为了便于货物集结、配装，组织直达运输或者成组运输，在车站、码头、机场等办理货运作业的场所，需要设置专门的货物场库设备。场库设备的配置与仓储条件因货物品类、性质、作业特点等的差异而不同。

大宗散装货物的货物场库设施设备主要有散货堆场或货池、货物站台、筒仓等。

2.2.1 散货堆场

散货堆场一般是指露天堆放货物的场地，适合堆存不怕自然条件影响或受风雨雪等影响较小的货物（如煤炭、矿石等），不适合在仓库内存放或者采取适当苫垫措施就可以保证储存质量的货物也可以在堆场存放。

堆场按照地面条件可分为自然地面堆场、一般加工地面堆场、砌石地面堆场以及混凝土地面堆场等。自然地面堆场是指仅在自然的土地上加以平整后用于堆放货物的场地，一般仅适于堆存不怕水湿与日晒的货物，如矿建材料中的沙、石等。一般加工地面堆场是对自然的地面进行了一般加工而形成的货物堆存场地，如经填土整实、敷设排水设施等，属于简易货场，一般用于堆存不受自然条件影响的散堆装货物。砌石地面堆场是用石块铺砌地面的场地，具有一定的平整度。混凝土地面堆场是场地条件比较好的露天场地，硬面化程度和平整度较好，一般用作对场地地面条件要求比较高的集装箱堆场。

铁路散货堆场按其水平面的高度可分为平货位堆货场和低货位堆货场。平货位堆货场是指货场地面与装卸线相平的堆货场，也是常见的堆货场。低货位堆货场是指地面低于线路路肩1.5 m以上的堆货场。低货位堆货场适于大量散堆装货物的卸车作业，可以提高卸车效率，增大货位容量，在煤炭、矿石等散堆装货物卸车比较集中的地区普遍采用。低货位堆货场有斜坡式（图2.1）和直壁式（图2.2）两种类型。斜坡式低货位比直壁式低货位投资少，修建容易，但容量相对较小，占地较多，在地形条件允许或利用既有装卸线的路基修建时可采用。直壁式低货位也称高架线，多采用钢筋混凝土修建，具有货位容量大、占地少的优点，散堆装货物运量较大时可采用。

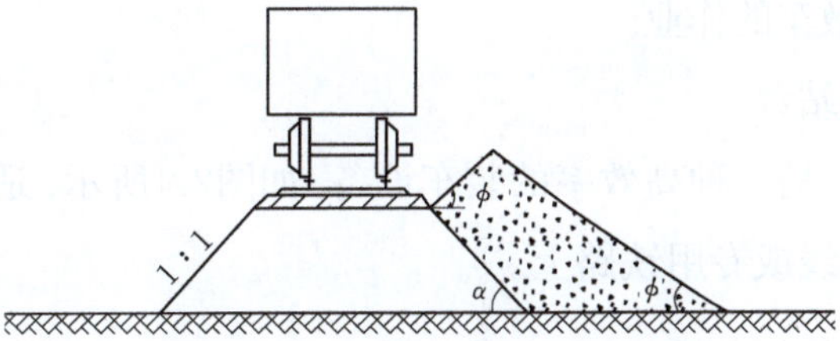

图 2.1　斜坡式低货位示意图

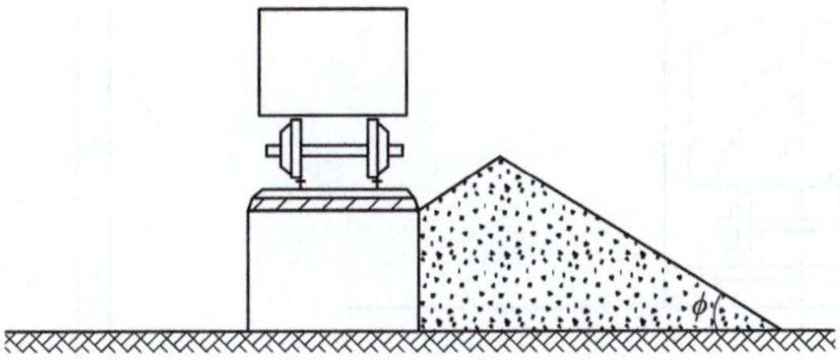

图 2.2　直臂式低货位示意图

2.2.2　高站台

货物站台是指为了便于装卸车作业而修建的高于装卸线的平台建筑物，主要用来存放不怕风、雨、雪及阳光等自然条件影响的货物。

货物站台按照构筑物结构形式，可以分为普通站台和高站台。普通货物站台是指站台面高度与普通货车或汽车地板基本一致的站台，高站台则是指站台面高于普通货车或汽车地板的站台。高站台有利于散堆装货物及不易破碎的小型货物装入敞车的作业，可以节省劳力，并加速货物的装车作业。但由于高站台设备投资大、适用范围不广，采用时应充分考虑地形、货物种类及货运量等条件，以免造成浪费。

高站台可分为平顶式高站台、滑坡式高站台和跨线漏斗式高站台三种。

（1）平顶式高站台

平顶式高站台结构与普通货物站台相似，但是站台高度较高，一般为1.8～3.3 m，适用于煤炭、矿石等货物的装车作业。平顶式高站台可一侧布置货物线（称为单面高站台），也可在两侧均匀布置货物线（称为双面高站台）。双面高站台的两条货物线可同时装车。站台的宽度应根据堆货量、货物品类、搬运工具所需道路宽度、装卸机械作业宽度等因素确定，单侧装车时宜采用12～18 m，双侧装车时宜采用20～30 m。站台的长度除应满足堆货量的需要外，还应满足取送车组长度的要求。

（2）滑坡式高站台

滑坡式高站台是利用货物自重滑溜装车的设备，如图2.3所示，适用于煤炭、矿石等散粒状散装货物装入敞车的作业。

（3）跨线漏斗式高站台

跨线漏斗式高站台是一种高效率的装车设备，如图2.4所示，适用于敞车装载散粒状货物，多设在铁路专用线或专用铁路上。

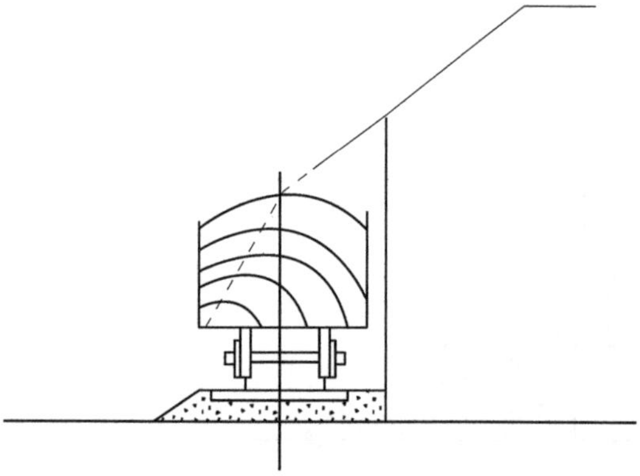

图 2.3　滑坡式高站台示意图

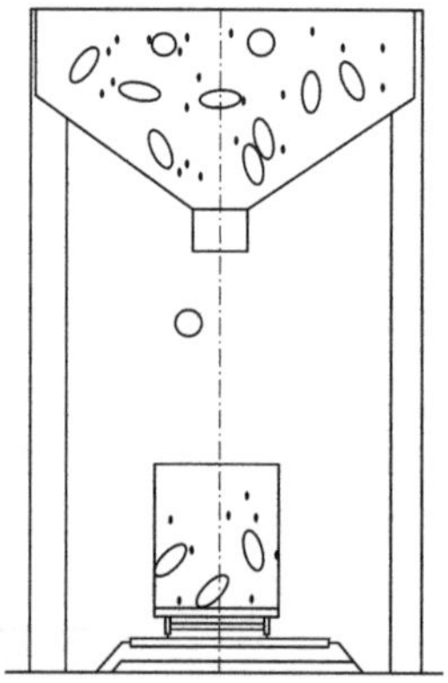

图 2.4　跨线漏斗式高站台示意图

2.2.3　筒仓

筒仓是一种用于储存散装货物的高大（一般高30～40 m）的柱状建筑物，一般由圆筒状的筒体和下部圆锥形的筒底组成。锥度根据物料的性质而定，一般大于45°。满仓后仓底的地基负荷很大，底面反力可达30 t/m^{2}左右。经济合理地确定筒仓的位置对于粮食、粉煤灰等类散货的储存质量与安全很重要。筒仓顶部有仓顶皮带机，配备卸料小车，可把粮食等类散装货物卸入圆筒仓；仓底也设有皮带机，可将粮食等类散装货物送入灌包系统或运到散装货物出港皮带机，或转运到翻仓皮带机完成翻仓作业。筒仓具有占地面积小，机械化自动化程度高，出入仓工艺流程简单、生产效率和周转效率高，使用人员少、仓储安全性好、流通费用低等突出优点。

散粮筒仓是目前世界各国散粮码头普遍使用的一种散料仓库。借助于有效的管理措施，粮食筒仓在粮食仓储中发挥重要作用。在确定粮食筒仓的位置时，必须考虑港区的地形、地质及与周围建筑物的关系等条件。为了减少输送设备的投资和降低能耗，在可能的情况下筒仓应尽量靠近码头泊位。同时还要考虑出料方便，宜于货车或卡车接运，避免输送路线的交叉和往返，保证装卸工艺系统布置合理并留有发展余地。散粮筒仓如图2.5所示。

图 2.5　散粮筒仓

2.2.4　货物装卸线

1. 货物装卸线布置

货物装卸线的确定应与货场布置相配合，货场布置类型的确定受货物种类和数量、取送车方式、货场在枢纽内的位置等因素的影响，一般分为尽端式、通过式以及混合式货场。一般情况下，大中型货场货物装卸线宜设计为尽头式，中间站小型货场可以设计为通过式或混合式。

(1) 尽端式

尽端式货场的装卸线为尽头式装卸线，布置在货场引入线路的末端或者一侧。货场装卸线布置可以分为平行、部分平行和非平行布置。采用平行或部分平行布置用地省、布置紧凑，便于货物装卸和搬运作业，有利于实现装卸搬运机械化。尽端式货场布置图如图2.6所示。

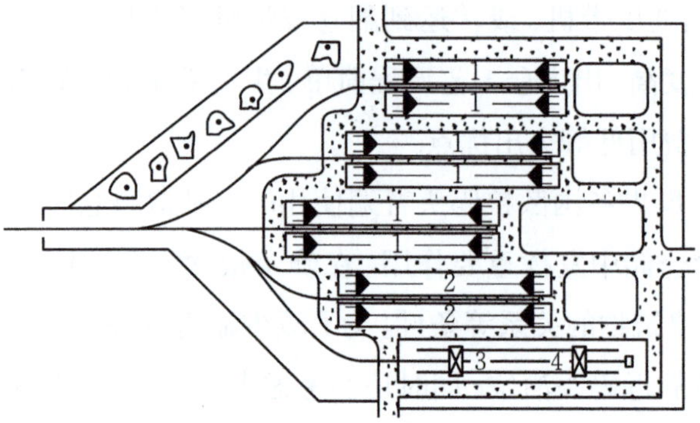

图 2.6　尽端式货场布置图

（2）通过式

通过式货场的装卸线为通过式装卸线，其优点是取送车作业可以在货场两端咽喉同时进行，互不干扰，可以办理整列装卸作业，提高调车作业效率。缺点是占地比尽端式货场多，货场道路与装卸线交叉较多，取送调车与搬运货物车辆作业互相干扰。通过式货场布置图如图2.7所示。

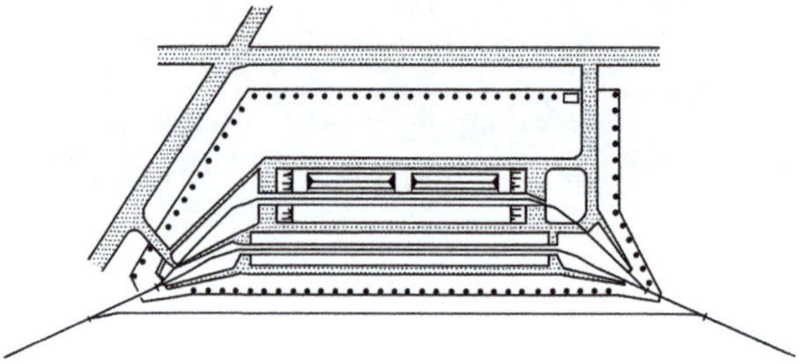

图 2.7　通过式货场布置图

（3）混合式

混合式货场装卸线一部分为尽头式，一部分为通过式。该布置形式兼具尽端式与通过式的优点，缺点是占地和工程投资比尽端式货场大，两端咽喉负担不均衡。混合式货场布置图如图2.8所示。

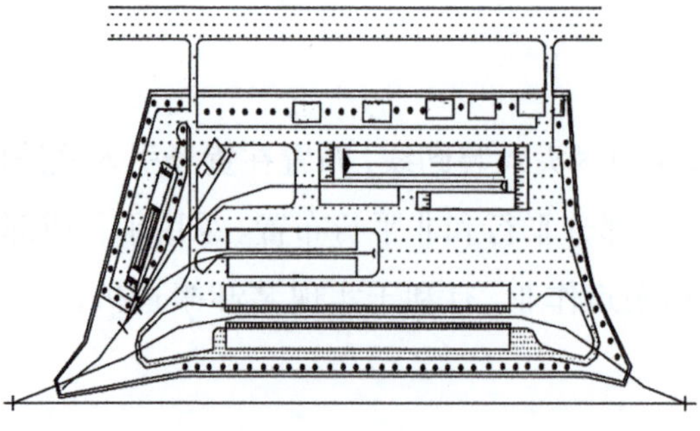

图 2.8　混合式货场布置图

2. 货物装卸线能力

（1）仓库、站台或堆货场的年堆放能力

$$Q_{年}=\frac{365FP}{\alpha t} \tag{2.1}$$

式中　$Q_{年}$——仓库、站台或堆货场的年堆放能力，t；

F——仓库、站台或堆货场的使用面积，m^2；

P——单位面积堆货量，t/m^2；

α——月度货物发送或到达不均衡系数，一般采用1.2；

t——货物保管期限，发送货物采用1.5 d，到达笨重货物采用4 d，到达其他货物采用3 d。

（2）装卸线能力

影响装卸线能力的因素很多。主要与装卸机械的作业能力、一次作业的最大容车数和日均取送次数有关。不考虑取送次数的装卸线能力计算公式如下：

$$N_{线}=\frac{L_{线}Pd}{qt} \tag{2.2}$$

式中　$N_{线}$——装卸线作业能力，车/d；

$L_{线}$——货物装卸线有效长，m；

P——单位面积堆货量，t/m^2；

d——装卸线一侧或两侧设计货位总宽度，m；

q——货车平均静载重，t/车；

t——货物保管期限。

2.3　大宗散装货物的装卸与搬运

2.3.1　大宗散装货物装卸、搬运方法

装卸搬运作业是货物运输、储存等物流活动的中间环节。基于大宗散装货物的理化特性和运输特性，散装作业法是针对煤炭、矿石、粮食等块状、颗粒状、粉末状等散装货物最常用的装卸作业方法，通常包括重力作业法、倾翻作业法、机械作业法等。

1. 重力作业法

重力作业法是利用货物的位能来完成装卸作业的方法。例如，重力法卸车是指开门车或漏斗车在高架线或卸车坑道上自动开启车门，煤或矿石依靠重力自行流出的卸车方式。

2. 倾翻作业法

倾翻作业法是借助专用卸车设备，将载运工具的车体部分倾翻进行卸车的方法，比较典型的是配备有旋转车钩的铁路专用敞车的卸车作业。卸车开始前，敞车车组送入卸车库，翻车机夹紧固定后，车组随翻车机一起转动，车辆装载的散装货物倒入翻车机下面的受料槽后，车组与翻车机复位，卸车作业完成。倾翻作业法可以借助大型翻车机的配合一次完成多节车辆的卸车作业，卸车效率高。

3. 机械作业法

机械作业法是指采用各种机械，通过专门的设施设备及相应的作业方式，完成散装货物的装卸以及水平运输等作业。常用的装卸及水平运输机械有带式输送机、链斗装车机、单斗和双斗装载机、挖掘机等。

2.3.2 大宗散装货物装卸、搬运机械

大宗散装货物装卸、搬运机械用于将煤炭、矿石、粮食等大宗散装货物从车、船等载运工具卸到堆场或反向，或者从一种运输工具换装到另一种运输工具，通常由较长距离输送、装载、挖取等部件构成。其中，具有一定距离的输送机械主要有带式输送机（皮带机）、斗式提升机、螺旋输送机等输送机械，转载设备一般为转载漏斗或其他转载设备，装载设备通常为装船机、堆取料机、装车机等，卸载设备主要有卸船机、卸车机、翻车机等。

1. 带式输送机

带式输送机简称皮带机，是一种利用输送带连续地输送物料的输送机械，可用于成件包装物品的出入库作业，也是使用最广泛的散料运输机械，通常用于接运车、船上卸下的物料，或者转运港口前沿固定皮带机运送的物料至场库内等大宗散装货物运输环节。带式输送机如图2.9所示。

图 2.9 带式输送机

2. 斗式提升机

斗式提升机是一种沿垂直方向或较大倾角运送散粒或碎块状物料的输送机，由环形输送带或链条以及附在其上的料斗、头部或底部传动机械、支架和外壳等组成。斗式提升机的特点是输送量大、提升高度高、运行平稳可靠。斗式提升机适用于垂直向上、输送粉状、颗粒状、小块状的散装物料，但不适合黏结性物料。斗式提升机的输送量可达120 m^3/h，最大提升高度80 m，在粮食筒仓、油厂、饲料厂、化工厂、建筑材料厂等广泛使用。斗式提升机如图2.10所示。

图 2.10 斗式提升机

3. 螺旋输送机

螺旋输送机也叫绞龙，是一种安装有螺旋叶片并利用螺旋面的推力使散装货物沿着轴向输送的一种连续输送机械。螺旋输送机可以分为固定式输送机和移动式输送机，可以水平输送或者垂直输送物料。固定式输送机一般属于慢速输送机，主要用于车间内等50 m长度范围内的水平输送或低倾角的输送作业。移动式输送机一般属于快速输送机，可以完成高度达10 m范围内的垂直输送或高倾角输送，通常用于物料出库、装卸、灌包等作业。螺旋输送机适宜于输送粉状、颗粒状和小块物料，不宜输送大块的、磨损性很强的、易破碎的或易黏结成块的物料。螺旋输送机的输送量一般为20～40 m^3/h，最大可达100 m^3/h，广泛用于输送谷物、豆类、面粉、饲料、化工原料、水泥、黄沙、煤、焦炭、矿石等大宗散货物料。螺旋输送机如图2.11所示。

图 2.11 螺旋输送机

4. 装船机

装船机是散装货物码头装卸作业的重要设备，用于矿石、煤炭以及粮食等大宗散装货物的装船作业。装船机是一种大型装卸设备，主要由走行装置、门座架、回转装置、塔架、俯仰装置、伸缩悬臂梁、悬臂皮带机、伸缩溜斗等构成，在使用中为满足船舱的位置要求，可分别调整走行位置、回转位置、俯仰角度、伸缩溜斗的长度。连续散料装船机通常不能独立作业，必须与地面皮带机配合作业，由地面皮带机输送的散装货物经过装船机装船。装船机按货种可分为煤炭装船机、矿石装船机等，按整机特点可分为固定式、移动式和浮式，按机构的性能特点不同可分为转盘式、弧线摆动式和直线摆动式等不同机型。

5. 卸船机

卸船机是利用连续输送机械或斗式提升机械制成能够提升散装物料的机头，机头兼有自行取料能力或者配以取料、喂料装置，能够将散装物料提升出船舱，卸到衔接的机架或者皮带输送机上将散装物料运至岸边的专用机械。

卸船机可分为连续卸船机和非连续卸船机。非连续卸船机主要有链斗式卸船机、螺旋式卸船机、斗轮式卸船机、夹带式卸船机等。链斗式、螺旋式、斗轮式卸船机分别如图2.12、图2.13、图2.14所示。

图 2.12　链斗式卸船机

图 2.13　螺旋式卸船机

图 2.14　斗轮式卸船机

6. 堆取料机

堆取料机是既能从货场上挖取散装货物输送到指定地点，又能将散料物资通过运输系统送入货场堆放的大型机械。按照其功能可分为堆料机、取料机和堆取料机。

（1）堆料机是国内外大宗散装货物堆场常采用的专用机械。堆料机有单悬臂、双悬臂、旋臂式三种机型。单悬臂堆料机如图2.15所示。

图 2.15　单悬臂堆料机

（2）取料机是专用于堆场取料的机械，取料机通常与水平固定式皮带机配合使用，或者与堆料机配合使用完成散装货物进出堆场的作业。图2.16为斗轮式取料机。

（3）堆取料机是一种配合堆场地面固定皮带输送机系统，是既能堆料又能取料的专用机械。由于这种机械具有堆料、取料的性能，是散装货物堆场作业性能全面的一种机械。散装货物堆场配置堆取料机时，装卸机械种类少，装卸工艺简单，取、堆料效率高，是现代化散装货物堆场地面系统的常用机械。门式滚轮堆取料机如图2.17所示。

图 2.16　斗轮式取料机

图 2.17　门式滚轮堆取料机

7. 装车机

装车机是指具有轮胎或履带的运行底盘，用于将散装货物自堆场转载到汽车或铁路货车车厢内的专用装卸机械，主要有单斗式装车机、蟹爪式装车机等。目前，单斗式装车机被普遍用于港口堆场散装货物的装车作业。单斗式装车机如图2.18所示。

图 2.18　单斗式装车机

8. 卸车机

卸车机是一种把散装货物自铁路货车中卸出的专用机械，主要有链斗式卸车机、螺旋卸车机、翻车机等。

（1）链斗式卸车机。链斗式卸车机主要由链斗提升机、带式输送机、链斗起升机构、整车运行机构和金属构架构成，如图2.19所示。卸车机跨越载货铁路车辆，在专门铺设的轨道上移动，链斗从敞车内取料并将物料提升，卸至横置的、可双向运行的带式输送机上，在卸车机轨道的外侧抛落。链斗卸车机的缺点是车辆底部容易残留物料，卸车时粉尘飞扬。

（2）翻车机。翻车机是用于翻卸铁路敞车装运的散装货物的大型机械设备，可使有轨车辆翻转或倾斜完成卸车的装卸机械。根据结构不同，翻车机主要有侧倾式和转子式。转子式翻车机由一个设置在若干组支撑辊上的转子构成。当待卸车辆被送入转子内的平台后，压车机构将转筒压紧车辆并带动车辆一同旋转，完成卸车作业。翻车机具有卸车效率高、生产能力大、机械化程度高等特点，适用于大型专业化散装货物码头、货场等。转子式翻车机如图2.20所示。

图 2.19　链斗式卸车机

图 2.20　转子式翻车机

2.4 大宗散装货物的载运工具

运输大宗散装货物的货车按照其用途或结构可以分为通用货车和专用货车。通用货车是指装运普通散装货物的车辆，如通用敞车。使用通用货车装运的普通散装货物品类较多，没有指定品类，货物对车辆也没有特殊要求。专用货车一般是指只运送特定一种或很少几种散装货物的车辆，如专用敞车、漏斗车、自翻车等。专用货车用途单一，所装运的货物品类比较固定，有些类型的专用货车需配备适用的装卸设备和堆存设备，如漏斗车、自翻车等。根据大宗散装货物的供需特点与要求，专用货车也可以在固定的装卸地点之间以固定编组的专列形式运营。

2.4.1 通用货车

敞车（C）具有很大的通用性，是铁路通用货车的主型车。敞车的车体结构由端墙、侧墙和地板构成，没有车顶，主要用来装运煤炭、矿石等不怕湿的散装货物，可以代替平车用来装运集装箱，也可以加盖防水篷布代替棚车用来装运怕湿的货物。图2.21、图2.22分别为C_{64}型通用敞车和C_{70}型通用敞车。

图 2.21 C_{64} 型通用敞车

图 2.22 C_{70} 型通用敞车

2.4.2 专用货车

1. 专用敞车（C）

专用敞车的车体主要由底架、侧墙、端墙等组成，对于满足不摘钩卸车的专用敞车（自翻车）设有旋转式车钩、转动车钩缓冲装置、倾翻机构，侧墙上设有上翻式下侧门等，配备转子式翻车机进行卸车作业。使用转子式翻车机卸车时，车体可绕底架上的转轴向任意一侧回转，回转过程中侧门能自动打开进行卸车。自翻式专用敞车主要用于装运煤炭、矿石、矿粉等大宗散装货物，采用机械化装卸，配套设置环形线或灯泡线时能够实现环形装车、直进直出装车等作业，在我国大秦线、朔黄线等煤炭运输专线上普遍使用。图2.23为C_{80}型专用敞车。

图 2.23 C_{80} 型专用敞车

2. 漏斗车（K）

漏斗车是设有底架、侧墙、端墙、漏斗、底门及开闭结构的铁路货车，车辆底架上设有一个或数个周边带一定斜度的漏斗，每个漏斗口上设有底门及开闭机构。漏斗车借助货物重力从漏斗口卸车，卸车效率高，主要用于装运块状及颗粒状散装货物，包括煤炭、矿石、粮食等货物。图2.24、图2.25、图2.26分别为KM_{70}型煤炭漏斗车、K_{16A}型矿石漏斗车、L_{70}型粮食漏斗车。

图 2.24 KM_{70} 型煤炭漏斗车

图 2.25　K16A 型矿石漏斗车

图 2.26　L70 型粮食漏斗车

2.5　大宗散装货物主要运输线路和运输组织方式

2.5.1　大宗散装货物的主要运输线路

1. **我国煤炭运输的特点**

根据我国自然资源分布与开发、生产力结构与布局等，我国煤炭生产地与消费地存在显著的地域性，煤炭供给与需求存在显著的时空差异性，形成我国煤炭运输具有以下特点：

（1）煤炭运输铁水联运

受资源分布的影响，我国煤炭的生产与消费具有显著的空间不平衡性。我国煤炭主产地位于山西、陕西、内蒙古西部以及新疆、宁夏等西部和北部地区，而煤炭消费地则主要集中在经济发达以及发展迅速的京津冀、长三角、珠三角、东南沿海等地区，形成了我国煤炭运输“西煤东运、北煤南运”的格局。煤炭运输以铁水联运方式为主，即煤炭在主产地装车后，通过煤炭运输通道或者其他铁路干线运输至北方煤炭下水港口，如秦皇岛港、天津港、京唐港、黄骅港、曹妃甸港、营口港、锦州港和日照港等，再通过近洋海运送达广州港、宁波港、上海港和防城港等东南沿海港口卸船或者转内河航运。

（2）运输时间集中性

我国煤炭需求具有空间和时间分布的不均衡性。煤炭需求与工业企业生产以及电厂等企业用煤量密切相关。我国煤炭发电仍然占据重要地位，因此，夏季和冬季用电高峰期，电厂用煤量以及煤炭储存量迅速增加，煤炭运输需求量随之增加。电煤运输阶段性地成为铁路货运量的主要来源。

（3）运输需求波动性

煤炭属于能源性资源，也是冶金、钢铁、石化、电力、建筑材料等工业产业的重要原材料，工业产业的发展与煤炭用量及煤炭运输需求密切相关。随着环境与资源保护全球关注度的提升，国家能源结构改革、推进“双碳”目标实现等举措，逐步优化工业产业结构和产业布局，煤炭运输需求及运量有所下降。

2. 我国煤炭铁路运输通道及构成

根据《煤炭工业发展“十四五”规划》，煤炭铁路运输以晋陕蒙煤炭外运为主，全国形成“九纵六横”的煤炭物流通道网络，其中铁路通道网络包含“七纵五横”。“七纵”主要包括晋陕蒙外运通道的焦柳、京九、京广、蒙西至华中、包西五大纵向通路和新疆外运通道的兰新、兰渝纵向通路。“五横”包括晋陕蒙外运通道北通路（大秦、朔黄、蒙冀、丰沙大、集通、京原）、中通路（石太、邯长、山西中南部、和邢）和南通路（侯月、陇海、宁西）三大横向通路，蒙东外运通道的锡乌、巴新横向通路以及云贵外运通道的沪昆横向通路。我国煤炭西煤东运主要铁路运输线路见表2.1。

表 2.1 我国煤炭西煤东运主要铁路运输线路

线路分类	线路名称	运能（t/年）	线路起点	线路终点	线路全长（km）
北通路	大秦铁路	4.5亿	山西大同	河北秦皇岛	653
	朔黄铁路	3.5亿	山西朔州	河北黄骅港	598
	唐包铁路	2亿	内蒙古包头	河北唐山曹妃甸	852
	丰沙大铁路	8 500万	北京市丰台	山西大同	379
	集通铁路	2 400万	内蒙古集宁	内蒙古通辽北	945
	京原铁路	2 300万	北京市石景山	山西原平	418
中通路	瓦日铁路	2亿	山西吕梁	山东日照港	1 260
	邯长铁路	2亿	河北邯郸	山西长治	220
	胶济铁路	1.3亿	山东青岛	山东济南	384
	石太铁路	1亿	河北石家庄	山西太原	243
	太焦铁路	9 000万	山西太原	河南焦作	398
	和邢铁路	4 000万	山西和顺	河北邢台	135

续上表

线路分类	线路名称	运能（t/年）	线路起点	线路终点	线路全长（km）
南通路	陇海铁路	4 500万	甘肃兰州	江苏连云港	1 759
	侯月铁路	8 000万	山西侯马	河南月山	252
	新荷铁路	1 700万	河南新乡	山东菏泽	175
	西康铁路	9 000万	陕西新丰镇站	陕西旬阳站	267
	宁西铁路	2 400万	西安新丰镇	江苏南京永宁镇	1 030

其中，最重要的晋陕蒙煤炭外送通道是大秦铁路、朔黄铁路、唐包铁路、瓦日铁路和浩吉铁路，一方面五条铁路运能具备规模效应；另一方面大秦铁路、朔黄铁路、唐包铁路、瓦日铁路均直达东部沿海港口，运载的煤炭可以直接在港口下水并输出至东南沿海几大煤炭主要消费省，浩吉铁路则完善了内蒙古、陕西等省份“北煤南运”的线路。

（1）大秦铁路

大秦铁路西起山西省大同市，东至河北省秦皇岛市，全长653 km，是我国第一条双线电气化重载运煤专线，设计运输能力4.5 亿t/年。大秦线自1992年底全线通车，担负着晋北、平朔、内蒙古西部、陕北、宁夏等地煤炭的外运工作，年煤炭运量占全国铁路年煤运总量的20%左右。货源主要来自大同市、朔州市、忻州市、榆林市、包头市、乌海市、鄂尔多斯市、呼和浩特市等，运往河北、北京、天津、辽宁等省市。大秦铁路的主要下水港口是秦皇岛港和曹妃甸港。

（2）朔黄铁路

朔黄铁路为神朔-朔黄铁路的朔黄段，西起山西省朔州市，东至河北省黄骅市黄骅港口货场，正线总长598 km，为国家Ⅰ级干线、双线电气化铁路，设计年运输能力为近期3.5亿t，远期4.5亿t。朔黄铁路于1999年11月1日全线建成，是我国西煤东运第二大通道，在全国路网中占有重要地位。朔黄铁路煤炭货源主要来上游神朔铁路和准池铁路，运往河北、天津、山东等省市。煤炭运输主要流向包括黄骅港下水、肃宁北转京九线、黄骅南转黄万线、朔黄铁路沿线等。

（3）唐包铁路

唐包铁路是继大秦铁路、朔黄铁路之后我国蒙煤外运的第三条能源大通道。线路全长约852 km，设计运输能力为2 亿t/年。唐包铁路货源主要来自内蒙古乌兰察布、呼和浩特、包头、鄂尔多斯等市，运往内蒙古、河北、北京、天津、辽宁、吉林等省市。

（4）瓦日铁路

瓦日铁路又称山西中南部铁路通道、晋豫鲁铁路、晋中南铁路，西起山西吕梁市兴县瓦塘镇，东至山东日照港，全长1 260 km，穿越晋豫鲁三省，与京广、京沪、京九等七大干线铁路互联互通，是一条连接中国煤炭主产区、衔接南北向多条铁路主干线的重载运煤入海通道，是国家中长期铁路网规划的重要组成部分，形成了华北地区“西煤东运”的又一条能源运输动脉。瓦日铁路设计运输能力2亿t/年，于2014年12月30日正式建成通车，是中国首条一次性建成的30 t轴重重载铁路。瓦日铁路沿线有河东煤田、霍西煤田、沁水煤田的主产区，煤炭资源分布广，储量大，煤类多样，煤质优良，赋存条件好，是山西焦煤和动力煤的重要产地。货源主要来自山西吕梁市、临汾市、忻州市、长治市、晋中市、陕西榆林市、内蒙古鄂尔多斯市等，运往山西、山东、河南、江苏、安徽等省市。瓦日铁路的主要下水港口是日照港。

(5) 浩吉铁路

浩吉铁路，原建设工程名为“蒙西至华中地区铁路”，简称“蒙华铁路”，北起内蒙古鄂尔多斯市浩勒报吉，终到江西省吉安市，纵贯蒙、陕、晋、豫、鄂、湘、赣七个省区，全长1 813.544 km，国铁一级电气化铁路，设计年输送能力为2亿t。2019年9月浩吉铁路全线通车投入运营，是中国“北煤南运”大动脉。浩吉铁路货源主要来自鄂尔多斯市、榆林市、渭南市、运城市等，运往湖北、湖南、江西等省市。

2.5.2 大宗散装货物的铁路运输组织方式

与其他运输方式相比，铁路和水路运输具有运能大、运距长、成本低、节能环保的优势，符合大宗散装货物的运输需求。因此，水运和铁路运输是大宗散装货物最普遍的运输方式。

目前，铁路运输煤炭等大宗散装货物，主要采用重载运输。重载运输是指在一定的铁路技术装备条件下，采用大功率机车和大轴重车辆，扩大列车编组，提高列车重量达到一定重量标准的运输方式。按照国际重载协会对重载铁路的定义，重载铁路必须满足以下三条标准中的至少两条：(1) 一条铁路，经常、定期开行或者准备开行总重至少为8 000 t的单元列车或组合列车；(2) 在长度至少为150 km的线路区段上，年计费货运量至少达4 000 万t；(3) 经常、正在开行或准备开行轴重27 t以上（含27 t）的列车。重载运输集中了铁路机车牵引动力、多机车牵引操纵和联控、大型运输车辆、列车制动、车钩力、线路结构、站场布局、设备配置以及行车指挥自动化等领域的科技成果，是现代世界铁路在大宗、散装货物运输领域所取得的最重要的技术成就，代表了铁路货物运输领域的先进生产力。重载运输以提高列车牵引质量为主要标志，充分发挥铁路集中、长距离、全天候的运输优势，大幅度提高铁路运输能力，提高运输效率、降低运输成本，是铁路扩能提效、形成强大生产力的有效途径，非常适合易于形成运输规模效益的煤炭、矿石等大宗散装货物的运输。

1. 重载列车的组织形式

重载列车是指在运量较大且到发集中的专用或普通运输线路上，使用大型专用或通用货车编组开行的一种超长、超重的货物列车，重载列车车辆载重力大，列车编挂辆数多，列车载运能力大。目前，我国铁路开行的重载列车组织形式主要有单元式、整列式和组合式三种。

（1）单元式重载列车

单元式重载列车是以固定的机车车辆（大功率机车和一定编成辆数的同一类型专用货车）组合成为一个运输单元，在装卸车站之间循环直达运行的货物列车。其特点是：实行“五固定”，即固定机车、车底、货种、装车站、卸车站；货物装卸作业可以进行整列装卸；列车运行途中车站不进行改编作业；按规定走行公里整列入段检修。在机车车辆充足的情况下，采用这种重载运输组织模式可以显著减少运营支出，降低运输成本；但要求货源充足，货物品类与运输车辆类型相符，货物到发地点一致，机车车辆、线路站场、装卸仓储等设备配套，并采取合理的运行图及机车车辆周转方案。单元式重载列车是目前运用范围最广、具有显著经济效益的重载运输组织方式，我国大秦重载运煤专线上开行了万吨重载单元列车。

（2）整列式重载列车

整列式重载列车是采用普通货物列车的运输组织方法，由挂于列车头部的大功率单机或多机牵引，使用不同类型和载重的货车混合编组，达到规定载重量标准的列车。这种列车的运输特点以及列车到达、解体、集结、编组、出发、取车、送车、装车、卸车和机车换挂等作业均与普通货物列车相同。整列式重载列车没有单元式重载列车的严格要求，不要求“五固定”，在列车运行途中车站可以根据需要进行改编作业，因此不要求整列装卸以及整列入段检修，具有更大的通用性。目前在我国繁忙干线上开行的重载列车主要采用这种模式。

（3）组合式重载列车

组合式重载列车可以分为两种类型。第一种组合式重载列车是由两列及以上同方向运行的普通货物列车首尾相接、连挂组成的列车。机车分别挂于组成组合式重载列车的两列普通货物列车各自头部，由列车行驶方向前方货物列车的机车担任本务机车。组合列车运行至前方某一技术站或终到站后，分解为普通货物列车。第二种组合式重载列车是由两列及以上同方向运行的单元重载列车首尾相接、连挂组成的列车，根据需要机车有不同的联挂方式。我国大秦线开行的两万吨重载列车就是采用这种组合形式。组合列车适用于列车数量多、行车密度大，运能与运量的矛盾比较突出的铁路线路。它实质上是在线路通过能力紧张的区段，利用一条运行线行驶两列及以上货物列车的一种扩大运输能力的运输组织方式，主要目的是提高运输能力，挖掘设备潜力，加速车流和货流输送。组合式重载列车比单元式、整列式两种形式的重载列车灵活，可以在装车站、集运站或编组站内组合成列，整列进入卸车站，也可在途中适当地点分解成原列进入卸车站，或者在解体站分解为两列以后，再进入卸车站。

2. 重载列车运输组织的特点

(1) 地域性

我国自然资源和生产力分布不均匀，呈现出西部经济不发达地区的资源优势和东部经济发达地区的技术优势，货流的生成地和需求地具有鲜明的地域性，形成了煤炭、石油等大宗物资的长距离运输需求。

(2) 方向性

自然资源的地域性分布决定了货流的地域特性，并决定了重载运输比较稳定的方向性。例如，从西部地区向东南沿海省区方向大运量、长距离的大宗资源型货物运输。

(3) 专业性

重载运输线路以大宗散装货物为主要运输对象，运量稳定、品类单一的货源为其采用专业化、自动化的运输设备提供了条件。因此，重载运输专业化程度较高，是一种能够提供高效运输服务的大容量运输方式。

(4) 复杂性

根据重载运输的定义，重载运输线路需要达到一定的年运量要求。一方面通过提高列车载重量实现，另一方面通过提高一定时间内开行的重载列车数量实现，即需要开行一定频次的、按照一定速度运行的列车。在不同的线路条件下，适应不同线路的衔接条件，开行列车形式和重量等级不同的重载列车，增加了重载运输组织的复杂性。

3. 我国铁路重载运输发展概况

我国铁路发展重载运输可以归纳为两个途径：一是有计划地对既有干线进行配套改造，在既有主要繁忙干线上开行5 000 t级整列式重载列车；二是新建大能力、高标准的重载运输专线，如大秦铁路双线电气化重载运煤专线。

20世纪80年代初期，我国铁路运量与运能之间的矛盾日趋突出。京广、京沪、京沈、哈达等14条繁忙主干线上所承担的货运量，特别是西部煤炭资源运输的运量使得主干线路满负荷运行。发展重载运输成为解决运量与运能矛盾、加速提高运输能力的重要手段。1984年，经国务院批准，在北京局管辖的丰沙大和京秦电气化铁路试验开行重载列车，开启了我国铁路重载运输的序幕。我国重载铁路运输经历了以下四个阶段，主要采取了三种运输组织模式。

第一阶段（1984～1990年）为改造旧线，开行组合式重载列车模式阶段。以改造既有线，采取边运营、边改造的方式，在较短时间内适度缓解铁路货运运能与运量之间的矛盾。选择具有较大运能潜力的既有线路进行改造，试验开行组合式重载列车。1984年11月，在大同—沙城—丰台—秦皇岛间首次开行了由两列普通货物列车合并的重载列车，随后又在沈山线、石德线和平顶山—江岸西间开行了7 000～7 600 t的组合列车，对于缓和当时繁忙干线运输区段运输能力紧张状况，起到了一定的作用。

第二阶段（1990～1992年）为新建大秦铁路，开行单元式重载列车模式阶段。为了加速山西煤炭能源基地的开发和建设，增加晋煤外运通道，1992年，我国建成了全长652 km的大秦铁路，它是我国第一条双线电气化重载单元列车的运煤专线，单元列车的重量达到了10 000 t。大秦铁路在机车、车辆、信号、通信、工务、供电及运输管理等方面采用了大量先进技术，是中国铁路重载运输发展的重要标志。

第三阶段（1992～2003年）为逐步改造既有繁忙干线，开行整列式重载列车模式阶段。由一台或多台机车集中在头部牵引的整列式重载列车，是我国重载运输发展过程中采用的重载列车基本形式。为在全国既有路网推行重载列车技术，原铁道部有计划、分步骤地在京广线、京沪线、京哈线等主要干线繁忙区段组织开行了5 000 t级的整列式重载列车，扩能效果显著。在此期间，神朔铁路、朔黄铁路分别于1996年、2002年开通运营。

第四阶段（2003年至今）为重载铁路的建设发展阶段。在2014年之前，我国重载铁路轴重为25 t。2011年至2014年间，大秦铁路扩能改造工程完成，年运量超过4 亿 t。2014年12月，我国第一条按照轴重为30 t的大轴重重载列车运行标准建设的重载铁路——瓦日铁路正式通车运营。这条双线电气化铁路，西起山西吕梁市兴县瓦塘镇，东至山东省日照港，是连接我国东西部地区煤炭资源运输的重要通道之一。2019年9月，浩吉铁路建成通车，其运营智能综合调度、智能牵引供电、基础设施智能运维、融合北斗的工务基础设施监测、智能大脑平台、综合岸桥大数据等多项技术，标志着我国铁路进入了智能重载运输阶段。

2.5.3 大宗散装货物的多式联运组织方式

1. 大宗散装货物公铁联运

公铁联运作为现代交通运输多式联运的重要方式之一，是干线中长距离铁路运输、两端集疏运公路接驳的货物运输组织模式，兼具公路运输的灵活便捷特性和铁路运输的成本低、运量大、低碳环保等优势。

根据国家统计局和交通运输部的统计数据，公路的每吨公里货物运输能耗和碳排放量分别是铁路的7倍、13倍。随着我国交通运输供给侧结构性改革的推进和双碳目标的深化，以及大宗散装货物品类不断增加、运输需求持续增长，大宗散装货物运输采取公铁联运组织方式，有利于建立以铁路运输为骨干、以公路运输为衔接的大宗散装货物运输系统，优化大宗散装货物集疏运组织，提升大宗散装货物运输的效率和效益。

2. 大宗散装货物铁水联运

（1）我国煤炭生产现状

我国煤炭产量从多到少排序依次是中部、西部和东部。其中，中部地区是我国的主要产煤区。2014年，国务院发布《能源发展战略行动计划（2014—2020年）》，确定将重点建设晋北、晋中、晋东、神东、陕北、黄陇、宁东、鲁西、两淮、云贵、冀中、河南、内蒙古东部、新疆等14个亿吨级大型煤炭基地。

（2）我国煤炭消费现状

电力、钢铁、建材和冶金等是我国经济发展的支柱型产业，同时也是主要的耗煤行业。其中，电煤对运输需求的影响十分巨大，在能源清洁利用的大趋势下，火力发电在发电结构中的占比虽在逐渐下降，但随着经济增长对电力需求的拉动，以及火电价格相对低廉、调峰性能好等优点，火力发电煤炭需求量仍将在一段时间内维持在一定水平。我国主要的耗煤省区大部分位于经济发达地区，主要包括冀、辽、沪、苏、浙、鲁、皖、粤等地，煤炭以外部调入为主。按经济社会发展水平划分，煤炭消费量从大到小依次是东部、中部和西部。

（3）我国煤炭铁水联运

我国煤炭资源分布与需求的空间差异，形成了我国煤炭等大宗资源型物资运输“西煤东运”“北煤南运”的格局。其中，西煤东运充分发挥了铁路、水运两种运输方式运量大、运距长、运费低的优势，形成了大宗散装货物铁水联运的模式。

大宗散装货物铁水联运覆盖三西（陕西、山西、内蒙古西部）、两东（宁东、陇东）、新疆等地区资源能源外运和华东、华南地区资源需求之间的主要货运联系，也构建了中西部能源外运及出海物流大通道。煤炭自三西、两东以及新疆等地区，主要依托西北北部综合运输通道以及大秦铁路、张唐铁路、神黄铁路、瓦日铁路等重载铁路线路，在东部沿海北方港口下水，锦州、天津、唐山、黄骅、青岛、日照等北方下水港组成我国煤炭水路运输的下水系统。煤炭装船后沿内贸近洋海运航线运抵东南沿海港口卸船，或者使用4万～5万t级海船进入长江、珠江，再过驳至1万t级江船，江船航行运输大宗散装货物至需求地锚地，江苏、上海、浙江、福建、广东、广西、海南等南方接卸港及沿长江、京杭大运河等的煤炭港口组成我国煤炭水路运输的接卸转运系统。由此，形成了我国煤炭运输的铁–海联运以及铁–海–水联运模式。

从运输方式来看，我国煤炭运输主要通过公路短驳、铁路干线、水运干线等运输方式共同完成。煤炭物流多式联运过程如图2.27所示。

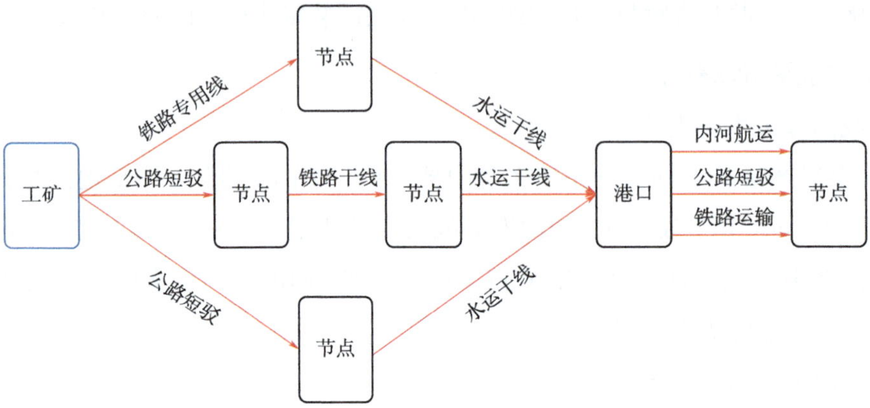

图 2.27　煤炭物流多式联运过程示意图

2.5.4　我国煤炭运输集疏运网络结构

集疏运是货物全程运输的重要组成部分，是中长距离干线运输两端的重要支撑，也是货物运输网络结构设计的关键之一。由公路、铁路专用线、铁路支线、枢纽站/港及其卫星站/港站之间的线路等构成的集运系统，将货物从厂矿、产地、货物作业地点等运至枢纽站/港等待整列/船发运的过程称为集运。反之，到达枢纽站/港的整列/船货物经由枢纽站/港及其卫星站/港站之间的线路、铁路支线、铁路专用线、公路等构成的疏运系统送达客户、需求地、货物作业地点的过程称为疏运。集疏运系统的结构与作用如图2.28所示。

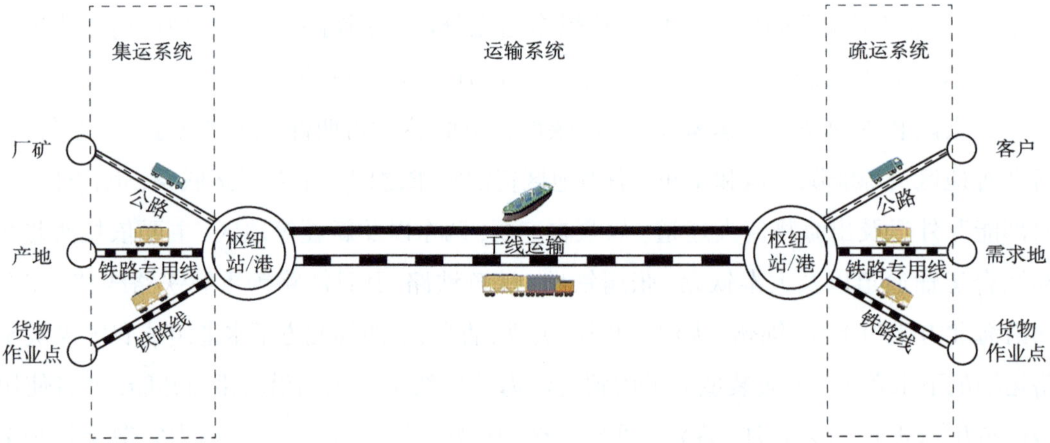

图 2.28　集疏运系统结构示意图

在“西煤东运”“北煤南运”的运输格局中，煤炭生产基地、铁路煤炭运输通道、北方港口下水系统、海上运输、东南沿海港口转运系统、电厂等形成了我国煤炭运输“铁—

海—水”联运网络结构，如图2.29所示。其中，铁路煤炭运输通道以及煤炭港口是煤炭运输网络构建与完善的关键。

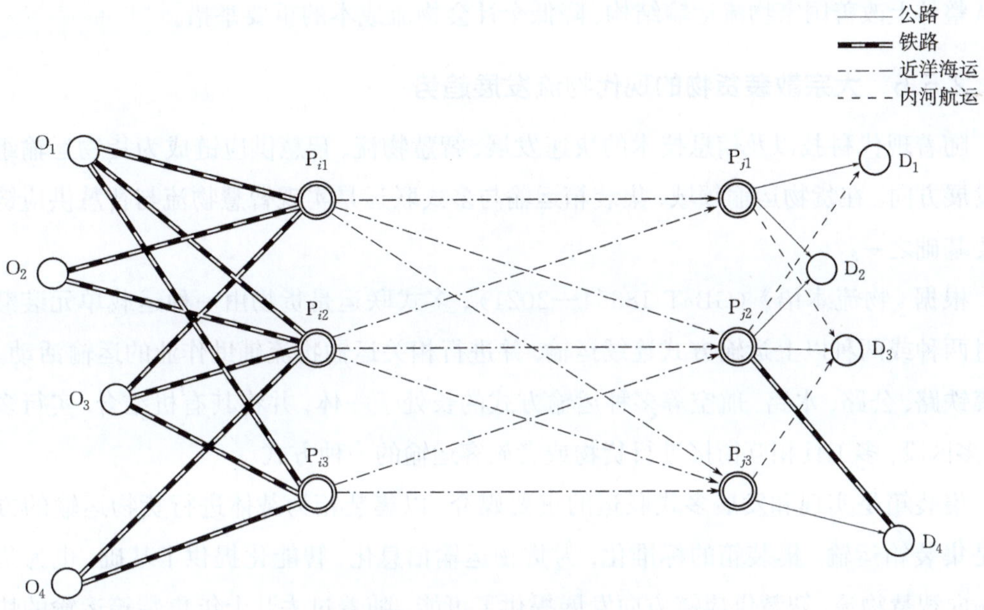

图 2.29　煤炭铁海水联运网络结构示意图

构建完善的集疏运系统有助于实现货物“门到门”运输，也有助于提升货物全程运输效率，提高货物运输可达性、及时性。

高效的集疏运系统通常具有以下特点：

(1) 枢纽站/港具有一定的腹地范围以及与之连接的比较发达的运输网络。

(2) 能够为枢纽站/港提供充足的货源供给，减少列车/船舶的等待时间。

(3) 能够及时吸收到达枢纽站/港的货物，缩短货物在站/港停留时间，降低货物滞留造成的堆存压力。

(4) 能够调节列车/船舶集中到发造成的货流波动，缓解车站/港口场库设备利用供需矛盾。

上述集疏运结构仅是针对货物流向的单向（即铁路重车方向）的运输组织的完善，但无法避免大量空车的返程运输。从铁路运输空车输送的角度分析，重载铁路空车流组织的集约化，有加速车辆周转的积极的一面，但是，较高的空车走行率，没有实质性的运输产出，毕竟影响铁路整体运输效率的提高，所以在铁路联运的港口，尽可能组织反向大宗货物运输以改善铁路的货物流向和流量结构。由于沿海港口腹地的深广、货物品类繁多、批量大小不一，难以在较短时间内集结为适合同方向大批量的铁路货物运输。所以大量疏港物资长期依赖长途公路运输，不利于节能环保和绿色低碳经济发展。应当从物流组织优化的角度，对港口输往内地的大宗货物，以合理布局建设域外仓的方式，在港口和内地形成新的货物存储和集结配送方式，提高铁路空车方向的重载运输比重。这是从整体上改善国家物流运输结构、降低全社会物流成本的重要举措。

2.5.5 大宗散装货物的现代物流发展趋势

随着现代科技以及信息技术的快速发展，智慧物流、智慧供应链成为货物运输组织的发展方向。在货物运输领域，集装箱运输与多式联运是实现智慧物流与智慧供应链的重要基础之一。

根据《物流术语》（GB/T 18354—2021），多式联运是货物由一种运载单元装载，通过两种或两种以上运输方式连续运输，并进行相关运输物流辅助作业的运输活动。它是集铁路、公路、水路、航空等多种运输方式的长处于一体，并将其有机结合，实行多环节、多区段、多工具相互衔接进行货物或者旅客运输的一种方式。

集装箱是实现和发展多式联运的重要媒介。以集装箱为载体进行货物运输的方式就是集装箱运输。集装箱的标准化，为货物运输信息化、智能化提供了基础，也为货物运输向智慧物流、智慧供应链方向发展提供了可能。随着过去几十年集装箱运输的快速发展，适宜于不同品类货物运输的特种集装箱也得以开发并投入运营。敞顶集装箱为大宗散装货物“散改集”，发展大宗散装货物集装箱运输与多式联运提供了必要条件。图2.30为AGV转运集装箱装运的散装货物。

图 2.30 AGV 转运集装箱装运的散装货物

大宗散装货物采用集装箱运输，可以在中转或换装作业过程中通过“作业箱”方式替代“作业货物”的方式，提高装卸作业效率，提升堆场利用率，有利于实现散装货物多式联运。同时，采用集装箱运输后，散装货物在不同运输方式间换装时，能够减少散装货物直接落地的次数，减少散装货物专用装卸设备的配置，提高装卸设备利用率，有效降低散装货物运输成本和全物流链成本。

参考文献

[1] 霍红，牟维哲. 货物学[M]. 北京：中国人民大学出版社，2018.

[2] 真虹，朱云仙. 物流装卸与搬运[M]. 北京：中国物资出版社，2004.

[3] 滕连爽. 货物学[M]. 北京：中国经济出版社，2008.

[4] 但乃越. 长江航运新技术知识读本[M]. 武汉：武汉大学出版社，2006.

[5] 杨树畅. 大宗货物多式联运安全评价与对策研究[D]. 成都：西南交通大学，2020.

[6] 王欢欢. 铁路运输散堆装货物特性及分类[J]. 铁道运营技术，2016，22（2）：19-21.

[7] 盖宇仙. 铁路货运组织[M]. 北京：中国铁道出版社，2010.

[8] 宗蓓华，真虹. 港口装卸工艺学[M]. 北京：人民交通出版社，2003.

[9] 王若兰. 粮食仓储工艺与设备[M]. 北京：中国财政经济出版社，2002.

[10] 宋利伟，刘翠娟. 仓储管理实务[M]. 北京：北京大学出版社，2011.

[11] 周晶洁，周在青. 货物学[M]. 北京：电子工业出版社，2006.

[12] 冯同海. 物流运输管理[M]. 上海：立信会计出版社，2010.

[13] 魏国辰. 现代物流技术与实务[M]. 北京：中国物资出版社，2007.

[14] 刘刚. 物流管理[M]. 北京：中国人民大学出版社，2018.

[15] 李文斐，苏荣球. 现代物流技术与装备[M]. 北京：中国人民大学出版社，2013.

[16] 刘作义，朗茂祥. 铁路货物运输[M]. 北京：中国铁道出版社，2011.

[17] 杨浩. 铁路重载运输[M]. 北京：北京交通大学出版社，2010.

[18] 吴迪. A公司沿海煤炭运输发展战略研究[D]. 大连：大连海事大学，2017.

[19] 加阳. 山西国际物流有限公司煤炭贸易业务竞争战略研究[D]. 兰州：兰州交通大学，2019.

[20] 陈进国. 空间场视角下煤炭能源基地的可持续发展评价与情景仿真研究[D]. 徐州：中国矿业大学，2018.

[21] 刘爽. 集疏运环境下煤炭港口网络优化及运营策略研究[D]. 北京：华北电力大学，2014.

[22] 孟子慕. 运煤专线铁路集运站作业智能替代优化设计[D]. 徐州：中国矿业大学，2022.

[23] 陆鹏. 集疏运系统背景下准东铁路传统煤炭集运站优化改造方案研究[D]. 兰州：兰州交通大学，2017.

[24] 张心领. 基于战略联盟的港口煤炭物流集疏运一体化研究[D]. 秦皇岛：燕山大学，2010.

第3章

成件包装货物运输

本章介绍成件包装货物的概念及其基本理化特性和运输特性。基于成件包装货物基本特性，介绍成件包装货物的场库设备配置、储存方式与仓储要求以及载运工具、装卸设备、装卸搬运作业等。以成件包装货物快运班列及行包专列为例，介绍成件包装货物运输主要线路、运输组织形式、集疏运网络等。

3.1 成件包装货物概述

3.1.1 成件包装货物的概念

通常情况下，成件运输和保管的货物带有各种包装，统称为成件包装货物。成件包装货物主要包括日用百货、五金器材、精密仪器、化学药品、文具纸具、种子食品以及其他贵重物品等，品类多样，货物的重量、大小及包装形式有所不同。包装形式依货物性质及包装方式而不同，但通常都比较规则。根据我国铁路货物运输的相关规定，成件包装货物的包装形式大致可以分为以下九类：

（1）袋装货物，如面粉、玉米、大米、大豆、水泥、化肥等。

（2）筐装货物。

（3）机械打包货物，如棉花、饲草等。

（4）桶装货物。

（5）捆扎成件货物，如苇席。

（6）卷筒纸，如新闻纸、纸袋纸、卷筒纸等。

（7）夹板纸。

(8) 纸浆。

(9) 其他成件包装货物。

包装具有两方面的含义：一是指为在流通过程中保护产品、方便储运、促进销售，按一定技术方法所采用的容器、材料和辅助材料，通常称为“包装用品”或“包装物”，如包装箱、包装桶、包装袋等；二是指为了达到上述目的而进行的操作活动，如装箱、打包、灌桶、扎件、拼装、拆装以及刷贴标志等操作活动。包装的目的主要是对商品进行保护、方便搬运、对商品进行集装化处理、对商品进行标识等。从仓储过程和整个商品流通过程来看，包装的功能主要体现在以下方面：

(1) 包装在运输中的作用

①防护作用。保证货物在复杂环境中的运输安全，保证货物质量和数量不受损失。

②方便运输和配送。不但能提高运输工具的装载能力，提高运输效率。对某些大宗散装货物按销售需求规格进行包装运输和配送，可以提高整个物流系统的服务效能。

(2) 包装在装卸搬运中的作用

①有利于货物单元化或者集装化，并适宜采用机械化、自动化装卸搬运作业，降低劳动强度和难度，提高装卸搬运效率。

②外包装对内容货物形成一定的保护作用，提高货物承受在装卸及运输中一定外力的能力。

(3) 包装在储存中的作用

①方便货物计数及交接验收，缩短接收、发放时间，提高货物接发效率。

②便于货物堆码，提高货垛稳定性。

③节省仓库空间，提高场库设备利用率。

④保护货物免受储存环境造成的侵害。

3.1.2 成件包装货物的特性

1. 成件包装货物的特性

与铁路传统大宗货物相比，成件包装货物具备以下特点：

(1) 货物品类多样

成件包装货物种类多样化，涵盖第一、第二、第三产业中的各类产成品，运输需求与运输条件各异。随着国家产业结构调整的不断深化，轻重量、深加工、高附加值的成件包装货物的品类和运量不断增加。

(2) 理化性质各异

成件包装货物品类繁杂，各种货物往往具有不同的理化特性，如玻璃应关注其易碎性，精密仪器应着重避免震动、碰撞，粮食、食品类货物则应重点防潮、防污染，五金类货物应重点防湿、防腐蚀等。相应地，应根据货物的主要理化性质采用合适的内、外包装材料和适当的包装形式，以便于货物装卸、保管和运输过程中的安全性。

（3）包装形式多样

为了满足货物的包装储运要求、保证货物安全，成件包装货物通常需要根据货物性质采用不同的包装材料和包装形式。按照包装形式不同，有箱、袋、桶和捆等形式；按照包装材料不同，有纸制包装、木制包装、金属材料包装、塑料包装、麻织品包装、草制品包装、玻璃制品包装以及陶瓷包装等。

2. 成件包装货物的运输与物流特性

成件包装货物具有品类多样、性质复杂、包装不一、装卸与储存条件要求高等特点。其中，许多货物具有高价值、高附加值或者特殊的理化特性，往往需要专用的场库设备以及与之配套的装卸、搬运设备。相应地，成件包装货物具有如下运输与物流特性：

（1）货源的广泛性

成件包装货物涵盖社会生产三个产业诸多品类的物资，货物来源广泛，符合品种多、小批量、多批次、价值较高、时效较强、到站分散的流通商品的特点，满足社会物资生产和人民生活的多方面要求。

（2）场库设备的专业性

成件包装货物品类的多样性、包装形式的多样性、运输需求的多样性，需要货运站点配备专业化的仓库、货棚等设备，以及相应的装卸、搬运、堆码机具。此外，考虑到载运设备利用率与运输生产效率，品类不同、包装各异的货物的拼装对货物积配载和装载提出较高要求。

（3）运输条件的多样性

随着货物品类的多样化，成件包装货物对货运的技术要求也更加多样化。根据货物性质的不同，成件包装货物的运输条件侧重点也不尽相同。例如，精密仪器等高价值货物侧重于较高的车速、较小的车辆震动与货物受力等运输条件，鲜活易腐货物侧重于冷冻、冷藏等控温技术，日常文教用品、日用百货等则侧重于完善的集疏运及接取送达的便捷性。

（4）运输组织的复杂性

成件包装货物品类繁多，运输需求具有一定的差异性。货物运输的流量、流向随运输需求变化具有一定的波动性和不确定性。成件包装货物的安全性、时效性、经济性、便利性等运输需求，要求尽可能提供与之相符的运输产品，形成了成件包装货物运输组织的复杂性。

3.2　成件包装货物的场库设备配置与仓储要求

3.2.1　成件包装货物的主要场库设备

成件包装货物的场库设备主要包括仓库、货棚等具有一定的封闭性、安全性，能够避免雨雪等自然条件对货物造成损坏的储存设施。

仓库一般是指有房顶、墙壁、门窗等结构的全封闭式建筑。仓库封闭性强，安全性高，便于对仓储货物进行保管，适于存放保管要求比较高的物品。货棚一般是指仅有支柱和顶部防雨棚结构的建筑。货棚的建造成本较低，通风性能好，便于装卸作业，可以遮挡雨雪，但是封闭性和安全性不如仓库，适于对温湿度要求不高且出入库频繁，但怕受直接雨雪影响的材料、物品的临时存放。

1. 仓库的分类

(1) 按仓库保管条件分类

仓库按照其货物储存的保管条件，可以分为以下几类：

①通用仓库。通用仓库一般用以储存没有特殊要求的物品，其设备与库房建筑构造都比较简单，使用范围较广。这类仓库备有一般性的保管场所和设施，按照通常的货物装卸和搬运方法进行作业。通用仓库在物流中所占比重最大。

②专用仓库。专用仓库是专门用以储存某一类物品的仓库，或者是某类物品数量较多，或者是由于物品本身的特殊性质，如对温湿度的特殊要求，或易对共同储存的物品产生不良影响，因此要专库储存且库内配有相应的专门设备。例如金属材料、机电产品、食糖等仓库。

(2) 按仓库建筑结构分类

仓库按照其建筑结构和构造，可以分为以下几类：

①平层仓库。平层仓库为单层仓库，有效高度一般为5～6 m。仓库构造简单，建筑费用低，适于人工操作。平层仓库如图3.1所示。

图 3.1　平层仓库

②多层仓库。多层仓库为两层以上的建筑结构，仓库各层间依靠垂直运输机械联系，也可以设置坡道相连。这类仓库占地面积小，库容大，进出库作业可使用机械化或半机械化。适宜存放体积较小，重量较轻的高附加值货物。多层仓库如图3.2所示。

图 3.2 多层仓库

③立体仓库。立体仓库是内部设置立体货架的现代化仓库形式。库内设置立体货架及机械走行通道，借助于条码技术、射频识别技术、出入库管理系统等现代化手段，使用装取货机或叉车完成货物的堆码、提取以及水平运输。立体仓库如图3.3所示。

图 3.3 立体仓库

(3) 按自动化仓库发展历程分类

①机械式立体仓库。这是第一代自动化仓库，产生于20世纪60年代。操作人员通过电器开关按钮来控制机械设备进行出入库作业，实现了搬运机械化。

②自动控制立体仓库。这是第二代自动化仓库。20世纪70年代末，随着PLD、AS/RS、AGV、条码扫描等设备在立体仓库的应用，实现了控制自动化。

③集成化立体仓库。这是第三代自动化仓库。20世纪80年代末，随着计算机技术的应用，形成了由管理级、监控级、控制级组成的三级分布式控制结构，上位管理机协调控制整个仓库系统的出入库作业和库存管理，并且与下位工厂计算机信息关联网相联结，实现管理微机化和集成化。

④智能型立体仓库系统。这是第四代自动化仓库。20世纪90年代，借助管理信息系统（MIS）、决策支持系统（DSS）等，实现了对出入库任务和仓库信息的全自动处理，实现了管理智能化。

⑤智慧型无人仓库系统。近年来，随着物流信息技术的快速发展和各类智能物流设备的研发与应用，自动化仓库正在向智能设备全覆盖的全流程、全系统智能化与无人化方向发展。2017年10月，京东物流无人仓建成，实现了进货、存储、拣选、包装等各环节的智能设备全覆盖，成为全球首个正式落成并规模化投入使用的全流程无人物流中心。

2. 仓库的布置形式

仓库按照与货物线的配置形式，可以分为库外布置货物线和跨线仓库两种形式。自然条件允许时，多采用库外布置货物线的形式，如图3.4所示。但在多雨雪、风沙大或气候寒冷的地方，且作业量较大时，可以设计为库内布置货物线，即跨线仓库，如图3.5所示。跨线仓库的优点是在仓库内作业，不仅改善了装卸作业条件，而且可以保证在雨雪天气不中断装卸作业，使货物免受湿损。

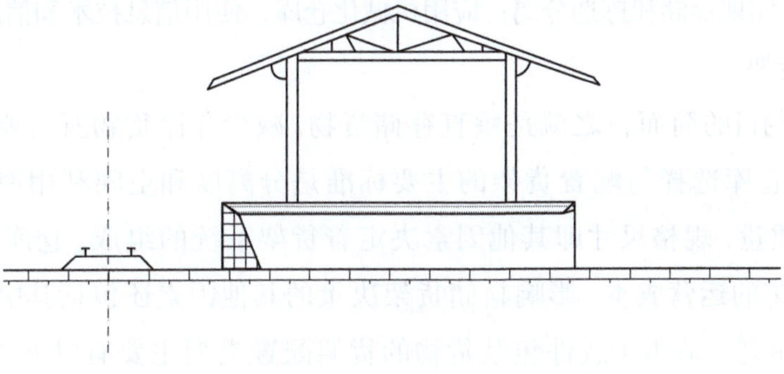

图 3.4　库外布置货物线的仓库示意图

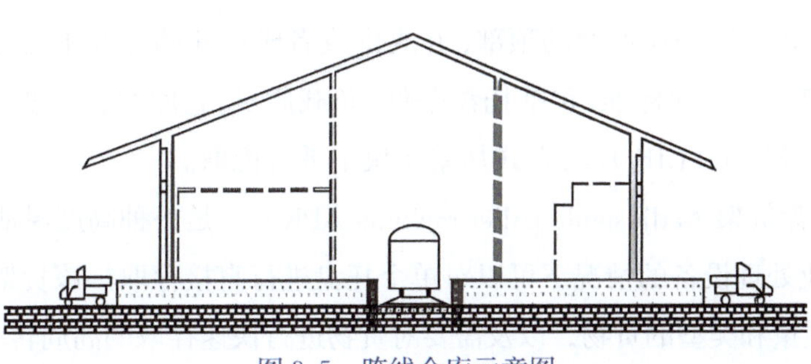

图 3.5　跨线仓库示意图

为提高装卸搬运作业效率，仓库应尽可能设置在货物站台上，同时在仓库两侧应设置雨棚，雨棚的宽度应与站台边缘对齐，并与货物线及货场道路综合布置。

3. 仓库的设计与设备配置

（1）仓库设计的原则

①负载单元化。为了提高货物进出库、拣选货等作业的效率，成件包装货物的仓库内部应尽可能设计成模块化或者较大单元的形式，从而在模块间进行作业，实现货物处理的规模经济，提高处理效率，最小化库内搬运距离。

②立体空间利用率最大化。仓库管理中40%的总仓储成本都与资产有关，因此，充分利用仓库空间有利于降低仓储成本。提升仓库立体空间利用率需要在空间利用率或者仓库积载因素与进出库作业、货物拣选作业之间进行平衡，以及吞吐速度与重复处理最小化需要之间进行平衡，并减少亏仓。

③仓库高度最优化。使用诸如“层格式货架”（clad rack）或“高层货架”（roof on rack）的高架仓库，能够在仓库建设以及运营管理中获得规模经济，并能够开发机械化、自动化的仓储管理系统，提升成件包装货物物流效率，降低物流成本。

④最小化内部移动。减少库存移动能够提升货物在作业区之间的转换，提高作业效率，节约作业成本和时间。最小化内部移动的技术或方法主要包括：将流通水平的货物（即周转速度快的货物）放置于最靠近存储和具备检索功能的地方；面向最小化移动的布局和流线设计，实现存储和拣选分离；应用机械化仓库，使用信息技术和信息系统。

（2）仓储货架

使用货架的目的简而言之就是垂直存储货物，减少存储货物所需要的地面空间。成件包装货物仓库选择与配置货架的主要标准是分离度和空间利用率。成件包装货物的特性，如质量、规格尺寸即其他因素决定着货架系统的组成。仓库容量及进出库量决定货架系统的运营成本。影响仓储货架决策的其他因素还包括其中设备的类型、仓库的设计布局等。适用于成件包装货物的货架配置类型主要有以下几种：

①单元堆垛（block stacking），不同于基于日期或先进先出（FIFO）的库存取货方式，是指将货物相互堆叠在彼此的顶部，并成排或者成块地储存在单元托盘上。托盘的堆放高度需要基于一定的标准，包括托盘条件、负载质量、仓库净空高度以及仓库叉车能力等。托盘以后进先出（LIFO）的方式从单元块中进行拣取。

②可调式托盘货架（adjustable pallet racking，APR），是一种高度灵活的存储选择方案，在没有专业处理设备的情况下可以对单个托盘进行直接存取。该货架适合于存储各种不同大小、质量和类型的货物，以及需要对货物进行快速存取的高周转率运作方式。

③窄巷道货架（very narrow aisle racking，VNAR），通过利用仓库地面面积和屋顶

高度实现高密度存储。与标准巷道相比，窄巷道（VNA）可以缩小高达50%的巷道宽度，尤其适用于统一尺寸的托盘，以及仓库净空较高且地面平坦的仓库。使用窄巷道货架时，托盘只能通过专业设备进行存取。

④驶入式货架或贯通式货架（drive—in/drive—through racking），适用于具有大容量存储能力的仓库。驶入式货架只允许从巷道的一侧进出，采取先进后出（FILO）的存取方式。贯通式货架下的货物可以从巷道的两边存取，采取先进先出（FIFO）的货物周转与提取方式。该类型货架适用于低周转率、高密度存储情况。

⑤移动式货架（mobile racking），是在机械化和可移动基础上按照的标准货架组合。通过消除巷道和单元堆垛，取消对货物存取的严格限制，达到增加仓库存储容量的目的。移动式货架尤其适合于冷库存储。

⑥托盘重力式货架（pallet live racking），允许从巷道的一侧进行库存，并从巷道的另一侧取货。每条巷道通常专门用于某一类或编码货物的存取。先进先出系统允许库存自动周转。

不同货架类型对比见表3.1。

表 3.1 不同类型货架对比表

	单元堆垛	可调式托盘货架	窄巷道货架	驶入式货架	移动式货架	托盘重力式货架
空间利用率	40%～45%	27%	35%～37%	39%～43%	53%～55%	45%～48%
选择性	4%	100%	100%	20%	100%	100%
货物周转	低，LIFO	随机	随机	低，LIFO	随机	非常高，自动化FIFO
订单拣选效果	差	较好	很好	差	差	一般
最大高度	3～4个托盘	8 m	12 m	8 m	8 m	8 m
相对成本	0	1	1.4	2.5	4.2	8.5

(3) 仓库平面布置

仓库平面布置的总体目标是通过对各个区域的合理布置与安排实现空间利用最大化和操作最小化，其原则是布局整齐、节省用地、紧凑适用、方便管理。

仓库平面布置以仓储功能为基础，考虑各项仓储活动的需要，以作业流程为依据，结合库内作业流线设计，按照各库内各作业区域直接的关联强度，将各作业区域安排到仓库平面的适当位置。仓库平面布置的基本要求是：

①充分利用仓库面积，提高仓容定额，降低储存保管费用。

②符合作业流程，方便各项作业及作业间联系，提高作业效率。

③合理规划作业流线，减少出入库货物及仓储人员移动距离，节约作业时间，提高作业效率。

④方便车辆进出，库内车辆宜按单向行驶或者进出分道，减少干扰；进出库货流与库内移动货流尽量避免交叉。

⑤满足货物保管条件要求，保证仓储质量。

⑥仓库平面设计与布置应符合安全保卫和消防要求。

⑦综合考虑仓库当前需求和长远发展，减少未来扩建对仓储业务的影响。

3.2.2 成件包装货物储存方式

1. 成件包装货物储存保管要求

货物保管是货物储存阶段最基本的作业，仓储条件直接影响到储存货物的安全、数量与质量。货物储存保管是仓库技术作业的中心环节，为了保证并提高货物储存质量，在货物储存过程中应采取以下措施：

(1) 根据货物性质合理安排储存场所

由于成件包装货物的自然属性、规格尺寸、包装材料与形式等不同，其要求的保管条件也不同，因此需要根据货物的性质与包装条件选择适当的储存地点，避免同库储存的货物存在理化性质的抵触，避免串味、污染以及其他影响。

(2) 合理堆码苫垫

货物的堆码苫垫是成件包装货物保管养护的一个重要环节。合理的堆码苫垫不仅是保证货物不变形、不受损、不变质的重要条件，也是充分利用仓容、提高堆垛作业效率和仓储管理效率的重要措施。入库货物应根据其性质、形状、规格、包装、安全要求等选择适当的堆垛方式，同时货垛的垛型与高度应根据货物的性质、承载能力、包装强度等因素，结合库内储存条件和季节气候等情况妥善安排。

(3) 保持仓库整齐、清洁

货物应堆码整齐，包装标志朝外。保证仓库内外环境清洁，对易遭受虫蛀、鼠咬的货物，要根据货物的性质、鼠虫类和微生物的生活习性及危害程度，及时采取有效的防治措施。

(4) 加强货物的日常维护保养工作

货物的维护保养工作一般包括仓库的温湿度管理、防锈、防腐、防霉、防老化等工作，不仅涉及货物自身的理化属性及其性质变化规律，还涉及各种有害因素对货物的影响程度及其防护方法，具有较强的技术性和专业性。

2. 成件包装货物堆存方法

为了保证入库货物的储存质量与安全，提高仓库利用率、作业效率以及管理效率，应根据入库货物的理化属性、规格形状、储存要求、包装状况、仓库条件等因素确定货物的堆存方式。仓库内成件包装货物的堆存方式主要包括货架存放法和堆垛法。

（1）货架存放法

货架是用支架、隔板或托架组成的立体储存货物的设施，是现代化立体仓库内部的主要构件。使用货架存放货物可充分利用仓库空间，提高仓容利用率，提高仓库储存能力。采用货架存放法，货物可以分区、分类存放，减少挤压，提高货物的储存质量和安全。货架存放法如图3.6所示。

图 3.6　货架存放法

（2）堆垛法

堆垛法主要针对不同品类、不同形状规格、不同包装形式的计件货物的堆码。货物的堆码方式主要取决于货物性质、形状、体积、重量、包装等，一般情况下应使货垛重心较低，向下接触面较大，易于堆码，稳定牢固。常用的堆垛方法有以下几种：

①直堆法。直堆法是逐件、逐层向上重叠堆码的方式。上一层每件货物应直接摆放在下一层对应货物上面，并对整齐。该方法方便作业、计数，但稳定性较差，适用于袋装、箱装、箩筐装货物。直堆法堆垛如图3.7所示。

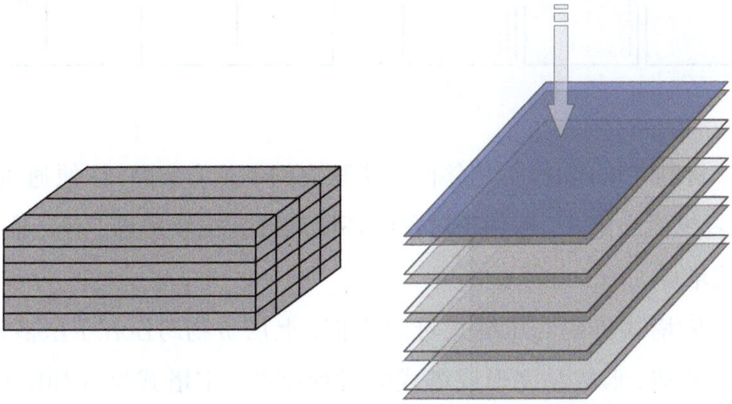

（a）　（b）

图 3.7　直堆法

②纵横交错式。每层货物都调整货物纵横方向依次向上堆放。适用于捆绑、长箱装货物。该方法较为稳定，但操作不便。纵横交错式堆垛如图3.8所示。

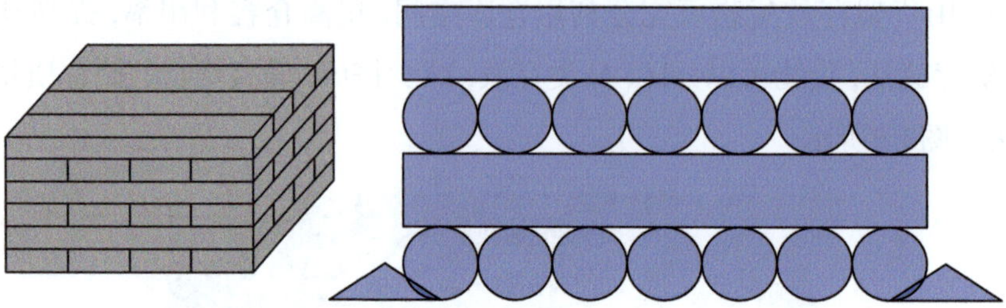

（a）　　　　（b）

图 3.8　纵横交错式

③俯仰相间式。对上、下两面有大小差别或凹凸的货物，如箩筐，将货物仰放一层，再翻转俯放一层，仰俯相间相扣。俯仰相间式货垛较为稳定，但操作不便，常用于没有方向性要求的纸箱包装货物堆码。俯仰相间式堆垛示意图如图3.9所示。

④压缝式。将底层货物顺序排列摆放，上层货物放在下层两件货物之间，使上层每件货物跨压下层两件货物，上下层货物紧密相挨形成一个大货垛。这种堆垛层层压缝、货垛稳固、不易倒塌。常用于纸箱包装、圆柱形包装和桶装货物堆码。压缝式堆垛如图3.10所示。

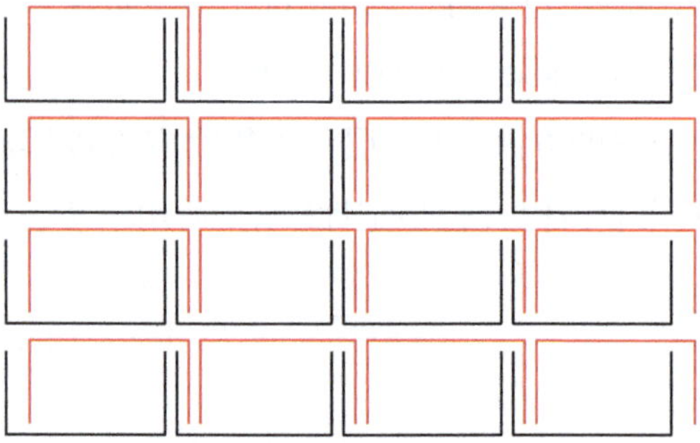

图 3.9　俯仰相间式

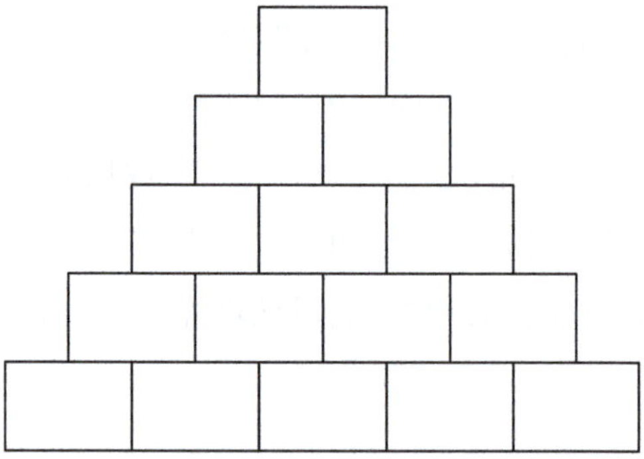

图 3.10　压缝式

⑤通风式。货物在堆码时，每相邻两件货物之间都留有空隙，以便通风。层与层之间采用压缝式或者纵横交错式。适用于对仓储环境温湿度比较敏感、需要通风量较大的货物堆垛。通风式堆垛如图3.11所示。

⑥宝塔式。宝塔式堆码与压缝式堆码类似，上层货物跨压在下层多件货物之上，紧密排列、逐层堆码，形成品字形或塔式的货垛结构。宝塔式堆垛如图3.12所示。

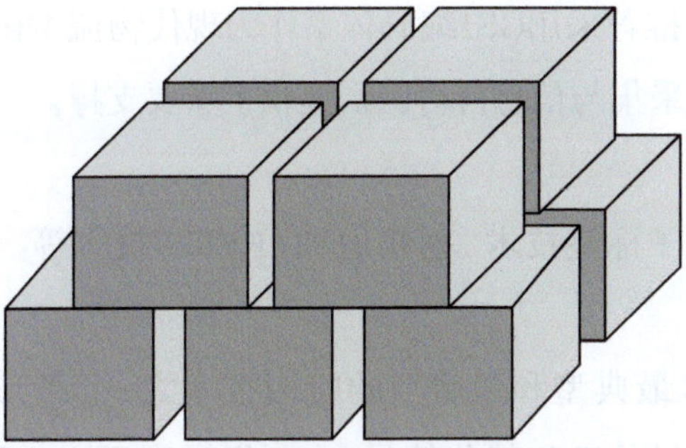

图 3.11　通风式

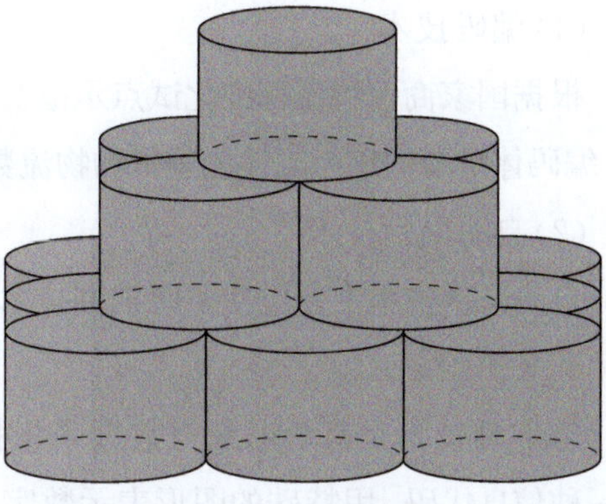

图 3.12　宝塔式

⑦起脊垛。对于木材类货物或者卷筒类货物卧装时，类似于压缝堆垛形式，将底层货物顺序排列摆放，上层货物放在下层两件货物之间，使上层每件货物跨压下层两件货物，上下层货物紧密相挨形成一个大货垛。起脊垛如图3.13所示。

⑧托盘式。托盘式堆垛是根据货物的重量、尺寸、形状、包装形式等，将一定数量的货物码放在托盘上，组合成具有一定高度、一定重量的集装单元。托盘的使用和推广促进了包装货物的单元化、集装化，实现作业机械化，提高作业效率。托盘式堆垛如图3.14所示。

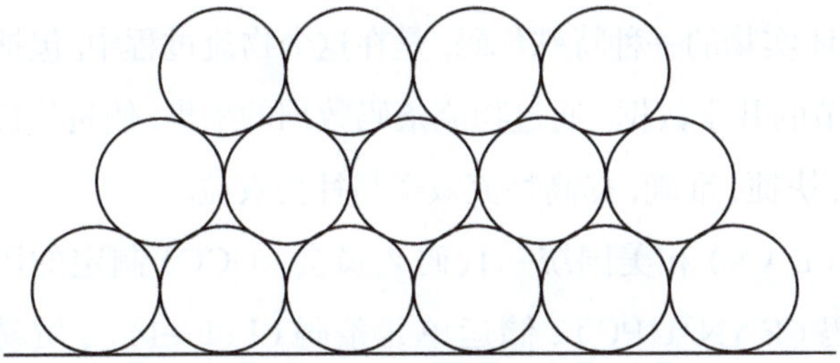

图 3.13　起脊垛

图 3.14　托盘式

3.2.3　成件包装货物的现代物流信息技术

根据成件包装货物的定义，大多数成件包装货物带有便于运输和保管的货物包装，在现代物流信息技术的支撑下，使用包装标签标记，采用信息感知与自动识别技术、数据处理技术、自动化技术、定位跟踪技术等，提升成件包装货物物流的智能化、自动化水平，提高成件包装货物运输、储存、装卸、配送等物流效率，降低成件包装货物全物流成本。

1. 感知技术

感知技术是实现成件包装货物自动感知与联网的基础，主要技术有编码技术、自动识别技术等。

（1）编码技术

根据国家商贸物流标准化试点示范要求，推荐采用GS1编码体系作为现代物流编码体系。编码体系的构建为成件包装货物物流数据采集与信息自动识别提供了重要支撑。

（2）自动识别技术

自动识别技术主要包括条码识别技术、电子标签技术、射频识别（RFID）技术等。

①条形码

条形码技术是自动识别与数据采集技术最典型和最普及的应用技术之一。条形码是一种信息代码，用特殊的图形表示数字、字母信息和某些符号，由一组宽度不同、反射率不同的条和空按照规定的编码规则组合在一起，用以表示一组数据。常见的条形码有一维条形码和二维条形码，如图3.15所示。

（a）一维条形码　　（b）二维条形码

图 3.15　条形码示意图

②物流条码

物流条码是用于标识物流领域中具体实物的一种特殊代码，是在这个物流过程中，包括生产厂家、分销商、运输商、消费者等环节的共享数据。通过物流条码数据的采集，使货物自生产至消费全过程的信息传递更加方便、快捷、准确，提高物流效率与社会效益。

物流条码是由国际物品编码协会（EAN）和美国统一代码委员会（UCC）制定的用于贸易单元标识的条码，包括商品条码（EAN/UPC）、储运单元条码（ITF—14）、贸易单元128条码（UCC/EAN—128）、位置码等。国际上通用和公认的物流条码码制主要有EAN—13条码、ITF—14条码以及UCC/EAN—18条码等三种。成件包装货物根据货物品类及商品包装不同，应采用不同的条码码制。如单件大件商品，例如电视机、电冰箱等商品的包装箱一般采用EAN—13条码。储运包装箱常采用ITF—14条码或UCC/EAN—128条码，包装箱内可以是单一品类包装货物，也可以是不同的商品或多件商品小包装。

③电子标签

电子标签系统是指装置于成件包装货物仓库货架上的信号转换器、完成器、电子标签、订单显示器、现场操作计算机和服务器等一系列设备构成的网络化计算机辅助拣货系统。电子标签具有弹性控制拣货流程、即时现场控制、紧急订单处理功能，能够降低拣货错误率、加快拣货速度、免除表单作业，提高效率，节省成本。

④射频识别（RFID）技术

射频识别技术是自动识别技术的一种，也称为无线追踪系统，是利用无线射频方式进行非接触双向通信，以达到识别并交换数据的目的。射频识别技术能够识别单品，也可以实现多目标识别与运动目标识别，具有非接触性、读取距离远、信息量大等优点。

2. 数据处理技术

数据处理技术主要有大数据存储技术，包括数据记录、数据存储、数据验证、数据共享等；大数据处理技术，包括数据统计、数据可视化、数据挖掘等；机器学习技术，包括经验归纳、分析学习、类比学习、遗传算法、增强学习等。

（1）电子数据交换（EDI）

电子数据交换（electronic data interchange，EDI）是将贸易、运输、保险、银行和海关等行业或部门的信息，用一种国际公认的标准格式形成结构化的事务处理报文数据格式，通过计算机通信网络，使各有关部门、企业之间进行数据交换与处理，并完成以贸易为中心的全部业务过程。其优势主要体现为降低了纸张的消耗，减少了重复劳动，有效降低了错误发生率，大幅度降低了企业生产和交易成本，提高了效率。

（2）云计算

“云计算”是一种基于互联网的超级计算模式。在远程数据中心，成千上万台电脑和服务器连接成一片电脑云，用户可以通过本地终端接入数据中心，体验每秒超过10万亿次的运算能力。云计算的应用模式主要有基于云计算模式的业务平台、数据存储中心、基础服务平台等。应用云计算能够加快企业的市场响应速度，降低企业运营成本，有效提升物流服务能力。

（3）大数据

大数据是需要新处理模式才能具有更强的决策力、洞察发现力和流程优化能力的海量、高增长率和多样化的信息资产。大数据技术的意义并不是掌握和拥有大量数据，而是通过专业化的处理获得所需要的信息从而实现数据的价值。

物流大数据是指在运输、仓储、装卸搬运、包装、流通加工、配送等物流环节中涉及的数据和信息。条形码等技术的发展使得物流企业可以利用计算机系统采集、储存诸如货物进出库历史记录、货物进出状况和服务记录、货物库存信息、货物配送状况等大量数据，为企业降低物流成本、提高运输效率、开发配送模式等提供了数据支撑。目前，我国网络购物规模不断扩大，借助大数据处理技术和云计算，实现成件包装货物的需求精准预测、生产精准计划、仓储精准管理、运输精准合理、配送精准及时，有利于降低物流成本、提高消费者满意度，提升社会效益。

3. 自动化技术

自动化技术是现代物流应用层的执行操作技术。对于成件包装货物主要有自动分拣技术、智能搬运技术、自动立体库技术、智能货运与配送技术等。这些技术相互支持、相互耦合，完成不同的业务功能。

（1）自动分拣技术

自动分拣技术包括各类机器人拣选、自动输送分拣、语音拣选、货到人拣选等各类自动分拣技术。

（2）智能搬运技术

智能搬运技术主要指通过自主控制技术，进行智能搬运及自主到港，使这个物流作业系统具有高度的柔性和扩展性。例如搬运机器人、AGV、无人叉车、无人牵引车等物料搬运技术。

（3）自动立体库技术

自动立体库技术指在成件包装货物的自动化立体仓库中，通过货架系统、控制系统、自动分拣系统、自动传输系统等技术装备集成的自动存储系统，实现成件包装货物的自动存取、分拣、拣选、搬运等环节的机械化和自动化。

（4）智能货运与配送技术

智能货运与配送技术主要包括货运车联网、智能卡车、无人机系统、配送机器人系统等。

4. 定位跟踪技术

定位跟踪技术主要包括北斗卫星导航系统、GPS、GIS等。此外，红外、激光、近场通信（near field communication，NFC）、物与物、人与机器或机器与人（machine-to-machine或man-to-machine or machine-to-man，M2M）、机器视觉等各类感知技术在现代物流的定位跟踪中也有一定的应用。

（1）北斗卫星导航系统（BDS）

北斗卫星导航系统（Beidou Navigation Satellite System，BDS），又称为COMPASS，中文音译名称BeiDou ，是中国自行研制的全球卫星导航系统，也是继GPS、GLONASS之后的第三个成熟的卫星导航系统。北斗卫星导航系统（BDS）和美国GPS、俄罗斯GLONASS、欧盟GALILEO，是联合国卫星导航委员会已认定的供应商。

（2）全球定位系统（GPS）

全球定位系统（Global Positioning System，GPS）是一种全球性、全天候、连续的卫星无线电导航系统，是美国继阿波罗登月计划、航天飞机之后的第三大航天工程。GPS可以提供实时的三维位置、三维速度和高精度的时间信息。

（3）地理信息系统（GIS）

地理信息系统（GIS）萌芽于20世纪60年代初。当计算机技术广泛应用于数据自动采集、数据分析和显示技术等分支领域时，GIS应运而生。

在物流领域应用中，BDS、GPS、GIS和无线通信技术有效结合，通过最短路径模型、车辆路线模型、网络物流模型、配送区域划分模型、分配集合模型、设施定位模型、空间查询模型等，能够建立功能完善的物流信息系统，有效提升物流系统效率，降低全物流成本。

3.3　成件包装货物的装卸与搬运

3.3.1　成件包装货物装卸搬运方法

成件包装货物的装卸与搬运指为了装卸搬运方便，对已临时捆扎或装箱从而形成装卸搬运单元的货物进行的装卸搬运。成件包装货物由于具有品类多，性质复杂，重量和大小不一，包装形式多样，运输和保管的条件不同等特点，往往具有不同的装卸搬运方法。

大多数成件包装货物采用单件作业法和集装作业法进行装卸和搬运。

1. 单件作业法

对于一些零散的成件包装货物，通常由人力逐件完成装卸作业。单件作业法依作业环境和工作条件可以采用人工或半机械化作业，或者使用自重较轻的叉车进行机械化作业。

2. 集装作业法

集装作业法是将货物集装化后再进行装卸作业的方法，主要包括托盘作业法、框架作业法、货捆作业法、网袋作业法等。货物集装化后，形成了重量和体积不同的集装单元，便于装卸作业机械化。

（1）托盘作业法

托盘作业法是使用托盘将货物组成集装单元，以便于使用叉车等设备实现装卸搬运机械化的作业方法。图3.16所示为各式托盘。

（2）框架作业法

框架通常采用木制或金属材料制作，自重较轻，具有一定的刚度、韧性，以保护商品、方便装卸和运输，主要适用于玻璃、建材等易碎货物，或者汽车发动机等较贵重设备与精密仪器等。

（3）货捆作业法

用捆装工具将散件货物组成货物单元，在物流全过程中保持货物单元整体不变，便于装卸作业机械化，提高装卸效率。带有与各种货捆配套的专用吊具的起重机是货捆作业法的主要装卸机械。

木托盘

塑料托盘

金属托盘

九脚托盘
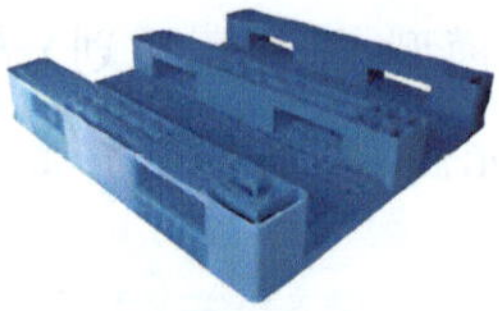
川字托盘

单面托盘

双面托盘

图 3.16　各式托盘

(4) 网袋作业法

将颗粒状、粉末状货物装入纤维编织的集装袋、将各种袋装货物装入纤维编织的集装网、或将块状货物装入钢丝网后再进行装卸、运输的方法称为网袋作业法。集装袋一般结实耐用，回送方便，可多次使用，适宜于颗粒状、粉末状、块状货物以及粗杂物品的集装化装卸与运输。图3.17为集装箱（吨袋）。

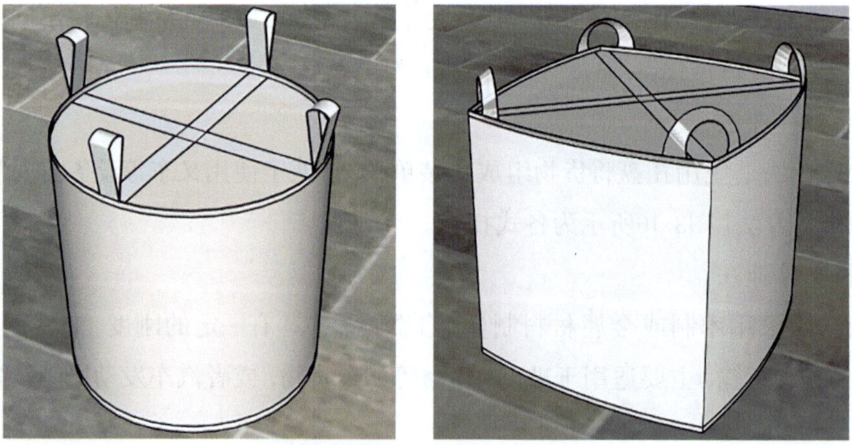

图 3.17　集装箱（吨袋）示意图

3.3.2　成件包装货物装卸搬运机械

成件包装货物一般采用人力装卸，或者使用各种类型的叉车配以托盘进行装卸搬运作业。堆垛机和输送机具有堆取高度高、多向连续运送货物的优势，在自动化程度较高的立体仓库或者批量集中、转运复杂的机场或者仓库使用。

1. 手推车

手推车是一种以人力为主，水平输送物料的搬运车。其特点是轻巧灵活、易操作、回转径小，适于短距离搬运轻型物料。图3.18为通用手推车。

2. 托盘搬运车

托盘搬运车是一种轻小型搬运设备，也是托盘运输中最简便、最有效、最常见的半自动化装卸、搬运工具。托盘搬运车有两个货叉，可插入托盘底部。货叉前端有两个小直径的行走轮，用来支撑托盘的重量。托盘搬运车主要由人力驱动液压系统实现托盘货物的起升和下降，并由人力拉动完成装卸、搬运作业。图3.19为托盘搬运车。

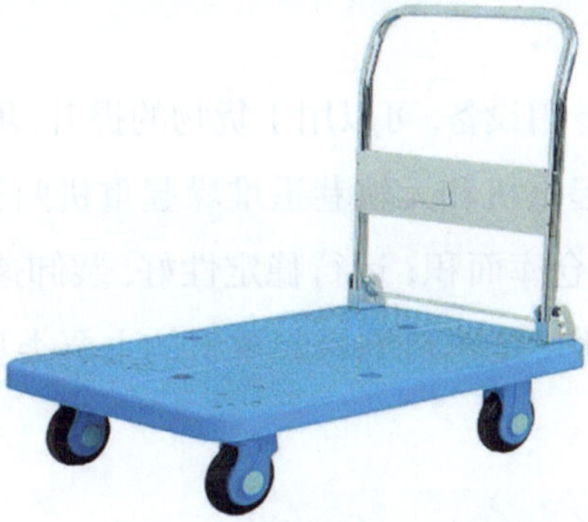

图 3.18　通用手推车

图 3.19　托盘搬运车

3. 电瓶搬运车

电瓶车是以蓄电池为动力源的绿色环保搬运车，可以用于水平运输，也可用作牵引车进行厂内运输，特别适用于车站、码头、仓库、邮电、工矿企业等场所的短途运输，是一种轻便灵活、高效的运输车辆。图3.20为电瓶搬运车。

4. 叉车

叉车又称叉式装卸车，是成件包装货物装卸搬运设备中最常用的自动化装卸、搬运机械。叉车是以门架和货叉为工作装置的自行式装卸搬运机械，是短距离运输、装卸、堆垛货物的常用机械化设备。叉车按动力装置的不同，可分为电动式叉车和内燃式叉车。一般情况

图 3.20　电瓶搬运车

下，大吨位的叉车都属于内燃式叉车。图3.21和图3.22分别为电力叉车和内燃叉车。

图 3.21　电力叉车

图 3.22　内燃叉车

5. 巷道堆垛起重机

巷道堆垛起重机是自动化立体货架仓库中的专用设备，可以用于货物的提升、堆垛、装卸等作业。巷道堆垛起重机分为有轨巷道堆垛起重机和无轨巷道堆垛起重机两类。其中，有轨式起重机所需作业通道宽度比较窄，节约仓库面积；运行稳定性好，装卸速度较高；货物进出仓库的工作效率高；可实现全自动操作，是轨道堆垛起重机的主要类型。巷道堆垛起重机如图3.23所示。

图 3.23　巷道堆垛起重机

6. 辊道运输机

辊道运输机由一系列以一定的间距排列的辊子组成，用于短距离水平输送底部具有沿输送方向连续支承面的成件包装货物或托盘货物。辊道输送机是一种效率较高的自动化水平运输设备，能够输送单件重量较大的货物，能承受较大的冲击载荷。辊道运输机如图3.24所示。

图 3.24　辊道运输机

7. 链板输送机

链板输送机是将藉木板或钢板安装在能够连续传动的链条上，由藉木板或钢板支承货物、链条连续传动实现货物运输的自动化水平运输设备。链板输送机可输送各种轻重物品，使用灵活可靠，被广泛用于食品、罐头、药品、饮料、化妆品和洗涤用品、纸制品、调味品、烟草等货物的自动输送、分配和后道包装的连线输送。链板输送机如图3.25所示。

图 3.25　链板输送机

3.4　成件包装货物的载运工具

成件包装货物铁路运输以通用棚车为主，特殊情况下可以使用通用敞车加苫盖篷布装运。我国铁路行包专列、行邮专列使用P_{65}型棚车、XL_{25T}型行李车等车型。

1. 棚车(P)

我国铁路通用棚车主要用于装运有一定的安全性要求，免受日晒、雨雪侵袭的各类成件包装货物。受到棚车车体结构以及底架承载能力的限制，棚车一般以人力装卸为主，辅助简易装卸工具、自重较轻的叉车等。P_{65}型棚车1998年由齐齐哈尔车辆厂设计生产，主要运输行李、包裹等轻浮货物和免受日晒、雨雪侵袭的箱装或袋装货物，目前是我国铁路行包快运列车的主型车辆。图3.26为P_{65}型行包快运棚车。

图 3.26　P_{65} 型行包快运棚车

2. 行李车(XL)

行李车是指供运送办理了行李托运手续的旅客行李及包裹的铁路客车。XL_{25T}型行李车是以25T型客车为基础，由四方厂和唐山厂共同设计生产的编挂于特快行邮专列、快速货运专列的专用车辆。图3.27为XL_{25T}行李车。

图 3.27　XL_{25T} 行李车

3. 敞车(C)

敞车是具有端壁、侧壁、地板结构的货车，主要装运散堆装货物以及卷钢、型钢、木材、电缆、电机等类货物。由于没有车顶，对于体积、重量较大的货物，可以采用机械吊装吊卸的方式进行装卸作业。敞车代用棚车装运成件包装货物时，由货车底层向上装载，在货物上苫盖篷布以防止雨淋，并提高货物运输的安全性。当货物装载高度超出货车侧墙（板）高度时，应采用起脊装载方式，将货物层层压缝，梯形码放。

3.5 成件包装货物主要运输线路和运输组织方式

3.5.1 成件包装货物的主要运输组织方式

在我国传统的货运业务中，铁路运输由于其具有运量大、运距长、运价低等优势，一直肩负着绝大部分大宗货物的运输需求，而公路和航空运输由于其灵活、快速的特点，长期以来在快捷货物运输市场中占有较大份额。为了符合社会经济发展趋势，满足货物运输需求，充分发挥铁路运输绿色、安全、稳定的优势，推进交通运输供给侧结构性改革，国铁集团充分利用普速线路运能释放、运力提升的时机提高线路条件，改进运输设备，优化铁路货运产品，开行多等级的快运班列，满足了成件包装货物的运输需求，特别是高价值、高附加值成件包装货物安全性、时效性的运输需求。

1. 按照速度等级分

快运班列是指在固定发到站间，有固定车次和运行线、明确的开行周期和运行时刻，按客车化模式组织开行的货物列车。快运班列按照速度等级分为特快、快速、普快班列。其中，特快班列是使用25T等专用车辆编组，最高运行速度160 km/h，按不低于2 500 km/d标准铺画运行图；在固定发到站间，有固定车次和运行线、明确的开行周期和运行时刻，按客车化模式组织开行的货物列车。快速班列是使用专用符合技术标准的货车编组，最高运行速度120 km/h，按不低于1 500 km/d标准铺画运行图；在固定发到站间，有固定车次和运行线、明确的开行周期和运行时刻，按客车化模式组织开行的货物列车。普快班列是使用普通货车编组，按普通货物列车标准运行，按不低于1 000 km/d标准铺画运行图；在固定发到站间，有固定车次和运行线、明确的开行周期和运行时刻，按客车化模式组织开行的货物列车。

2. 按照产品形式分

目前我国铁路快运货物班列主要包括以下几种形式的货运产品：

（1）“行包”和“行邮”专列

行邮专列以行李车和邮政车编组，在行邮基地、客货运站进行整备，整列装载行李、包裹、邮件。行邮专列的优势主要为运量大、时效高、安全性高、服务好，是中铁快运运输产品中的重要组成部分。铁路行包专列是在行包基地、客货运站进行整备，整列装载行李、包裹的列车，行包专列是我国铁路货运走向市场的重大突破。

（2）批量零散货物快运

对于重量在30 t或体积在60 m³及以上的塑料制品、日用化工品、金属制品、工业机械、日用电器、果蔬、饮食品、纺织品、纸制品、文教用品、医药品、瓷砖、板材等货物，可按零散货物快运办理。零散快运根据市场变化，按货物实际重量计费，以整车运输方式进行受理和承运。根据零散货物的流量、流向和办理点分布范围，在满足条件的车站间，按照客车化管理模式组织开行中短途快运列车；在作业量较大的中心站间开行中长途零散货物快运班列。批量零散货物快运提高了零散货物运输组织水平，满足了零散白货方便、快捷的运输市场需求。

（3）高铁快运

高铁快运是中国铁路为客户提供的与高铁品牌形象和客运服务水准相匹配，具有时效快、品质优、标准高的“门到门”小件快运服务，于2014年4月1日正式开通运营。

3.5.2 成件包装货物快运班列运输组织特点

承运成件包装货物的快运班列是在铁路既有线上，针对经济重心之间或区域内中长距离的小件快捷货物开行的货运班列，具有运费较低、安全高效、运输准时等特点。铁路快运货物班列的运输组织特点如下：

1. 货运组织复杂化

成件包装货物品类较多，其运输组织具有零散性和随机性。针对成件包装货物品类多样、需求不同、到发分散、时效性高等特点，铁路推出实货制敞开承运和随到随运政策。增加了快运班列货源组织、货物配载、装卸作业等的难度和复杂程度。

2. 行车组织客运化

快捷货运班列在铁路主要物流中心之间采取“固定车次、固定始发时刻、固定运行区段、固定编组内容、固定作业地点”的“客运化”组织方式。根据运量大小，班列运输途中可进行货物“直装直卸”和车辆甩挂作业，但不在编组站进行解体编组作业。行车组织客运化为快运班列的时效性提供了重要保证。

3. 送达时效快捷化

成件包装货物以时效性为诉求，因而快捷货运班列具有较高的列车等级和较快的运行速度。其中，特快货运班列最高运行速度达到160 km/h，列车等级高于快速旅客列车，途经相关车站作业紧密接续。同时为减少集结等待时间，特快货运班列的编组不需严格按照货物列车的“满轴满长”约束，提高了货物运输时效性。

3.5.3 成件包装货物的主要运输线路

1. 我国行包专列发展概况

铁路行包快运专列（简称行包专列）是指按照旅客列车运输方式组织，使用专用货车编组，利用行包基地和客、货运站场、设备，整列装载包裹等货物的列车。中铁快运股份有限公司（简称中铁快运）负责所属行包专列的日常经营、业务及安全管理工作，承担相应的安全责任。铁路局集团公司负责铁路运输组织，实施安全监督检查。随着网络经济以及现代物流的快速发展，铁路行包运输逐渐从作为旅客运输的附属运输产品、运输旅客随身携带的行李包裹等物品转变为运输具有高价值、高附加值的货物或者包裹，铁路行包运输网络的覆盖面逐渐扩大，运力持续提高，加之铁路运输中长距离运输的安全性、快速性以及经济性等优势，铁路行包运输逐渐发展成为我国成件包装货物运输的重要力量。

2. 铁路行包专列开行条件

铁路行包专列的开行应满足下列条件：

（1）具备稳定、可靠的货源，运量可达整列开行。

（2）固定开行日期、运行时刻和作业站。

（3）固定编组数量，始发和沿途甩挂作业后列车编组不少于18辆；最大编组数量、牵引重量按有关规定办理。

（4）必要数量的专用车辆，技术性能符合有关要求。

（5）各作业站、货场、行包基地满足行包专列作业和安全要求。

（6）车辆整备基地及列检所满足车辆整备及技检作业要求。

3. 我国行包专列的开行线路

铁路行包快运网络是以行包基地站点以及相应的分拨中心为主要网络枢纽节点，以枢纽节点之间铁路干线为边构建行包快运主通道的网络结构。铁路行包专列开行车次为X201～X998，主要开行区间有北京—成都，沈阳—杭州，杭州—乌鲁木齐、成都、哈尔滨、北京、昆明，广州—沈阳、上海、哈尔滨、拉萨，武汉—昆明，厦门—北京。目前我国主要铁路行包专列开行车次主要线路的运行径路如图3.28所示。

4. 铁路行包专列的开行特点

（1）办理渠道多元化。铁路局集团有限公司、快运公司按照“实货制”运输要求，利用行包房、客票代售点、95306网站及客服电话等多种渠道受理业务。

（2）有较高的列车等级和运行速度。铁路行包专列实行客车化的运输组织，安全性高，运到期限准确；运输组织保障有力，在日常列车运行调整中特快班列按照最高等级的货物列车办理，有较高的正点率。

（3）定始发终到站，定发到时间，固定编组。

（4）行包专列全程运行线路固定，适应了市场和货主对货物快速运输的要求，适应了社会经济迅速发展的需要。

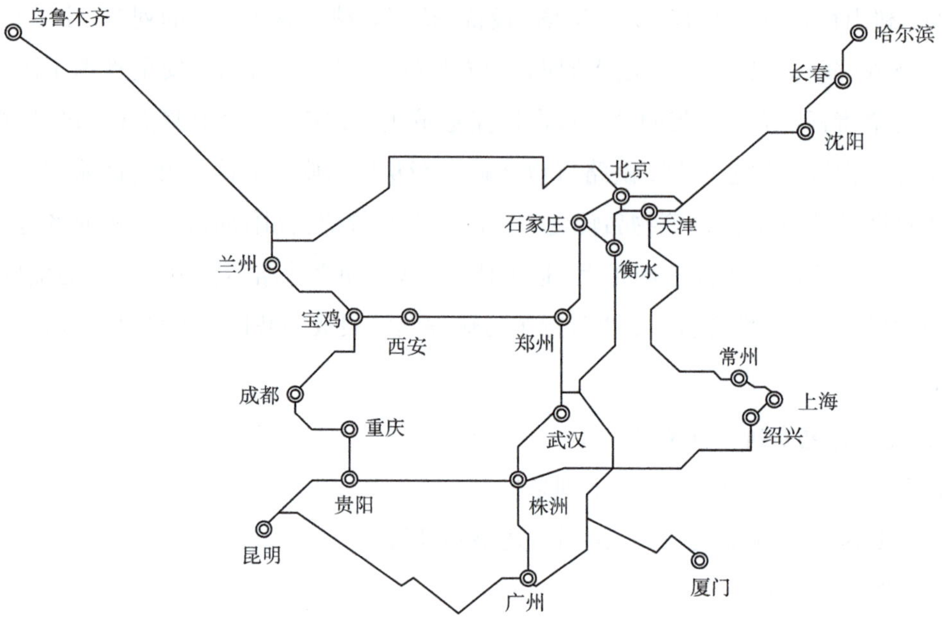

图 3.28　铁路行包专列主要开行径路示意图

（5）运输单位价格较低。铁路行包专列在行包基地之间开行，运距长，充分发挥了铁路在中长距离运输中的经济优势。

（6）基地站点的有力支撑。位于铁路枢纽的基地站点具有多列接发列车和车组摘挂技术作业条件，还具有大批量行包仓储容量和装卸能力等，成为专列运输的综合服务平台。

3.6　成件包装货物集疏运网络与运输组织形式

3.6.1　我国成件包装货物的生产和消费现状

成件包装货物的运输需求与地区经济发展水平、生产力布局、资源分布以及居民消费水平等因素密切相关，考虑到成件包装货物包括了医药产品、IT产品、图书、家电、汽车配件、服装以及日用百货等多类货物，这些产业的空间分布和发展速度对成件包装货物的生产和消费分布具有重要影响。而资源分布以及生产布局，也导致了各地区成件包装货物货源结构的不同。例如，我国笔记本电脑的生产主要集中在成都、重庆以及以上海为中心的长三角地区；我国手机生产主要集中在以深圳、惠州为代表的珠三角地区以及北京、天津等地，因而这些生产基地所在区域的3C产品运输需求相对较高。

《铁路快运中长期发展规划（2016—2030）》中明确提到，我国铁路运输企业要利用普速铁路线路覆盖广、运能大、受天气影响小等优势，以与我国电商企业、优质物流企业以及其他民营制造企业开展业务合作为主要方式，利用铁路现有物流基地，通过提供“门到门”的快捷货运服务，在全国发展快捷运输业务。

3.6.2　我国成件包装货物的集疏运网络结构

为了扩大市场占有率，形成具有市场竞争力的铁路货物快运产品，必须构建包括“门到门”在内的一体化快运服务体系，并且利用互联网的优势提高各运输环节的服务水平，提高送达时效，提高铁路快运货物运输的市场需求满足程度。

铁路行包/行邮基地具有一定的辐射吸引范围，具有货物集散、承运、中转等作业能力，是铁路快运网络的枢纽节点。铁路快运货物班列一般可在铁路货运中心站或者行包/行邮基地、作业站、办理站等车站办理。货运中心站和行包/行邮基地与作业站、办理站形成了具有不同规模、不同能力的多层级站点运输网络结构。其中，货运中心站和行包/行邮基地作为跨局及管内主要快运列车的始发终到站和中转站，负责跨局及管内快运列车的始发终到、解编取送、车流交换、设备整备、货物集结以及跨局货物的集散分拨等作业。作业站是管内快运列车的图定停车站，负责货物的受理、集结、保管、制票、搬运、交付和装卸组织等作业一般分布在管内铁路沿线县级及以上城市；办理站是管内的货运营业站和无轨站等货运业务受理站点，主要承担管内铁路货物快运的业务受理与制票、货物临时保管并向作业站集结或者从作业站疏运等任务，一般在管内货源集散地设置办理站，以拓展中心站的吸引范围，提升货物集散能力。作业站和办理站，形成了铁路中长途干线运输两端的集疏运网络节点。成件包装货物快运货物班列集疏运网络的构成如图3.29所示。

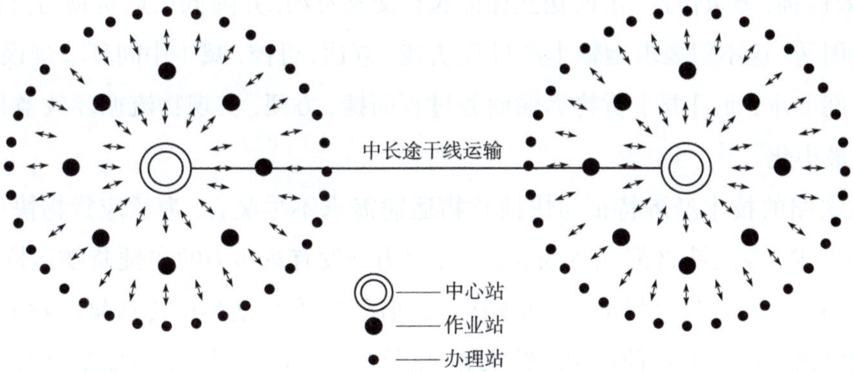

图 3.29　成件包装货物开运货物班列集疏运网络构成

3.6.3　成件包装货物运输组织发展趋势

推进货物装卸作业机械化是提高成件包装货物装卸作业效率的重要途径。压缩货物运输时间特别是在站在港时间，加速物资流通和运输工具周转，提高全物流链效率，有利于实现运输系统综合效率和效能的提升，实现货物承运方和托运人经济效益的"双赢"。随着信息技术的飞速发展，货物运输信息化、数字化、智能化水平不断提升，对于整体规划场站布局、优化作业流程、提升作业效率、提高运输服务质量、满足客户运输需求具有重要意义。

1. 推进成件包装货物运输组织的集装化程度

根据成件包装货物的理化特性及运输组织特点，推行成件包装货物包装标准化。改造叉车、货叉或托盘形式，研发多功能托盘，实现成件包装货物运输集装化，有利于提高成件包装货物的装卸作业效率与运输组织水平。

2. 强化成件包装货物装卸作业的机械化程度

货物集装化为装卸机械化提供了有利的作业条件。改造货场作业场所设施，研发货物输送、储存、装卸自动化新设备、新索具，提高成件包装货物的作业机械化、自动化程度，提升成件包装货物的集装化运输水平。

3. 提高成件包装货物运输、配送信息化水平

研发场站装卸、搬运、堆码、仓储作业一体化智能管控系统，使用AGV车辆、智能配送车、射频识别技术等信息化、智能化设备与方法；利用铁路货运平台95306以及App等方式多渠道受理，提升成件包装货物运输与管理信息化水平。

成件包装货物运输属于快捷货物运输范畴，是资金密集型产业发展对物流快速循环的必然要求。资金密集型产业的产品质量轻、体积小、价值高、一次运输需求的批量不大，但时效性强，要求快速、准时送达保证履行交易契约，并降低在途货物的资金积压，加速资金周转。这不但要求运输生产过程快速、直达、可控，减少中间环节延误、满足按时交货时间要求，而且要求货物运输商务过程简捷、方便，实现物流循环效益最大化和社会成本最小化。

传统铁路的技术经济特征与快捷货物运输需求不尽契合。为适应货物快运市场不断增长的需求，各国铁路都注意扬长避短，努力开发有竞争力的快捷货物运输产品。如海铁联运的集装箱专门化列车，昼间承运、夜间运输、次晨送达的冷链鲜活物资运输，满足特殊用户快运需求的各种定制运输服务，以及推行按时集结、定点发车、快速中转、固定接续、准点送达的节点运输模式。

目前，中国铁路在货物快运市场开发方面已有一定的创新发展，如快运班列和行包专列，发挥对公路货运在长距离运输的相对优势和对航空货运在服务地域范围的相对优势，体现铁路在运距、批量和运价上的优势特点。铁路成件包装货物运输的供给侧改革，

是在我国高速铁路优化路网运输结构、普速线网运输能力得到释放、货物运输主体地位得到进一步增强的此基础上，重构普速线网的供需平衡机制，重新整合运输资源，创新运输组织，适应货运直达化、集中化、物流化发展趋势的初步探索。

参考文献

[1] 陈梅君. 物资仓储管理[M]. 北京：人民教育出版社，1985.

[2] 中华人民共和国铁道部. 铁路货物装载加固规则[M]. 北京：中国铁道出版社，2006.

[3] 孙守成，陶红英. 货物学[M]. 武汉：武汉大学出版社，2008.

[4] 赵婷. 小件快运班列开行方案研究[D]. 成都：西南交通大学，2015.

[5] 蔡改成. 仓储与库存管理事务[D]. 武汉：武汉理工大学，2007.

[6] 盖宇仙. 铁路货运组织[M]. 北京：中国铁道出版社，2011.

[7] 霍红，刘莉. 货物学[M]. 北京：中国人民大学出版社，2014.

[8] 钟苹，胡卫平. 仓储管理实务[M]. 大连：大连理工大学出版社，2009.

[9] 田葆栓. 关于我国铁路快捷货车标准的分析与思考[J]. 铁道技术监督，2015，43（12）：1-7.

[10] 冯同海. 物流运输管理[M]. 上海：立信会计出版社，2010.

[11] 周伟华，吴晓波. 物流与供应链管理[M]. 杭州：浙江大学出版社，2011.

[12] 杨霞芳. 现代物流技术[M]. 上海：上海财经大学出版社，2004.

[13] 万耀明，熊青. 物流运输组织与管理[M]. 北京：机械工业出版社，2009.

[14] 刘作义，朗茂祥. 铁路货物运输[M]. 北京：中国铁道出版社，2011.

[15] 许植深，窦宝军，侯佳宜. 铁路行包快运发展定位及发展策略研究[J]. 铁道货运，2022，40（12）：1-6.

[16] 王鹏翔. 铁路行包运输方案编制方法研究[D]. 北京：北京交通大学，2018.

[17] 刘文迪. 基于送达时效的快运班列开行方案优化研究[D]. 兰州：兰州交通大学，2020.

[18] 王晨，张翠云，胡弼丞. 高铁快运市场需求分布研究[J]. 铁道经济研究，2022（3）：19-23.

[19] 刘青. 铁路零散货物快捷运输装卸设备配置及运用优化[D]. 成都：西南交通大学，2016.

[20] 王重任. 基于运输效益的铁路快捷货运产品结构优化及设计[D]. 成都：西南交通大学，2015.

[21] 顾胜周. 提高铁路成件包装货物装卸作业效率的探讨[J]. 铁道货运，2015，33（2）：56-59.

[22] 宋金雅，陈玮琪，徐洌. 铁路行包配送智能优化策略研究[J]. 铁路采购与物流，2023，18（8）：46-49.

第 4 章

集装箱运输

本章介绍集装箱的概念、特点以及适箱货物的基本性质；基于集装箱的分类及其运输要求，介绍集装箱的场库设备配置与布置形式以及集装箱载运工具、装卸设备、装卸工艺等；介绍集装箱货物运输的主要线路、运输组织形式以及集疏运网络等。

4.1 适箱货物的特性与分类

由于集装箱运输是国际贸易及国际货物运输的主要方式，因此，适箱货物的分类通常与相关国际标准具有一致性。目前常用的国际品类标准包括《标准国际贸易分类》《商品名称和编码协调系统》《国际标准产业分类》《主要产品分类》等。《标准国际贸易分类》采用经济分类标准，由联合国经济和社会理事会颁布实施。《商品名称和编码协调系统》是原海关合作理事会制定的一部适合多种用途的国际贸易商品分类目录，目前已有200余个国家使用，我国海关相关标准和规则也在该制度的基础上编制。

通常情况下，适合装入集装箱运输的货物一般具有较高的价值或附加值、具有承担较高运费的能力，或者具有较高的安全性、时效性运输需求。因此，根据货物的特点，按照货物装箱运输的适合程度，可将货物分为四种类型。

1. 最适合于装入集装箱的货物

这类货物多具有较高的价值，如手表、照相机、电视机、光学仪器、小型电器等，或者具有较高的时效性要求，如医药品、服装、节日用品等。这类货物的形状、规格、体积、重量以及货物特性等使其最适合于集装箱运输。

2. 适合于装入集装箱的货物

这类货物不一定具有较高的货值，但具有一定的运费承受能力；货物性质特点也适宜于装入集装箱运输。特别是随着集装箱运输的快速发展，这类货物的品类也越来越普及，如木材、食用油、润滑油、卷纸、瓦楞板、铝锭、钢板、电线、电缆、麦麸、食品、袋装面粉、袋装化肥、化工产品等。

3. 边缘集装箱货物

这类货物价值不高，运费承受能力也比较低，使用集装箱运输时，在理化性质及装载形态上是可行的，但在经济上不甚合理，是否使用集装箱运输受到许多其他因素的影响。

4. 不适合于装入集装箱的货物

这类货物由于其理化性质、货物形态以及运输成本等原因不适合或者不能使用集装箱运输。例如，这类货物可能因集重装载造成集装箱损坏，或者因货物具有强烈异味或污染性造成箱体污染等。

随着集装箱运输技术装备的快速发展，虽然货物性质与形态各异，但各种箱型的研制和应用使越来越多的货物得以纳箱运输，适箱货物品类也越来越多。因此，可以按照货物种类选择合适类型的集装箱，充分利用集装箱容积、重量，减少货损，对提升集装箱运输质量与安全具有重要意义。

4.2 集装箱的分类与选择

4.2.1 集装箱的分类

1. 按材料分类

由于集装箱箱体具有一定的强度，对内装货物能够形成有效的保护，而且箱体可以循环多次使用，因此，集装箱的制作材料主要包括钢（或不锈钢）、铝合金等具有一定强度、刚度、耐腐蚀性的材料。相应地，根据材料不同，集装箱主要有钢制、不锈钢制、铝合金制集装箱。

（1）钢制集装箱

钢制集装箱是使用最普遍的集装箱。其优点是强度大、结构牢、焊接性和水密性好、价格低廉、易修理、能反复使用；缺点是防腐性差、自重大，相应降低了装货能力。使用年限较短，一般为11～12年。

（2）铝合金制集装箱

优点是自重轻、防腐性强、弹性好、加工方便，因此主要用来制造航空用集装箱及其他特种集装箱。缺点是造价高，焊接性也不如钢制集装箱，受碰撞时易损坏，所以其角件、角柱、框架结构等受力部件通常仍使用钢材。使用年限一般为15～16年。

（3）不锈钢集装箱

考虑到材料的耐腐蚀性，一般多用不锈钢制作罐式集装箱，可用于装运液体或者粉末状、颗粒状化学品。不锈钢集装箱的优点是强度高、不生锈、耐腐性好，使用期内维修保养次数少。缺点是价格高、投资大。

2. 按用途分类

（1）干散货集装箱

干散货集装箱是最常用的集装箱类型，适箱货物品类广泛。干散货集装箱为全封闭式箱体结构，一般在一端设有箱门，可270°开启，尺寸和重量适合用集装箱装运的件杂货都可以使用干散货集装箱。图4.1为干散货集装箱示意图。

图 4.1　干散货集装箱

（2）冷藏集装箱

冷藏集装箱是指具有隔热的箱壁（包括端壁和侧壁）、箱门、箱底和箱顶，能阻止内外热交换的集装箱。一般情况下，冷藏集装箱的箱体带有内置式冷冻机，能够根据所装货物的要求控制并保持一定的温度。以装运有温度要求的冷藏、冷冻货物为主，如鲜花、海鲜等。冷藏集装箱如图4.2所示。

（3）通风集装箱

通风集装箱是为装运食品及其他需要通风、防潮、防湿的货物而设计的，通风集装箱的侧壁、端壁和箱门上设有若干个风口，通过通风口能够有效调节箱内温湿度，防止新鲜物品在运输途中腐烂变质。若将通风口关闭，通风集装箱也可以作为干散货集装箱使用。通风集装箱如图4.3所示。

图 4.2 冷藏集装箱

图 4.3 通风集装箱

（4）罐式集装箱

罐式集装箱专门用于装运油类、酒类、液体食品等液体货物或者粉末状化学品。罐式集装箱由罐体和框架两部分组成，角柱、侧梁、端梁构成整体框架，罐体顶部设有装货口及水密性良好的封盖，可以防止雨雪等进入箱内。货物由罐体顶部的装货口装入，液体货物从罐体底部的排出阀卸货。罐式集装箱如图4.4所示。

（5）框架集装箱

框架集装箱也称台架式集装箱，可用于装载重量较重、体积较大、长度较长或者不规则形状货物。框架集装箱的结构只有底板和四根角柱，因此货物可以从箱体前后、左右及上方灵活进行装卸作业。框架集装箱箱底较厚，底板强度比一般集装箱大，适合装载尺寸较大、重量较重的货物，如机械、钢材、钢管、木材等。框架集装箱如图4.5所示。

图 4.4　罐式集装箱

图 4.5　框架集装箱

（6）平台集装箱

平台集装箱也称平板式集装箱，与框架式集装箱相比其结构更为简化，无任何上部结构，只有箱底板的一种特殊集装箱，适合装载超重、大件货物。装卸集装箱时，可使用与其他类型集装箱相同的紧固件和起吊装置。平台式集装箱如图4.6所示。

图 4.6　平台集装箱

（7）开顶集装箱

开顶集装箱也称敞顶集装箱，是一种没有刚性箱顶结构的集装箱，但有可折叠式顶梁支撑的帆布、塑料布或涂塑布制成的顶棚，其他构件与通用集装箱类似。开顶集装箱多用于装运可以从箱体顶部装卸的较高的大型货物或重物，或者用于装运煤炭、矿石类散装货物等。开顶集装箱如图4.7所示。

图 4.7　开顶集装箱

（8）动物集装箱

动物集装箱的箱体顶部采用胶合板遮盖，一般不允许多层堆码。侧壁和端壁设置有铝丝网制成的窗，以便通风。侧壁下方设有清扫口和排水口，并配有可上下移动的拉门，便于清扫垃圾保持清洁。动物集装箱主要用于装运鸡、鸭、鹅等活家禽和牛、马、羊、猪等活家畜。使用船舶运输时，动物集装箱一般应装载在甲板上，便于保持空气流通，也便于清扫和照看。动物集装箱如图4.8所示。

图 4.8　动物集装箱

3. 按尺寸分类

国际标准化组织ISO/TC 104制定了用于生产和使用国际通用集装箱的一系列相

关国际标准。依据相关标准，按照尺寸不同，国际标准集装箱可以分为40 ft、30 ft、20 ft集装箱。国际标准I系列集装箱分类、尺寸和额定质量（ISO 668：2020）见表4.1。此外，集装箱的统计单位为TEU，规定一个C类集装箱（长度为20 ft）称为1个标准箱，即1 TEU。

表 4.1 ISO 系列 I 集装箱分类、尺寸和额定质量

箱型	长度		宽度		高度		总重	
	mm	ft/in	mm	ft/in	mm	ft/in	kg	lb
1EEE	13 716	45/0	2 438	8/0	2 896	9/6	30 480	67 200
1EE	13 716	45/0	2 438	8/0	2 591	8/6	30 480	67 200
1AAA	12 192	40/0	2 438	8/0	2 896	9/6	30 480	67 200
1AA	12 192	40/0	2 438	8/0	2 591	8/6	30 480	67 200
1A	12 192	40/0	2 438	8/0	2 438	8/0	30 480	67200
1AX	12 192	40/0	2 438	8/0	<2 438	<8/0	30 480	67 200
1BBB	9 125	29/11.25	2 438	8/0	2 896	9/6	30 480	67 200
1BB	9 125	29/11.25	2 438	8/0	2 591	8/6	30 480	67 200
1B	9 125	29/11.25	2 438	8/0	2 438	8/0	30 480	67 200
1BX	9 125	29/11.25	2 438	8/0	<2 438	<8/0	30 480	67 200
1CC	6 058	19/10.5	2 438	8/0	2 591	8/6	30 480	67 200
1C	6 058	19/10.5	2 438	8/0	2 438	8/0	30 480	67 200
1CX	6 058	19/10.5	2 438	8/0	<2 438	<8/0	30 480	67 200
1D	2 991	9/9.75	2 438	8/0	2 438	8/0	10 160	22 400
1DX	2 991	9/9.75	2 438	8/0	<2 438	<8/0	10 160	22 400

除了上述国际标准I系列集装箱之外，实际运输中使用较多的非ISO I系列的其他箱型还有53 ft、48 ft、45 ft等。

随着全球化的推进和现代物流业的快速发展，集装箱多式联运成为国际贸易和物流的重要支撑与运输方式。相应地，适箱货物品类日益繁杂和多样化，集装箱箱型、尺寸对不同运输方式之间的无缝链接以及企业物流的效率和成本产生显著影响。根据货物装运需求选择箱型、尺寸适宜的集装箱，一方面有利于提高集装箱载重和容积的利用率；其次有利于不同运输方式的联运、衔接，减少集装箱使用量和回空数量，降低货物运输成本。同时，根据货物特点和箱型尺寸以及承重限值设计合理的装载方案，也有利于降低物流风险，减少货损，对提升集装箱运输质量与安全具有重要意义，也为降低国际运输全物流链成本提供支撑。

此外，有些国家在集装箱运输发展过程中，为了适应不同品类货物的装箱要求以及不同批量的运输需求，使用多种不同尺寸的集装箱箱型，一方面提高箱型与货种、批量的匹配程度，减少运输过程的拆箱和拼箱作业。另一方面，在空箱回空过程中，采用箱体相互嵌套的方式，提高了空箱回送效率和配送运输组织，也有利于降低箱体回空成本。例如，日本铁路集装箱运输以12 ft等中小型箱为主，箱型多样，形成系列，对于不同尺寸的集装箱采取混装模式，空箱回空则采用大小箱嵌套方式。其运输组织灵活高效，值得借鉴。

4.2.2 集装箱的选择

1. 箱型选择依据

为了保证货物和集装箱的安全，在货物装箱前，应根据货物的品类、包装、性质及其运输要求、运输条件选择合适类型的集装箱。

（1）选择ISO国际标准集装箱

集装箱运输的最大优势在于便于不同运输方式之间的换装，便于实现多式联运。为了实现在不同运输方式、不同载运工具之间的换装，集装箱必须使用符合国际标准化组织（international standardization organization，ISO）标准的集装箱。基于ISO标准，目前中国铁路所使用集装箱的主要类型、规格、尺寸、重量等，见表4.2。

表 4.2 中国铁路集装箱主要类型及其参数表

箱型	箱类	箱主	自重(t)	总重(t)	内部尺寸(mm)			外部尺寸(mm)			容积(m^3)
					长	宽	高	长	宽	高	
20 ft	改进型折叠式台架集装箱	TBP	2.1	30	—	2 886	3 330	5 663	3 165	3 745	—
20 ft	石油沥青罐式集装箱	TBG	6.3	30.48	—	—	—	6 058	2 438	2 591	24
20 ft	散装水泥罐式集装箱	TBG	4.95	30.48	—	—	—	6 058	2 438	2 896	22
45 ft	冷藏集装箱	TBL	7.18	30.48	12 716	2 294	2 554	13 716	2 438	2 896	74.5
20 ft	通用集装箱	TBJ	1.86～2.98	30.48	5 898	2 352	2 393	6 058	2 438	2 591	33.2
20 ft	框架罐式集装箱	TBG	4～4.64	30.48	—	—	—	6 058	2 438	2 591	26
20 ft	干散货集装箱	TBB	3.1	30.48	5 900	2 370	2 323	6 058	2 438	2 591	32.5
20 ft	水煤浆罐式集装箱	TBG	4.25	30.48	—	—	—	6 058	2 438	2 591	22
20 ft	折叠式台架集装箱	TBP	2.5	30	—	2 868	3 180	5 610	3 155	3 400	—
40 ft	通用集装箱	TBJ	3.88	30.48	12 032	2 352	2 698	12 192	2 438	2 896	76.4

（2）选择与货物重量、货物密度相适应的集装箱

选择额定质量与货物重量相适应的箱型，其目的在于充分利用集装箱载重量，提高集装箱利用率。

通常情况下，集装箱的利用率包括集装箱容积的利用和集装箱载重量的利用两方面。货物装箱前，应选择集装箱单位容重与货物密度相接近的集装箱。集装箱的容重，是指集装箱单位容积的重量，是集装箱额定质量与集装箱内部容积之比，即

$$集装箱的容重=\frac{集装箱额定质量}{集装箱内部容积}$$

考虑到货物实际装箱时，由于货垛之间、货垛与集装箱壁之间可能产生间隙，或者加固材料等占用空间，形成货物装箱无法利用的无效容积。因此，在比较集装箱容重与货物密度时，可以考虑对上述公式进行如下修订：

$$集装箱的容重=\frac{集装箱额定质量}{集装箱内部容积-无效容积}$$

（3）选择满足货物特性及其运输要求的集装箱

为了保证货物运输安全，应根据货物性质与运输需求，选择适合的集装箱类型。由于适箱货物品类的多样化，为了保证货物运输质量与安全，需要选择符合货物性质要求的箱型。如普通货物可以选择通用集装箱，有控温要求的货物使用冷藏集装箱等。表4.3所示为集装箱装货物的种类。

表 4.3　集装箱装运货物的种类

集装箱类型	货物种类
通用集装箱	大多数品类适箱货物等
干散货集装箱	大多数品类适箱货物等
通风集装箱	鲜活动植物、易腐货物、普通成件包装货物等
冷藏集装箱	冷藏货物、有控温要求的部分品类危险货物等
开顶集装箱	超高货物、散装颗粒状货物等
台架式集装箱	超高货物、捆装货物、长件货物等
平台集装箱	原木类货物等
动物集装箱	鲜活动植物等
罐式集装箱	液体货物、气体货物等

（4）选择箱况良好的集装箱

对集装箱的检查是货物安全运输的基本条件之一。货物装箱前必须对箱体进行检

查，应选择标志齐全、没有损坏和污染、箱体状况良好的集装箱。通常情况下，发货人、承运人、收货人以及其他有关人员在进行集装箱交接时，除对集装箱进行检查外，还要以设备交接单等书面形式确认集装箱交接时的状态。集装箱检查内容主要包括以下几方面：

①集装箱的外部检查。对集装箱外部的检查，主要是看其外表有无损伤，所有部件是否齐全、完好。集装箱框架、底梁、角件、侧壁、端壁以及顶板、箱门等四柱、六面、八角应完好无损。任何部件不能存在变形、断裂、裂缝、孔洞或锈蚀；各焊接部位牢固，无开焊或裂纹；对于弯曲、凹痕、擦伤等处，应重点在损伤部位周围及其内侧仔细检查。经过修理的地方也应进行检查。

②集装箱的内部检查。对集装箱内部检查的重点是确认箱体不漏水、漏光。检查时可将集装箱门关闭，在箱体内部察看有无漏光现象，以确认是否存在破孔；也可通过内衬板上有无水湿痕迹判断其有无破孔现象。对集装箱内表面进行检查时，应注意检查有无凸出物，以免对货物造成伤害。

③集装箱箱门的检查。集装箱箱门状况是否良好涉及箱内货物的安全。箱门检查的重点是箱门周围的风雨密封是否完整，箱门是否密封，门锁装置是否处于正常状态，锁闭完好。

④集装箱属件、附件的检查。属件、附件的检查主要包括箱体外部集装箱标志是否齐全，标记是否正确完整，以及集装箱内部用于货物加固环节的各部件状态是否正常牢固。

⑤集装箱的内部检查与清理。集装箱在使用前，除检查其有无破损情况外，还应对箱体内部进行必要的检查与清理，要保证集装箱内部清洁、干燥、无味、无尘，以保证装载货物不被污染。

2. 集装箱数量的确定

集装箱使用箱数的确定要以充分利用集装箱额定质量和内部容积为原则，一般分为以下两种情况来考虑：

(1) 对于体积、密度相同的成件包装货物，首先以集装箱载重量利用率最大化为依据，根据集装箱的额定质量确定所能装载的最大货物数量；其次根据货物的形状、尺寸制定一定的装箱方案，确定集装箱内可装载的货物数量；最后根据该批次货物的总数量确定需要使用的集装箱箱数。计算公式如下：

$$\text{集装箱内装载货物数量}=\frac{\text{集装箱额定质量}}{\text{单位货物重量}}$$

$$\text{集装箱需用箱数}=\frac{\text{该批货物总数量}}{\text{集装箱内装载货物数量}}$$

(2) 对于体积、密度相同的货物，首先以集装箱容积利用率最大化为依据，根据一定的装箱方案确定箱内可装载的货物数量；其次以集装箱额定质量为限制确定集装箱内货物的装载数量；最后根据该批次货物的总量确定需要使用的集装箱箱数。计算公式如下：

$$\text{集装箱内货物装载重量}=\frac{\text{集装箱内部容积}-\text{无效容积}}{\text{单位货物体积}}\times\text{单位货物重量}$$

或

$$\text{集装箱内货物装载重量}=\frac{\text{集装箱内部容积}\times\text{集装箱容积利用率}}{\text{单位货物体积}}\times\text{单位货物重量}$$

$$\text{集装箱需用箱数}=\frac{\text{该批货物总重量}}{\text{集装箱内货物装载重量}}$$

如果计算得出某类货物的单位集装箱最大可能装载量大于该集装箱的额定质量，则按集装箱额定质量来确定该批次货物所需使用的集装箱数：

$$\text{集装箱需用箱数}=\frac{\text{该批货物总重量}}{\text{集装箱额定质量}}$$

对于体积、密度不同的货物以及需要拼箱的多品类货物，装箱前需先确定多品类货物的平均比容，再根据一定的装箱方案以集装箱容积利用率最大化为依据确定箱内可装载的货物数量；并考虑轻、重货物合理搭配与堆放。尽量提高集装箱载重量和容积的利用率，同时避免发生货损。

4.3 集装箱场库布置

集装箱场库设备主要包括集装箱堆场和拆装箱仓库。堆场是集装箱车站或码头堆存集装箱的主要区域，一般包括重箱区、空箱区、维修箱区、查验区等，也可根据作业类型的不同划分为发送箱区、到达箱区、中转箱区等。仓库主要用于掏装箱作业前后货物的储存与保管，以及拼箱货物的暂存。

4.3.1 集装箱堆场

集装箱堆场是集装箱车站或码头堆存、装卸集装箱的主要作业区域。与散堆装货物堆场不同，集装箱堆场是硬面化场地，堆场地面必须具有足够的强度、硬度和平整度，以确保多层堆垛的集装箱堆码稳定性，装卸与水平搬运作业机械的平稳性和安全性。

由于铁路集装箱站、公路集装箱中心站、港口集装箱码头作业内容有所不同，堆场布局、装卸设备配置、装卸工艺与作业流程也相应有所差异。集装箱堆场的基本作业流程如图4.9所示。

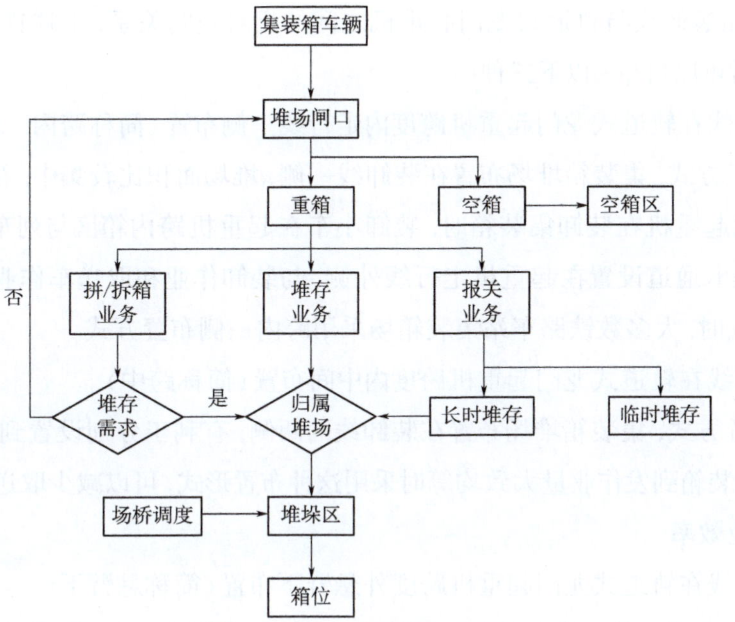

图 4.9　集装箱堆场作业流程

1. 铁路集装箱堆场的布置形式

铁路集装箱中心站货场设置有货物线（也称装卸线）。集装箱作业区装卸线一般以轨道式龙门起重机（rail mounted gantry crane，RMG）为主型装卸机械，部分配置正面吊协同作业，在轨道式龙门起重机跨内或跨外、装卸线一侧或者两侧设置集装箱堆场，并设置用于集卡、叉车等水平搬运设备转运集装箱的走行通道。

铁路集装箱堆场的布置形式主要有以下几种，如图4.10所示。

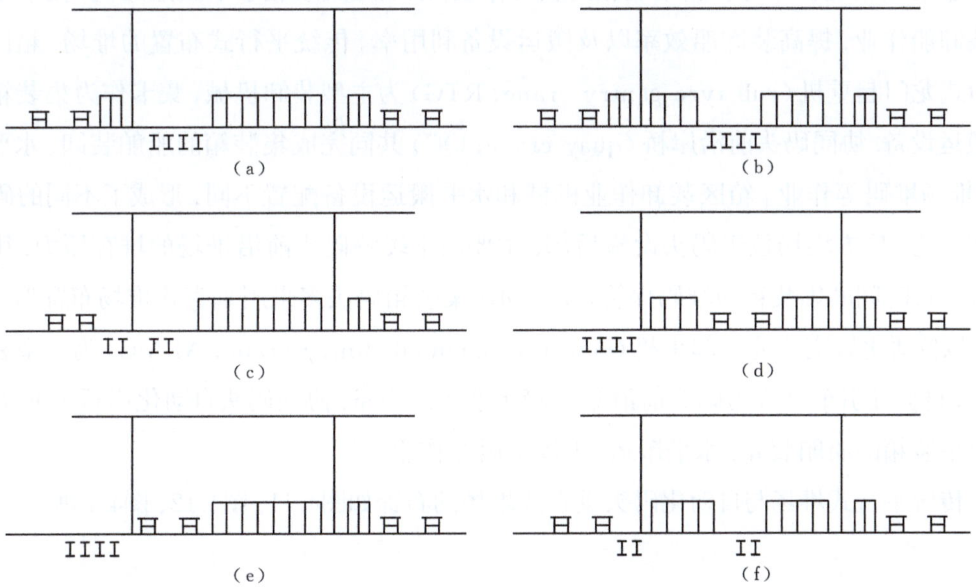

图 4.10　铁路集装箱堆场布置形式示意图

根据铁路装卸线与轨道式龙门起重机之间的相对空间关系，上述铁路集装箱堆场布置形式通常可以归并为以下三种：

（1）装卸线在轨道式龙门起重机跨度内走行线一侧布置（简称跨内一侧）

这种布置方式，集装箱堆场布置在装卸线一侧，堆场面积比较集中，箱位数量多、便于管理。龙门起重机在装卸集装箱时，装卸小车在起重机跨内箱区与列车之间移动，安全性较高。集卡通道设置在起重机走行线外侧，与装卸作业和取送车作业无干扰。车装地形条件允许时，大多数铁路车站集装箱场采用跨内一侧布置方式。

（2）装卸线在轨道式龙门起重机跨度内中间布置（简称跨中）

这种布置方式，集装箱堆场布置在装卸线的两侧，有利于分别设置到达箱区和发送箱区。车站集装箱到发作业量大致均等时采用这种布置形式，可以减少取送车作业次数，提高装卸作业效率。

（3）装卸线在轨道式龙门起重机跨度外悬臂下布置（简称悬臂下）

这种布置方式将装卸线布置于龙门起重机跨外一侧的悬臂下，与集卡或叉车走行通道紧邻，便于公铁换装作业。车站集装箱公铁联运量较大时采用这种布置形式，有利于公铁直接换装，提高装卸作业效率。这种布置形式的缺点是龙门起重机装卸铁路车辆、向箱区堆码集装箱时，起重机小车走行距离较长，降低了作业效率。

2. 港口集装箱码头堆场的布置形式

港口集装箱堆场根据堆场在港口平面布局中的相对位置，一般可分为码头前沿堆场和后方堆场。前沿堆场紧邻码头岸线，一般布置到达箱区、发送箱区或者中转箱区，用于卸船集装箱或者即将装船集装箱的临时存放，以缩短集装箱水平搬运距离，便于集装箱装卸船作业，提高装卸船效率以及搬运设备利用率。传统平行式布置的堆场，箱区以轮胎式龙门起重机（rub tyre gantry crane，RTG）为主型装卸机械，集卡作为集装箱水平搬运设备，协同码头前沿岸桥（quay crane，QC）共同完成集装箱的船舶装卸、水平转运、堆场堆码等作业。箱区装卸作业机械和水平搬运设备配置不同，形成了不同的码头装卸工艺。后方堆场位于码头设施后部，主要用于缓解码头前沿堆场的堆存压力，用于存放较长时间的集装箱的堆码保管。全自动化集装箱码头多采用垂直式堆场布置形式，箱区以自动化轨道式龙门起重机（auto rail mounted gantry crane，ARMG）为主型装卸机械，自动导引车AGV为码头前沿集装箱水平搬运设备，协同码头自动化岸桥AQC共同完成集装箱的船舶装卸、水平搬运、堆场堆码等作业。

传统平行式堆场与自动化码头垂直式堆场的布置如图4.11、图4.12、图4.13所示。

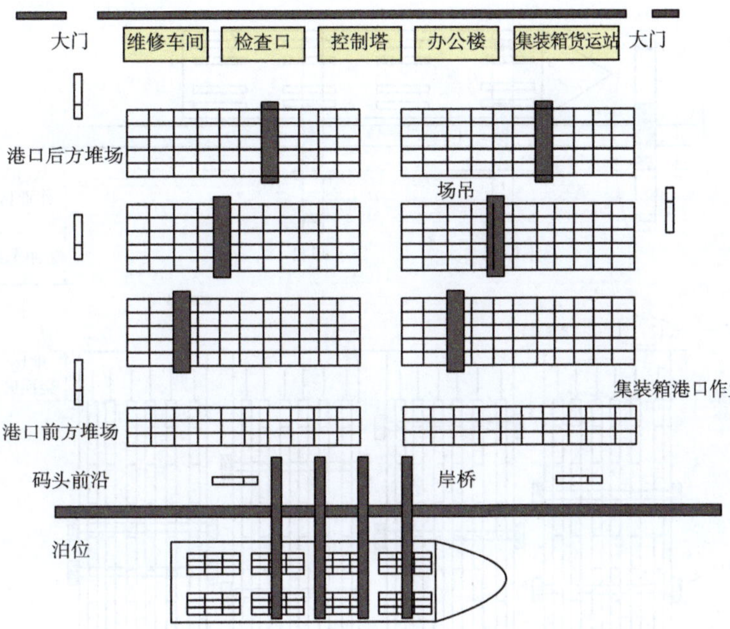

图 4.11 公路疏港集装箱码头平行式堆场布置示意图

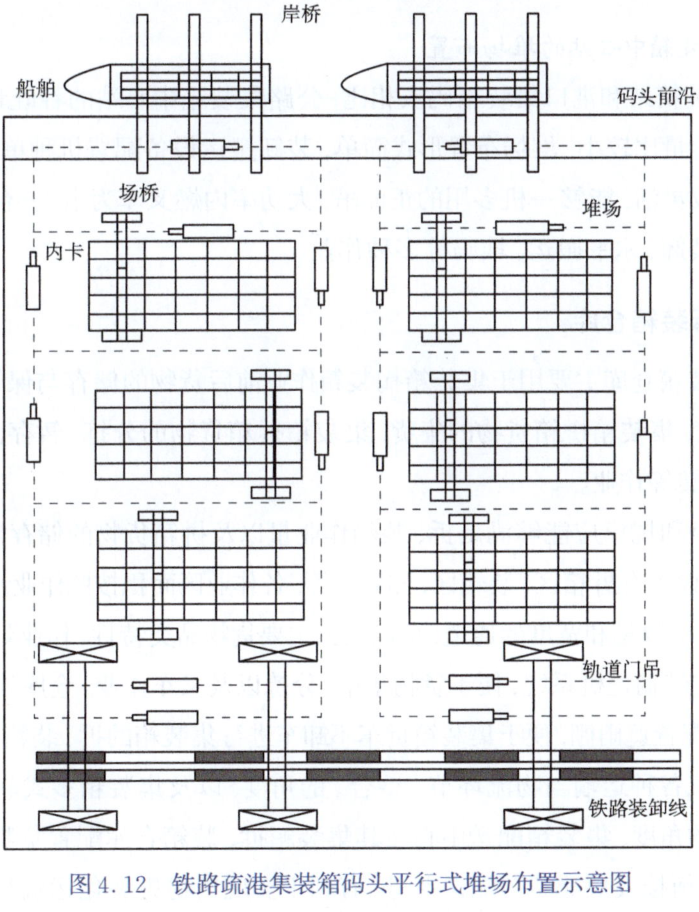

图 4.12 铁路疏港集装箱码头平行式堆场布置示意图

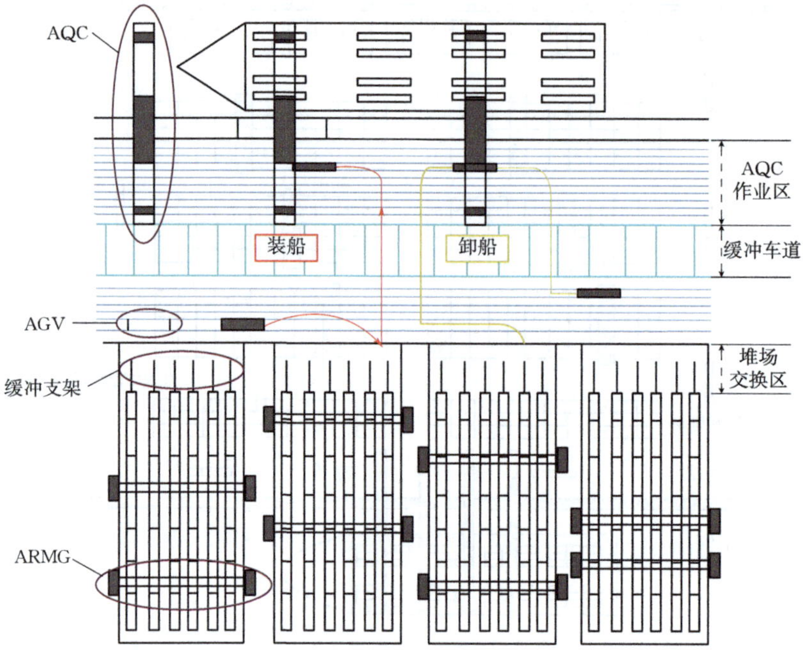

图 4.13　自动化集装箱码头垂直式堆场布置示意图

3. 公路集装箱中心站的堆场布置

与铁路集装箱站和港口集装箱码头相比，公路集装箱中心站的吞吐量相对较小，车站规模和堆场容量比较小，堆场布置形式简单，装卸搬运设备配置机种单一，作业简化，以配置作业比较灵活，能够一机多用的正面吊、大功率内燃叉车为主，一台设备能够同时完成集装箱的装卸、水平搬运、堆码等多种作业。

4.3.2　拆装箱仓库

集装箱拆装箱仓库主要用于集装箱掏装箱作业前后货物的储存与保管，完成集装箱拆箱、装箱作业，集装箱拼箱货物的集货，集装箱拆箱货物的分拣、暂存，以及部分中转货物的暂存、中转等作业。

仓库的类型和规模应能够满足拆、装箱作业量以及拼箱货物的储存需求。仓库内部一般分区布置，设置有拆箱区、装箱区、储存区等，各作业区面积按照作业量的不同配置。仓库内设置有一定数量和宽度的通道，可以根据主要货物品类特性、作业量大小等配置用于货物分拣的皮带输送机系统，便于货物集中、分拣以及叉车作业。仓库外一侧一般设置站台，站台上方配置遮雨棚，便于集装箱货车不卸车进行集装箱的拆、装箱作业。

从现代物流各种运输与物流环节“整合”的角度，以及集装箱多式联运干线运输两端集疏运功能的角度，集装箱配送中心在其集装箱拆、装箱仓库配置货物流通加工作业区，与仓储业务衔接发展集货与配送业务，有利于实现货物集装化运输与集装箱货物运输全物流链的延伸，也有利于提高集装箱多式联运全程运输水平。

集装箱配送中心以集装箱为运输单元，对多品种的供需货物进行接收、加工、分拣、倒装、运输、保存、管理、送货。在集装箱配送中心，为了更加便利地完成货物的倒装、重组、送货作业，需要对集装箱运输的批量货物进行拆包分类、对零星散货进行集合整理以及对待运输货物进行配货或打包装箱等工作。

集装箱配送中心的功能一般可以分为增值功能和基础功能。集装箱配送中心一般具有以下基础功能：

（1）仓储管理功能

将中心内仓库库存空间作为供应方与需求方的缓冲区，缓解供需双方出现的大批量少品种、小批量多品种的物流运输现象，从而满足不同层次不同供需双方的需求。

（2）分拣配货功能

对于多品种小批量的客户需求，配送中心进行拣货配送作业，按照快速运达的目标将货物运输给客户，是集装箱配送中心发挥分货中心职能的体现。

（3）装箱送货功能

针对多品种大批量的客户需求，拣选所需货物进行装箱作业，再将货物从配送中心送至客户手中。

（4）拆箱集整功能

配送中心对于不同供应方的小批量零星散货，经过分类集中整理后，缓存在配送中心；对于通过集装箱运输的批量货物，则需要经过拆箱后再进行缓存。

集装箱配送中心的上述基础功能可以实现对货物的集散与保管，通常都在拆装箱库中完成，因此拆装库中发生的物流活动是整个配送中心物流过程的重中之重。除了基础功能之外，集装箱配送中心还能够实现增值服务的流通加工功能、信息传输和信息处理功能以及现代集装箱物流中心的金融服务功能等。

4.4 集装箱装卸设备与装卸工艺

根据装卸设备的主要功能及其完成的作业类型，集装箱装卸设备主要包括用于垂直装卸作业的装卸设备（如装卸桥、轨道式龙门起重机、轮胎式龙门起重机、正面吊、叉车等）和用于水平搬运作业的设备（如正面吊、跨运车、叉车、AGV、牵引车和拖挂车等）。

4.4.1 集装箱装卸设备

1. 装卸桥

装卸桥也称为岸桥（quay crane，QC），是配置于港口集装箱码头前沿用于集装箱船舶装卸作业的专用大型装卸设备。集装箱装卸桥是沿着与码头岸线平行的轨道行走，完成集装箱船舶的装船与卸船作业的。

传统岸桥是单小车岸桥，全自动化集装箱码头配置自动化双小车岸桥。岸桥装卸速度快，与一定数量的集卡、AGV等水平搬运设备配套，能够大幅度提高船舶装卸作业效率，并实现装卸系统作业最优。集装箱装卸桥如图4.14所示。

图 4.14　集装箱装卸桥

2. 轨道式龙门起重机

轨道式龙门起重机（rail mounted gantry crane，RMG）也称为轨道门吊，是配置于铁路装卸线用于集装箱箱场堆码、提箱、车辆装卸作业的主型机械设备。

轨道式龙门起重机的主要特点是设备沿轨道运行，能实现自动化控制。堆场堆箱的自由空间和宽度大，在所有集装箱堆场机械中场地面积利用率最高，单位面积堆箱数最多。轨道门吊具有堆码高度高、作业效率高，污染小，设备机构简单，操作比较可靠，但初始投资大等特点。轨道式龙门起重机方式适合于年吞吐量10万TEU以上或两个以上连续泊位的集装箱码头使用。轨道式龙门起重机如图4.15所示。

图 4.15　轨道式龙门起重机

在全自动化集装箱码头采用垂直式堆场布置时，每个箱区一般配置两台自动化轨道式龙门起重机（auto rail mounted gantry crane，ARMG），一台负责海侧箱区集装箱的堆码、提箱作业，即完成内集卡或AGV的装卸车、堆场的堆码或提箱作业；另一台负责陆侧箱区集装箱的堆码、提箱作业，即完成外集卡的装卸车、堆场的堆码或提箱作业。两台ARMG之间设置有过渡作业区，用于海侧与陆侧的集装箱交换作业。

3. 轮胎式龙门起重机

轮胎式龙门起重机（rub tyre gantry crane，RTG）也称为轮胎门吊，是配置于港口集装箱码头传统平行式布置堆场，用于集装箱堆场堆码、提箱、装卸车作业的主型机械设备。轮胎式龙门起重机如图4.16所示。

轮胎门吊具有场地面积利用率高，堆码高度高，装卸作业效率高，能够场间转移灵活作业、灵活性比较大、设备利用率高，能适应铁路、公路车辆的装卸作业，操作简便，便于实现自动化和电子计算机的管理等优点。它的主要缺点是能耗大，轮压比较大，对集装箱堆场地面的硬度、平整度等要求高，对驾驶员操作技术要求高。

图 4.16　轮胎式龙门起重机

4. 正面吊

正面吊可以用于装卸车、水平搬运、堆码提箱等多种作业，是集装箱码头或铁路堆场比较普遍使用的性能好、效率高的流动式集装箱装卸搬运机械。正面吊具有堆码高度较高、可跨箱作业、作业灵活、一机多用等特点。正面吊如图4. 17所示。

5. 跨运车

跨运车可以用于集装箱的水平搬运、堆码等作业，具有作业灵活、一机多用等特点，多在港口集装箱码头配置使用。它是以门形车架跨在集装箱上，由装有集装箱吊具的液压升降系统吊起集装箱进行搬运、堆码作业的。跨运车如图4.18所示。

图 4.17　正面吊

图 4.18　跨运车

集装箱场地采用跨运车，跨运车具有机动灵活、对位快、装卸效率高等优点，既可作水平搬运，又可作场地堆拆垛作业。在搬运距离不长时，无须再配拖挂车，有人力省、单机造价低、初始投资低等优点。跨运车的主要缺点是故障率比较高，达30%～40%，维修费用高，不能用于装卸铁路车辆。一般比较适用于年通过量在5万TEU的集装箱码头。

6. **叉车**

叉车可以用于集装箱的装卸、水平搬运、以及一定高度的堆码作业。轻型叉车是配置于集装箱拆装箱库用于集装箱拆、装箱作业的主型机械设备。叉车一般适用于年吞吐量3万TEU以下、沿海件杂货泊位兼作集装箱泊位使用，或兼作修理箱场地、空箱场地作业。图4.19、图4.20分别为叉车堆码作业以及叉车掏装箱作业示意图。

图4.19　叉车堆码作业

图4.20　叉车掏装箱作业

7.AGV

自动导引车（auto guided vehicle，AGV）是一种无人驾驶车辆，按照接收的信号、通过地面铺设的无线或地磁导轨走行，完成水平搬运的设备。在全自动化集装箱码头，AGV与AQC、ARMGC配套使用，完成集装箱在船舶与码头前沿堆场之间的装卸、转运、堆码等作业。AGV如图4.21所示。

图4.21　AGV

8. 牵引车和拖挂车

牵引车作为车辆的牵引动力，一般与无动力设置的拖挂车配套使用，用于集装箱在不同作业区之间的水平转运作业。

图 4.22　集装箱牵引车

只服务于港口集装箱码头的牵引车和拖挂车，一般称为内集卡。内集卡与其他装卸设备配套使用，形成不同的装卸工艺。服务于码头与港外的集卡，一般称为外集卡，主要用于港口集装箱的集疏港作业，以及港口与港口铁路车站之间集装箱的转运作业。集卡也是铁路集装箱车站集疏运的主要设备。图4.22为集装箱牵引车，图4.23为集装箱牵引车和拖挂车的组合使用形式。

图 4.23　集装箱牵引车和拖挂车

4.4.2　集装箱装卸工艺

集装箱装卸工艺是指港口/车站按照一定的作业组织形式和一定的作业流程，采用相应的装卸机械及其配套设施设备，按照一定的技术标准和规范进行集装箱装卸作业的方法。集装箱装卸工艺的主要内容包括装卸机械及相关设施设备、作业组织形式和作业流程、相关技术标准和规范等。

不同的装卸工艺涉及的装卸设备以及作业流程不同，具有不同特点，适用于不同的堆场布局及设备配置条件。港口集装箱码头和铁路集装箱场，由集装箱装卸桥、轮胎式龙门起重机、轨道式龙门起重机、正面吊、跨运车以及底盘车、AGV、叉车等装卸机械和水平搬运设备可以组成不同的装卸工艺方案。

1. 装卸桥、轮胎式龙门起重机装卸工艺

该装卸工艺是码头前沿普遍采用的工艺方案，特别是码头前沿采用传统的水平式布置形式时广泛采用。码头前沿泊位配置装卸桥，用于集装箱船舶的装卸作业。前沿堆场配置轮胎式龙门起重机，完成集装箱在堆场的装卸、堆码、提箱等作业。码头前沿泊位与

堆场之间的水平搬运使用底盘车完成。

2. 装卸桥、轨道式龙门起重机装卸工艺

在全自动化集装箱码头采用垂直式堆场布置时普遍采用该装卸工艺方案。码头前沿堆场配置轨道式龙门起重机，完成集装箱在堆场的装卸、堆码、提箱等作业。码头前沿泊位配置装卸桥，用于集装箱船舶的装卸作业。码头前沿泊位与堆场之间的水平搬运使用AGV完成。

3. 装卸桥、正面吊 / 跨运车装卸工艺

该装卸工艺也是码头前沿采用传统的水平式布置形式时广泛采用的工艺方案。码头前沿泊位配置装卸桥，用于集装箱船舶的装卸作业；码头前沿泊位与堆场之间的水平搬运由正面吊/跨运车完成。同时，前沿堆场集装箱的装卸、堆码、提箱等作业，也由正面吊/跨运车完成。

4. 装卸桥、底盘车 /AGV 装卸工艺

当集装箱码头海公联运量比较大、船舶与集卡直接换装比例较高时，一般采用该装卸工艺方案。码头前沿泊位配置装卸桥，用于集装箱船舶的装卸作业；码头前沿泊位与堆场之间的水平搬运由底盘车/跨运车完成。当配置底盘车时，前沿堆场不进行集装箱的装卸、堆码、提箱等作业，而是进行底盘车及其所装运的集装箱的整体暂存。当牵引车到达后，由牵引车牵引底盘车完成进出港作业。

5. 装卸桥、集装箱叉车装卸工艺

该装卸工艺一般在码头前沿采用水平式布置形式时采用。码头前沿泊位配置装卸桥，用于集装箱船舶的装卸作业；码头前沿泊位与堆场之间的水平搬运由叉车完成。同时，前沿堆场集装箱的装卸、堆码、提箱等作业，也由叉车完成。

6. 轨道式龙门起重机、底盘车 /AGV 装卸工艺

这种工艺方案在铁路集装箱堆场使用较多。铁路集装箱装卸线配置轨道式龙门起重机，完成铁路集装箱车辆的装卸车作业以及堆场的堆码、提箱作业，水平搬运作业采用底盘车。

7. 轨道式龙门起重机、集装箱叉车装卸工艺

这种工艺方案主要在铁路集装箱堆场使用，特别是拆装箱作业量或者拼箱作业量较多时，与拆装箱库配套使用。铁路集装箱装卸线配置轨道式龙门起重机，完成铁路集装箱车辆的装卸车作业以及堆场的堆码、提箱作业，水平搬运作业采用叉车。配置自重和起重能力较大的内燃叉车时，叉车可以辅助龙门起重机完成集装箱的堆码作业。使用自重较轻的电动叉车，可以完成集装箱的拆装箱作业。

4.5 集装箱载运工具

在铁路集装箱运输发展初期，集装箱运输需求较少，集装箱运量较低，主要使用普通的铁路平车或者敞车装运集装箱。随着集装箱运输的不断发展，铁路集装箱运输质量不断提升，特别是随着双层集装箱运输、国际铁路联运、集装箱海铁联运、驮背运输等的快速发展，我国铁路开行了等级较高、速度较快的集装箱班列，研制了集装箱专用平车、公铁两用车、双层集装箱车和驮背运输车等集装箱专用运输车辆。

1. 集装箱专用平车

集装箱专用平车是世界各国最常见、使用最普遍的铁路集装箱运输车辆。我国从1980年开始研制了第一代N型集装箱专用平车，以后相继研制了一系列X型集装箱专用平车，集装箱专用平车具有结构简单、使用方便、便于维修管理的特点，是我国铁路集装箱运输车辆的主要车型。

其中X_{1K}集装箱平车如图4.24所示，这种共用平车主要用于装载运输铁路标准集装箱，在车体、强度、装载量、制动性能等方面都较原型车有较大改进，用于装运国际标准40 ft集装箱（1个）、20 ft集装箱（2个）、国际45 ft集装箱（1个）。其底架为全钢焊接结构，并设有国际集装箱翻转式锁头，采用13号C级钢车钩、MT—3型缓冲器和转K3型转向架。其运行速度由目前普通货车的70～80 km/h提高到120 km/h。

图4.24 X_{1K}集装箱平车

2. 公铁两用车

公铁两用车（如图4.25所示）车辆底架配置有可以在铁路钢轨上走行的轮对以及可以在公路道路上行驶的轮胎，可以在铁路和公路上行驶，实现了铁路与公路运输的无缝连接。公铁两用车在美国、西欧、澳大利亚、新西兰、日本等国家和地区都有一定发展，目前我国也投入一定量使用。

图 4.25 公铁两用车

3. 双层集装箱车辆

双层集装箱车辆用于铁路双层集装箱运输。双层集装箱运输能够充分利用铁路运输能力，降低运输成本，提高运输效率，提高铁路集装箱送达速度和服务质量，加快铁路集装箱运输与货物运输现代化的发展，符合货物运输低碳环保、可持续发展的要求。

铁路双层集装箱列车使用双层集装箱专用车辆装运。双层集装箱专用车（如图4.26所示）标记载重78 t，可以采用下层装载2个20 ft国际标准集装箱、上层装载1个40 ft或45 ft、48 ft、50 ft、53 ft大容量集装箱的装载方式。车辆具有下凹式结构，可以降低空车重心高度以及承载面高度，实现集装箱装车后货物高度以及重车重心高度的降低，满足铁路运输技术规定的安全要求，提高了集装箱装载与列车运行稳定性。

图 4.26 铁路双层集装箱运输专用车

4. 驮背运输车

驮背运输是指将集装箱连同装载集装箱的公路集卡或拖车整体装载在铁路集装箱专用平车或者集装箱驮背运输专用车上进行运输的集装箱运输方式，如图4.27、图4.28所示。驮背运输实现了公铁联运无缝链接，减少集装箱换装次数，提高装卸效率，实现集装箱“门到门”运输。

图 4.27　驮背运输方式 1

图 4.28　驮背运输方式 2

根据公铁之间不同的联运方式以及装卸作业模式，驮背运输专用车的结构设计有所不同。我国研制的公铁联运驮背运输专用车如图4.29所示。

图 4.29　我国研制的公铁联运驮背运输专用车

4.6 集装箱多式联运

4.6.1 集装箱多式联运的定义与特点

集装箱多式联运是以集装箱为运输单元，将不同的运输方式有机组合在一起，构成连续的综合性的一体化货物运输。集装箱多式联运定义可以描述为：由多式联运经营人按照多式联运合同，以至少两种不同的运输方式，将集装箱从货物接管地点运至指定地点交付的运输方式。

多式联运具有以下基本条件及特征。

(1) 多式联运经营人与发货人订立多式联运合同。该合同确定了多式联运经营人与发货人之间的合同关系和运输性质，是区别多式联运与一般货物运输的主要依据。

(2) 多式联运经营人必须对全程运输负责。

(3) 多式联运必须是不同运输方式之间的连续运输。

(4) 全程运输由多式联运经营人签发一张多式联运单证，并且能够满足不同运输方式的需要。

同时，作为一种先进的运输组织形式，多式联运充分发挥了运输过程中不同运输方式的优势，实现了运输的连续性以及高效率。

4.6.2 集装箱多式联运的运输组织一体化

1. 集装箱多式联运全程运输协同

集装箱多式联运涉及多种运输方式的整合与协调。实现全程运输协同有利于实现货物从起点到终点的高效、经济、安全运输。

(1) 运输方式组织协同

①运输计划协同：在运输开始之前，根据货物的特性、数量、重量、体积、包装、运输时间和成本等因素，各种运输方式共同制定运输计划，确保不同运输方式之间计划的协同一致，包括选择合适的运输方式、制定运输路线、安排运输时间以及明确各种运输方式的职责、任务等。

②运输组织衔接：在运输过程中，通过调度中心的调度指挥，对当前运输方式以及衔接运输方式进行实时调度和协调，实现各种运输方式之间紧密衔接，确保货物在不同运输方式之间的无缝链接与顺畅换装，包括装卸效率的提升、转运设施的配置以及运输单据的流转等。

(2) 运输信息共享与风险共担

①信息共享：建立多式联运平台，在各种运输方式之间建立信息共享机制，包括货

物信息、运输状态、预计到达时间等关键数据的实时更新和共享，便于联运各方及时了解运输情况，做出相应调整。

②风险共担与利益共享：在协作过程中，各运输方式需要共同承担运输风险，合理分配运输利益。

③应急处理：针对可能出现的突发事件，制订应急预案，明确各运输方式的应急响应流程和责任分配。

（3）政府部门协同

①政策引导：政府出台相关政策，鼓励和支持集装箱多式联运的发展，包括基础设施联通、信息互通等。

②基础设施建设：政府加大对交通运输基础设施的建设，提升各种运输方式的运输能力以及不同运输方式之间的衔接效率。

③监管服务：海关、检验检疫等部门加强对集装箱多式联运的监管和服务，提高通关效率，降低物流成本。

2. 集装箱多式联运信息共享

货物运输过程包括两方面：一是货物的移动，即物流，二是货物信息的传递，即信息流。货物信息传递包括货物本身的信息和货物运输信息的传递。在多式联运过程中，有效、快速地实现信息在各个运输环节中的传递与共享，能够打破不同运输方式、不同部门之间的信息孤岛，实现运输信息的无缝对接，从而提高运输效率。

目前，多式联运信息共享的实现主要包括以下几种方式：

（1）建立多式联运信息共享平台

通过建立多式联运信息共享平台，可以实现不同运输方式、不同部门之间的信息互联互通。此类平台通常具备数据收集、处理、分析和展示等功能，能够实时更新和传输运输信息。

（2）制定信息共享标准

为确保不同运输、不同部门之间的信息能够顺畅流通，需要制定统一的信息共享标准，包括信息格式、传输协议以及安全要求等方面的标准。标准的制定有助于减少信息在传输过程中可能出现的错误，提高信息共享的准确性和效率，也有助于实现不同运输方式之间的协同作业和无缝衔接。

（3）信息技术的应用

随着信息技术的发展，多式联运信息共享更多地依赖于信息技术手段，包括物联网、大数据以及区块链技术等。

①物联网技术。通过为运输载体和货物安装传感器等设备，实时采集和传输运输信息。

②大数据技术。对收集到的运输数据进行挖掘和分析，发现潜在的问题和规律，为决策提供支持。

③区块链技术。利用其去中心化、不可篡改等特点，确保信息的安全性和可信度。区块链还能够实现多式联运单证的物权凭证功能，为国际贸易和金融服务提供支持。

4.6.3 集装箱多式联运的主要组织形式与通道

1. 集装箱多式联运主要组织形式

根据国际标准集装箱的重量、尺寸等规格，适箱货物品类及其运输要求，以及枢纽港口和节点的腹地范围及其运输网络结构等，集装箱多式联运的组织形式主要有海铁联运、海公联运、公铁联运等。

（1）海铁联运

集装箱海铁联运是指进出口集装箱通过铁路运输到沿海港口，直接装船出口，或者集装箱由船舶运输到沿海港口后，由铁路运出的一种集装箱货运方式，也是港口集疏运方式的一种，是链接内陆和沿海港口的快捷通道，具有高效、便捷、安全、成本低的优势。

（2）海公联运

海公联运又称船背运输，即海运与公路的联运系统。集装箱运输全程采用公路和海运两种运输方式，集卡到达港口码头时，不需要使用装卸设备或设施将集装箱装船，通过岸上铺设的跳板，装有集装箱的重集卡直接驶入船舱，集装箱与集卡一起由船舶运输到达终到港口后，重集卡直接驶离船舶并将集装箱送达目的地的集装箱全程运输过程。

（3）公铁联运

公铁联运，即铁路与公路的联运系统，也称为驮背运输。公铁联运根据一个公铁联运合同，采用公路及铁路两种运输方式，由全程运输经营人把货物从接管货物的地点运至指定地点交付的国内货物的运输。

2. 集装箱远洋航线

目前，世界主要集装箱航运地区有远东、西欧、北美和澳大利亚，连接这些地区的集装箱航线称为全球海上集装箱航运干线，分别为太平洋航线、大西洋航线、印度洋航线。

（1）太平洋航线

①远东—北美西海岸航线。

②远东—加勒比海航线。

③远东—南美西海岸航线。

④远东—东南亚各航线。

⑤远东—澳大利亚、新西兰以及西南太平洋岛国各航线。

⑥澳大利亚、新西兰—北美东西海岸航线。

(2)大西洋航线

①西北欧—北美东海岸航线。该航线是西欧、北美两地之间的原燃料和产品交换的运输线,两地工业和经济都较为发达,因此该航线运输较为繁忙。

②西北欧、北美东海岸—加勒比航线。

③西北欧、北美东海岸—地中海、中东、亚太地区航线。

④西北欧、地中海—南美东海岸航线。

⑤西北欧、北美东海岸—好望角、远东航线。

⑥南美东海岸—好望角—远东航线。

(3)印度洋航线

印度洋航线主要承担石油运输以及大宗货物的过境运输。

①波斯湾—好望角—西欧、北美航线。

②波斯湾—东南亚—日本航线。

③波斯湾—苏伊士运河—地中海—西欧、北美运输线。

(4)中国主要海运航线

海运航线按航程远近分为远洋航线和近洋航线。我国习惯上以亚丁湾为界,把去往亚丁湾以西,包括红海两岸和欧洲以及南北美洲广大地区的航线划为远洋航线,把在亚丁湾以东地区的亚洲和大洋洲的航线划为近洋航线。

①近洋航线,包括港澳线,新马线,北加里曼丹线,暹罗湾线,科伦坡、孟加拉湾线,菲律宾线,印度尼西亚线,澳大利亚、新西兰线,巴布亚新几内亚线,南太平洋岛屿线,日本线,波斯湾线等。

②远洋航线,包括红海线,地中海线,西北欧线,美国、加拿大线,南美洲西岸线等。

3. 集装箱海陆联运通道

大陆桥运输是指采用集装箱专用列车或货车,以横贯大陆的铁路或公路作为中间"桥梁",将大陆两端的集装箱海运航线与专用列车或货车连接起来的海—陆—海连贯运输方式。大陆桥运输也是一种海陆联运形式,在国际多式联运中起着连接不同国家和地区的重要作用。

（1）北美大陆桥

北美大陆桥是指利用北美铁路或公路衔接远东到欧洲的“海陆海”的联运方式，是历史最悠久、影响最大、服务范围最广的大陆桥运输线之一。

（2）西伯利亚大陆桥

西伯利亚大陆桥是指使用国际标准集装箱，将货物由远东港口海运到俄罗斯东部纳霍德卡港，经跨越亚欧大陆的西伯利亚铁路直接运至欧洲国家或者到达波罗的海沿岸港口再衔接铁路、公路或海运送达欧洲各地的国际多式联运的运输线路。西伯利亚大陆桥是目前世界上最长的陆桥运输线，主要包括“海铁”“海铁公”等联运方式。

（3）新亚欧大陆桥

新亚欧大陆桥东起中国连云港港，西至荷兰鹿特丹港，全长10 837 km，途经中国、哈萨克斯坦、俄罗斯、白俄罗斯、波兰、德国和荷兰等7个国家，辐射30多个国家和地区。

（4）小陆桥运输

小陆桥运输是指货物装入国际标准集装箱，从日本港口海运至美国、加拿大西部港口，再由铁路或汽车运至北美东海岸、美国南部或内陆地区以及相反方向的运输。

从运输组织方式看，小陆桥运输与大陆桥运输都属于海铁联运，但是小陆桥运输货物的目的地为沿海港口及内陆地区。目前，北美小陆桥运送的主要是日本经北美太平洋沿岸到大西洋沿岸和墨西哥湾地区的集装箱货物，也包括从欧洲到美国西海岸及海湾地区各港的大西洋航线转运的货物。

（5）微陆桥运输

微陆桥运输指货物装入国际标准集装箱，从日本港口运至北美西海岸及墨西哥湾沿岸港口，再利用铁路或汽车运至美国、加拿大内陆城市的运输方式。微陆桥运输是从小陆桥派生而出的运输方式，与小陆桥运输相似，也属于海铁联运，但是微陆桥运输货物的目的地以内陆地区为主，因此又称为半陆桥运输。

4.6.4　集装箱多式联运集疏运系统与运输组织形式

1. 港口多式联运集疏运系统概述

港口集疏运系统是指与港口连接，用于聚集和疏散到发港口的货物的交通运输体系。即以港口为中转点，利用各种设施（如河港、道路、卡车、工厂、货船等），与水路、铁路、公路、空运等方式密切连接，且各种运输方式之间互相协调合作，形成的港口物流综合运输体系。

港口集疏运系统的主要功能是集结和疏运货物，保证港口畅通无阻，保证各类运输方式高效稳定联系。一般来说，港口集疏运方式包括直接由工厂或仓库通过公路运输至沿海出境港、通过公路运输与内河航运到达沿海出境港、通过铁路运输与公路短驳至沿海出境港以及直接通过进港专用线，由铁路线直接进港。港口集疏运体系如图4.30所示。

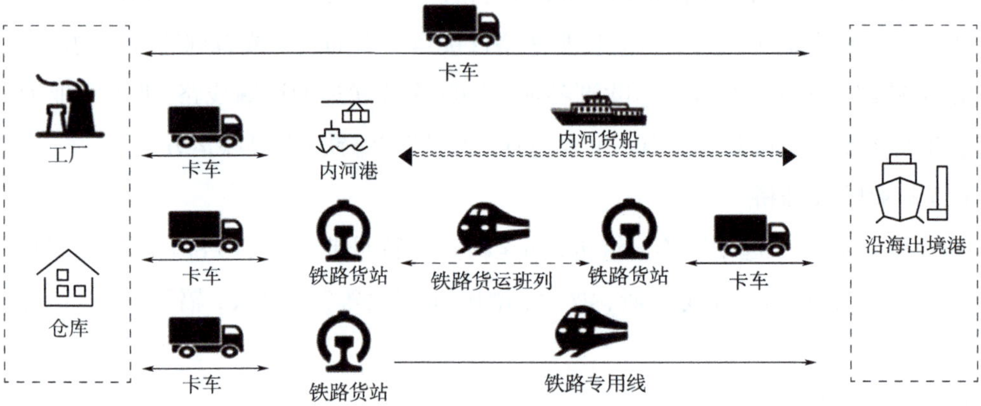

图 4.30　港口集疏运体系示意图

2. **港口海铁联运集疏运组织形式**

海铁联运集装箱班列集疏运组织是集海运和铁路两种运输方式、船舶和列车等运输设备、船期表和列车开行方案为一体的，以集装箱为载体的货物运输组织。在供给侧结构性改革以及可持续发展战略背景下，发展铁路运输参与港口集装箱集疏运，不仅有利于节能减排、降本增效、实现可持续发展，还有助于发挥铁路中长距离运输优势，提高铁路运量。

（1）按列车作业类型划分

①港口—卸车站直达模式

港口—卸车站直达模式是指集装箱由堆场转运至港口装卸线，列车集结满轴后整列牵出，列车从港口始发到达终点的运行途中不进行集装箱的装卸或者甩挂作业，列车上的所有集装箱货物直接被送到卸车站。这种模式具有运行时间短、运量大、成本低等优势，同时需要港口具有充足的箱流，以满足列车大编组、整列满轴编发的要求。

其组织模式如图4.31所示。从箱流和列流的耦合关系来看，港口—卸车站直达模式是由一列车服务一对箱流OD。

该模式的列车的开行特点和组织条件主要有：

港口—卸车站直达模式用于中长途距离的疏运，适用于运量稳定、大批箱流集中到发的集装箱疏运，对船舶与列车的衔接要求较高，需要满足列车整列满轴编发的要求。

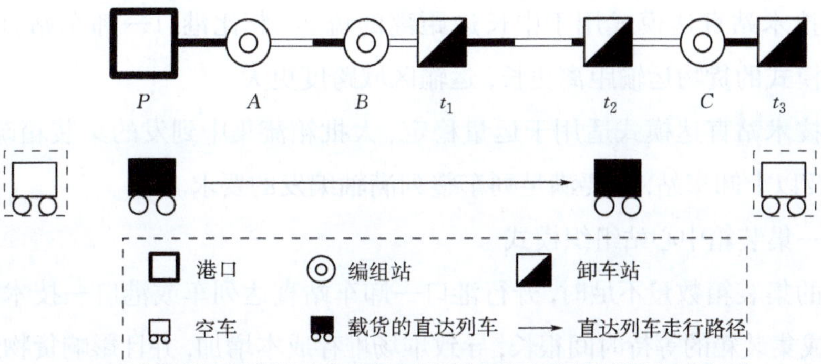

图 4.31 港口—卸车站直达模式

港口—卸车站直达模式列车的始发终到时间需要与船舶的到港、离港时间紧密衔接，在满足集装箱卸船时间和顺序要求的同时，尽量采用车船直取的集装箱转运方式，以减少对港口堆场堆存资源的占用。

②港口—技术站直达模式

港口—技术站直达模式是指集装箱由堆场转运至港口装卸线，列车集结满轴后整列牵出，列车从港口始发到终点的运行途中无改编通过一个及其以上的技术站，列车到达最终卸车站前方技术站解体的组织模式。

其组织模式如图4.32所示。从箱流和列流的耦合关系来看，港口—技术站直达模式是由一列车服务两对或以上箱流OD。

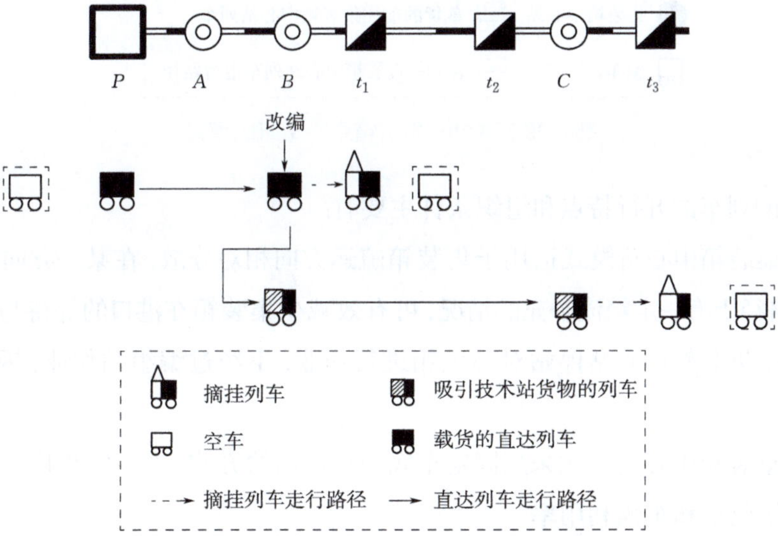

图 4.32 港口－技术站直达模式

该模式的列车的开行特点和组织条件主要有：

港口—技术站直达模式用于中长途距离的疏运，相比港口—卸车站直达模式，港口—技术站模式的货物运输距离更长，运输区域跨度更大。

港口—技术站直达模式适用于运量稳定、大批箱流集中到发的集装箱疏运，目的地可以是两个及以上卸车站，需要满足列车整列满轴编发的要求。

③港口—集装箱中心站组织模式

当到港的集装箱数量不足时，开行港口—卸车站直达列车或港口—技术站的直达列车可能会造成集装箱的等待时间很长，导致堆场堆存成本增加，并且影响货物送达时间。

港口—集装箱中心站组织模式是指在港口铁路作业区，将准备装车的集装箱提前运至对应的装卸线旁的发车区。待车底到达装卸线停稳后，开始集装箱装车作业，装车完毕并对列车进行技术检查后列车出发。在途中规定车站到发线停站进行集装箱快速装卸作业，作业完了继续向前方车站运行直到终到站。

该模式的组织过程如图4.33所示。从箱流和列流的耦合关系来看，港口—集装箱中心站组织模式是由一列车服务两对或以上箱流OD。

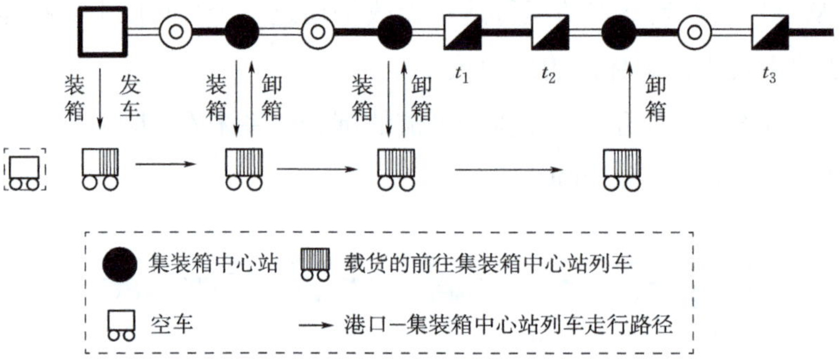

图 4.33　港口—集装箱中心站组织模式

该模式的列车的开行特点和组织条件主要有：

港口—集装箱中心站模式适用于集装箱疏运方向相对分散，在某一方向上疏运量较小，在运行路径上有一定箱流补充的情况，可有效减少集装箱在港口的等待与堆存时间。列车只在途中集装箱中心站停站对集装箱进行作业，不经过编组站作业，因此，送达速度和时效性高。

港口—集装箱中心站模式采用固定车底循环运输的方式，在一定程度上可以提高列车返程的组织效率和车辆利用率。

（2）按车底运用类型划分

按照车底运用的不同，可以将海铁联运集疏运模式分为不固定车底模式和固定车底模式。

①不固定车底模式

不固定车底班列，即在腹地装车站申请空车底，装箱达到满轴要求后，开行海铁联运集运班列，到达海铁联运作业区卸空集装箱后，空车底返回车站排空；当需要开行海铁联运疏运班列时，申请空车后，在海铁联运作业区装车，开行至港口腹地卸车站。该种模式一般适用于海铁联运集装箱进出口货源不稳定的情况。集运和疏运班列均单独开行，之间不存在任何衔接，组织效率较低。

②固定车底模式

固定车底班列是按客运化组织模式，采用固定列车车底、固定线路，在装车站和卸车站之间开行。固定车底班列要求海铁联运疏运班列组织与集运班列组织有效地衔接，减少因进口箱和出口箱箱量不均衡导致的空载。

(3) 按堆场的配置与使用划分

集装箱码头海铁联运根据功能区之间不同的组合形式可分为不同的交接模式，不同的交接模式则会涉及到不同的集装箱海铁联运的作业组织和作业流程，目前常见的集装箱海铁联运布局模式有以下几种。

①车船直取模式

车船直取模式即铁路作业区设至码头前沿，实现集装箱船和铁路集装箱班列之间的直接换装作业。车船直取模式中常见的作业布局为铁路作业区设至码头前沿，船舶上的集装箱可直接通过岸桥装卸在列车上从而在集装箱船与铁路班列的集装箱换装作业的过程中省略或减少集卡的作业运行距离，同时在岸桥作业范围内也设立集卡通道，中转箱可运至后方堆场堆存。车船直取前方交接模式基本布局如图4.34所示。

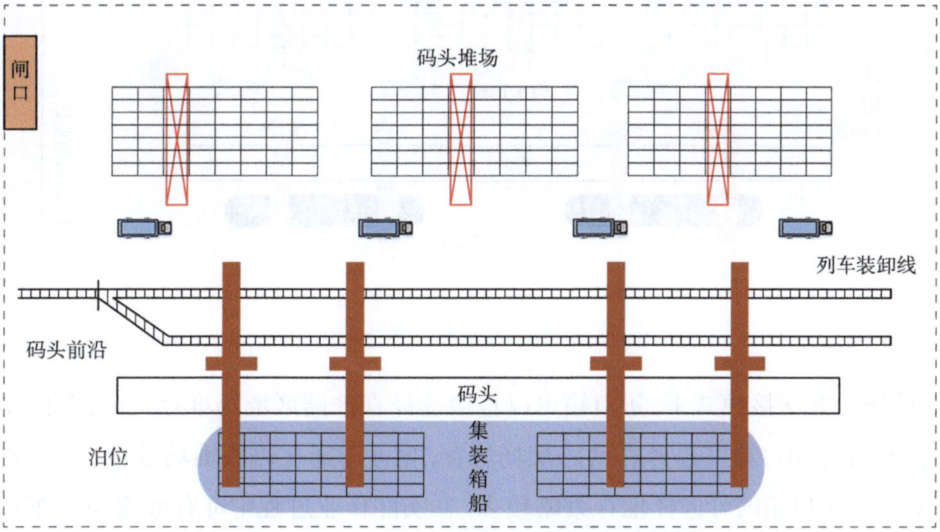

图4.34 车船直取前方交接模式基本布局

车船直取模式的主要特点为：作业流程相对简易，交接货的过程中具有较为良好的时效性，在集装箱的换装过程中省略了堆存环节，减少了集装箱的装卸次数和运输时间，可以提升集装箱的换装效率，但此模式对船舶靠舶计划与铁路集装箱货列的到发计划要求较高，要求集装箱货列与船舶的到达在时间上存在较大的交互期，并妥善安排船舶及列车的交接计划。

②分堆场交接模式

分堆场后方交接模式下采用铁路作业区与码头作业区分设堆场，即铁路作业区拥有自己的独立堆场，一般在此种交接模式下，由于铁路作业区的面积较大，故考虑设立铁路自带的独立堆场，置于码头前沿或中央会导致设备拥堵，堆场排布过于密集的缺点，故分堆场模式下铁路作业区多设于码头后方。分堆场后方交接模式的布局如图4.35所示。

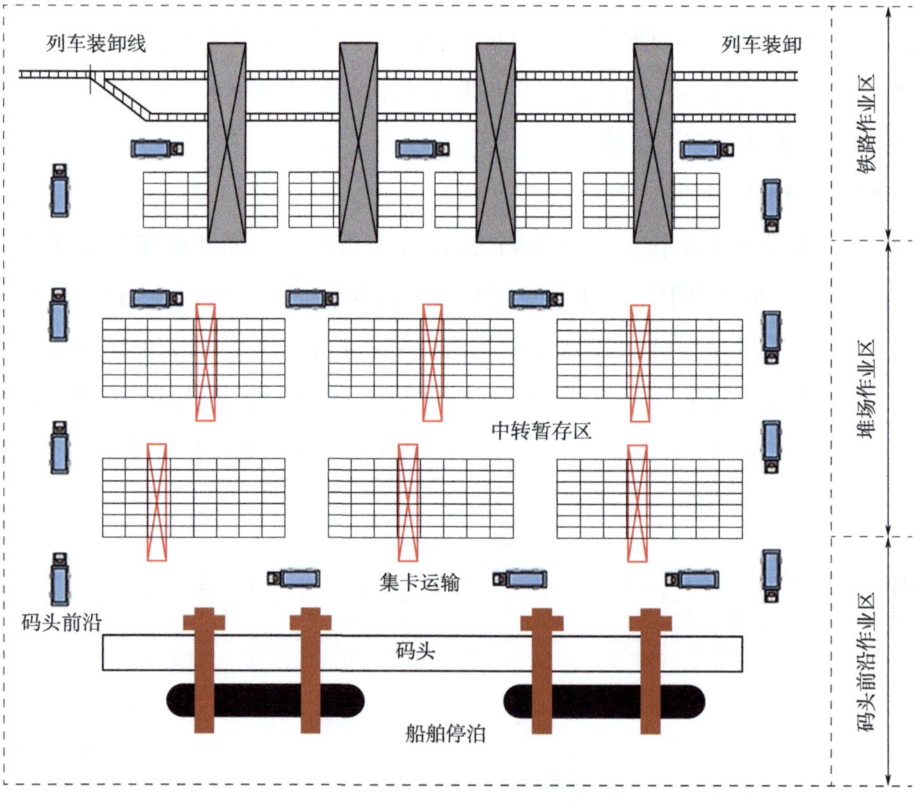

图 4.35 分堆场后方交接模式基本布局

分堆场后方交接模式下，进口箱可以直接选择在铁路区堆场堆存，也可选择在码头堆场进行堆存，出口箱可选择在铁路堆场堆存，也可选择在码头堆场堆存。该模式的特点为：对于进出口箱的可选择堆存策略较多，在实际作业过程中可有效避免列车及船舶间的集装箱箱量不匹配和车船间到发计划不匹配问题，但在集装箱换装的过程中涉及较复杂流程，同时也增加了集装箱的装卸次数以及集装箱在堆场中的翻箱倒箱和压箱的情况。

③共堆场交接模式

共堆场交接模式采用铁路作业区与码头作业区共用堆场，铁路作业区一般设于集装箱码头中央以方便铁路作业与码头作业的有效衔接。共堆场后方交接模式基本布局如图4.36所示。

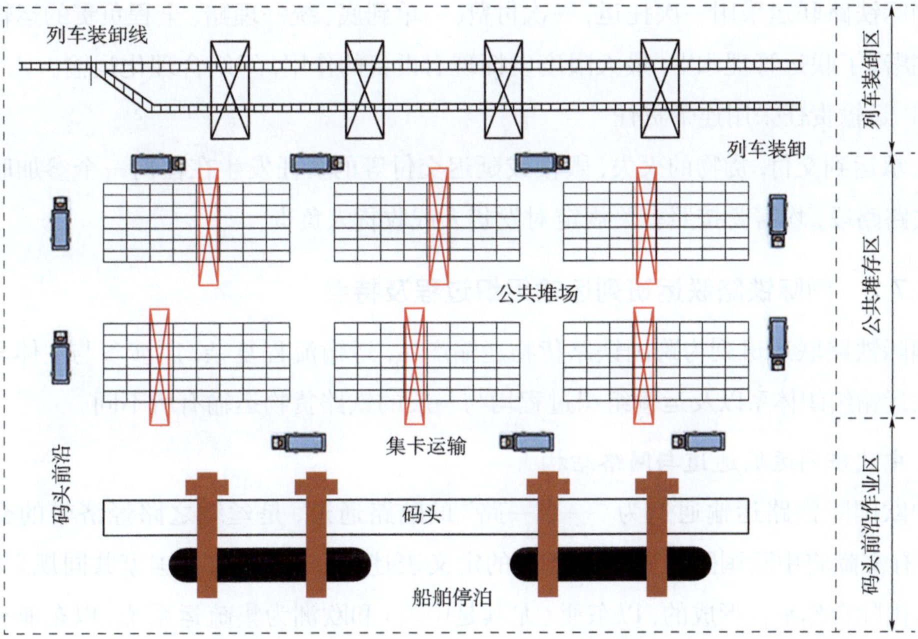

图4.36　共堆场后方交接模式基本布局

相比于分堆场交接模式，共堆场交接模式由于共用堆场分区，可以适当简化集装箱的换装流程，提高堆场的使用效率，但也从一定程度上提高了设备调度及堆场使用的柔性要求。

4.7 集装箱国际铁路联运

4.7.1 国际铁路货物联运定义及特征

国际铁路货物联运是指在两个或两个以上国家的铁路全程运送中，使用一份统一的国际联运票据，并以连带责任办理的货物运送。

依据《国际铁路货物联运协定》（简称《国际货协》）规定，国际铁路货物联运办理的货物种类分为整车货物、零担货物和大吨位集装箱货物。其中，大吨位集装箱货物是指按一张运单办理、用大吨位集装箱运送的货物或空的大吨位集装箱。

国际铁路联运具有运送国家多、运输距离长等特点，因此国际铁路联运班列在铁路货物运输的标准和质量方面有更高的要求。

（1）由两个及以上的国家铁路参加运送

考虑到各参加国家铁路不同的设备条件、组织方式以及相关法规，国际铁路联运的票据、货物、车辆以及有关单证都要符合国际货协的相关规定或要求。

（2）运输方法采用一单制

国际铁路联运采用一次托运、一次付费、一单到底、统一理赔、全程负责的运输业务方法，提高了联运管理水平，最大限度发挥现有设备的作用，组织合理化运输。

（3）运输责任采用连带责任

从承运到交付，货物的灭失、毁损或延迟交付等的责任发生在任何一个参加联运的国家铁路路段，均需要按照有关规定对发货人或收货人负责。

4.7.2 国际铁路联运班列运输组织过程及特点

国际铁路联运班列为跨国铁路货物运输产品，运输流程复杂，所涉参与主体较多，因此在运输组织体系以及运输组织过程均与一般的铁路货物运输有所不同。

1. 中欧班列运输通道与网络结构

中欧国际铁路运输通道为“一带一路”的陆路通道，是丝绸之路经济带的交通走廊。既有文献将中欧国际铁路运输通道的定义表述为：中国与有关国家共同规划的，借助既有国际合作平台形成的，以东亚（尤其是中国）和欧洲为集疏运系统、以东亚和欧洲间铁路通道作为国际运输主骨架的运输通道网。

中欧国际铁路运输通道呈轴辐式结构，通道中部为铁路主干线，从通道两端及通道上的节点派生出集疏运系统，呈现区域物流网络结构，具有辐射性和网络性，内部又可通过水运、铁路、公路等方式实现整个通道系统的货物集疏运。中欧班列运输通道网由线路、节点、集疏运系统以及移动设备组成。

目前，根据我国出境口岸位置，规划的三条中欧班列铁路运输通道分别为经由新疆阿拉山口、霍尔果斯口岸出境的西通道，经由内蒙古二连口岸出境的中通道，经由内蒙古满洲里、黑龙江绥芬河和同江口岸出境的东通道。

节点是运输通道网的重要组成部分，中欧班列枢纽节点主要包括四种类型，即内陆主要货源地、主要铁路枢纽、沿海重要港口以及沿边陆路口岸等。相应地，中欧班列枢纽节点划分为以下四种类型：

（1）内陆主要货源节点。具备稳定货源，每周固定开行稳定频次的点对点直达班列，具有回程班列组织能力，承担中欧班列货源集结直达功能的中欧（亚）班列始发城市。

(2)主要铁路枢纽节点。在国家综合交通网络中具有重要地位,具备较强的集结编组能力,承担中欧班列集零成整、中转集散的功能,如中欧(亚)班列集结中心。

(3)沿海重要港口节点。在过境运输中具有重要地位,具备完善的铁水联运条件,每周固定开行稳定频次的点对点直达班列,承担中欧班列国际海铁联运功能。

(4)沿边陆路口岸节点。中欧班列通道上的重要铁路国境口岸,承担出入境检验检疫、通关、货物换装等功能。

2. 中欧班列运输组织模式

由于涉及国际铁路联运,参与国家铁路多、运输距离长,中欧班列运输组织过程与一般铁路的货物运输组织过程相比更加复杂。中欧班列的运输组织流程分为四个步骤:先将中欧班列始发城市的货源组织成货流;根据运输生产计划将货流通过装卸形成车流;根据编组计划将车流编组为中欧班列形成列流,班列按月、旬、日编制列车运行计划,通过调度指挥运行到出入境口岸通关换轨后,继续运行抵达目的地,通过解体、装卸,变为货流进行交付。其运输组织作业流程如图4.37所示。

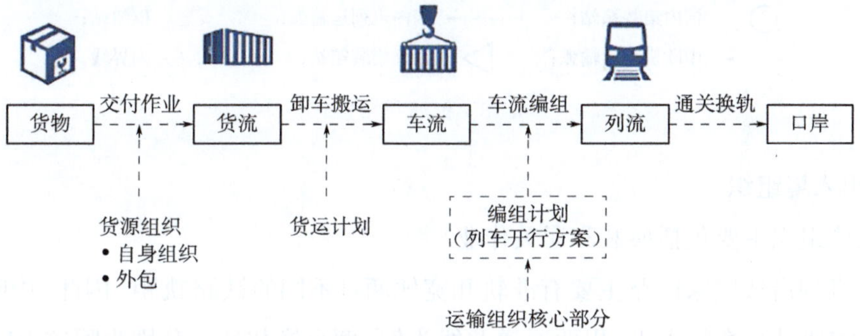

图4.37 中欧班列运输组织作业流程图

(1)货源与货流组织

货源与货流组织过程中制订的货运计划是将货流变为车流的货物装运计划,主要确定货源发生地,货运需求在哪些站进行装运、何时装运、编入哪些列车,考虑班列装载能力的利用率。

(2)车流组织

目前,中欧班列的开行模式为始发地开行的点集结直达运输以及中欧班列集结中心开行的枢纽中转集结运输。

点集结直达运输是在集货城市和目的城市之间开行直达班列,集装箱货物在起始城市集结满轴后出发,到达边境口岸,经过一次通关、二次换装直达目的地,中途不拆解、改编。当货源地和目的地之间的箱流量足够大时,点对点直达模式能够省去班列在途中转作业，具有较高的运输组织效率。

但是，当OD站间箱流量较低时，始发地集结的直达模式容易产生集结时间过长问题，影响集装箱运输的时效性和经济性。因此，产生了枢纽集结模式，即各始发地吸引不同终到站的货物，汇集在中欧班列集结中心，对同一方向的货物或者同一去向的车流进行集结、编组，再发往各终到站。枢纽集结运输组织模式如图4.38所示。

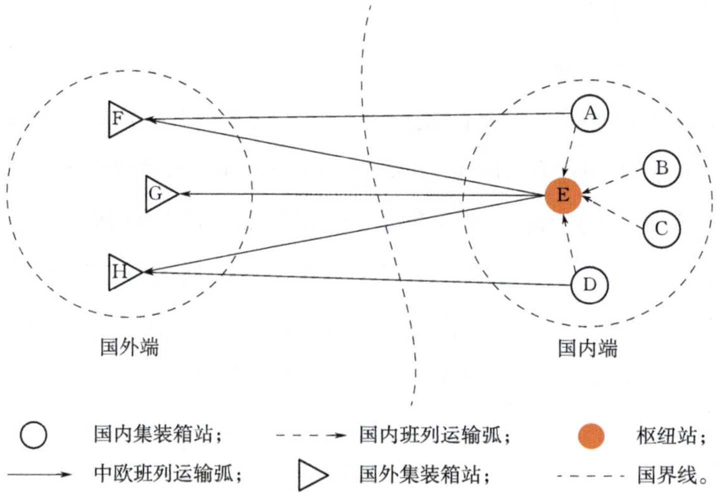

图 4.38　枢纽集结模式

（3）出入境组织

出入境组织主要包括换装和通关作业。

中欧班列沿线国家铁路主要有准轨和宽轨两种不同的铁路轨距，因此，中欧班列运输过程中需要进行换装作业。以西通道北线为例，两个换装地点分别为阿拉山口/多斯特克车站和布列斯特/马拉舍维奇车站。其中，去程西向班列在哈萨克斯坦的多斯特克口岸进行第一次换装，集装箱从准轨车辆换装到宽轨车辆；在波兰的马拉舍维奇口岸进行第二次换装，从宽轨车辆换装到准轨车辆，继续运行至欧洲目的地国家。

在通关方面，中欧国际铁路联运货物只需一次报关报检、沿线不再重复关检，全程通关效率提高，边境口岸停留时间减少，为全程时刻表中欧班列的运行提供了支撑。

4.8　铁路集装箱客运化运输组织

4.8.1　铁路集装箱客运化运输组织内涵与特点

铁路集装箱客运化运输是指通过采用固定车底编组和到发线装卸作业的方式，即集装箱列车在运行过程中无须解体，沿途在车站到发线上直接进行装卸作业的客运化开行组织模式。

铁路集装箱客运化运输组织具有以下内涵：

（1）所有集装箱都通过铁路集装箱客运化列车进行运输，运输过程中在中间站到发线直接进行装卸以及换装作业。

（2）铁路集装箱客运化运输组织模式需要具备集装箱三级节点网络，铁路集装箱客运化列车在三级节点网络中只在一级节点和二级节点组织始发终到作业，途中不进行解编作业。

（3）对于铁路集装箱客运化运输网络以外的站点，可以通过普通的集装箱列车将箱流取送至网络节点站。

表4.4为从运输对象、运输方式、运输特点以及运输过程四个方面对货物运输组织模式、旅客运输组织模式以及铁路集装箱客运化运输组织模式进行对比。

表 4.4 各运输组织模式对比分析

组织模式	运输对象	运输组织形式	车辆使用方式	运输特点	运输流组织形态	货源货流组织方法
货物运输组织模式	集装箱	货物在集装箱站集结，列车在编组站进行车流集结和解编作业	车辆不固定，根据货物品类与批量调配空车	组织方式复杂，难以规划全过程按图行车	传统流程为箱流—车流—列流	货主或货代独立组织
铁路集装箱客运化组织模式	集装箱	作业组织简化，不经过编组站，在到发线完成装卸作业	车底固定循环，取消车辆解编，便于维护管理，化解排空难题，提高车辆运用效率	送达时间可控。以定时发车取代定轴发车，强化按图行车，稳定运输秩序	运输流程再造为箱流—列流	货源货流组织社会化，货源、货流由第三方物流平台组织，提高货运组织水平，降低全社会物流成本

可见，铁路集装箱客运化组织，是通过集装箱货装作业组织的变革，对传统铁路集装箱列车或货物列车进编组站，对货车进行解体、集结、编组的作业流程的再造，可显著降低集装箱在站综合作业时间和作业成本，对于有效降低全社会综合物流成本具有重要意义。

4.8.2 铁路集装箱客运化运输组织网络结构与集疏运系统

中国铁路集装箱客运化运输系统的规划建设基于既有铁路货物运输网络，通过增加节点数量、改扩建部分中间站和集装箱中心站等步骤，构造适合中国铁路集装箱运输需求与发展的三级节点运输网络。

1. **一级节点**

以路网性集装箱中心站为一级节点，包括18个集装箱中心站，分别为哈尔滨、沈阳、大连、北京、天津、郑州、西安、武汉、青岛、上海、宁波、广州、深圳、成都、重庆、兰州、乌鲁木齐、昆明（如图4.39所示），并可以根据实际需要新建节点。一级节点为全国性的集装箱集疏运中心，主要位于大型城市、大型港口、重要的边境口岸站，主要负责办理集装箱客运化列车的始发终到作业以及箱流中转作业。

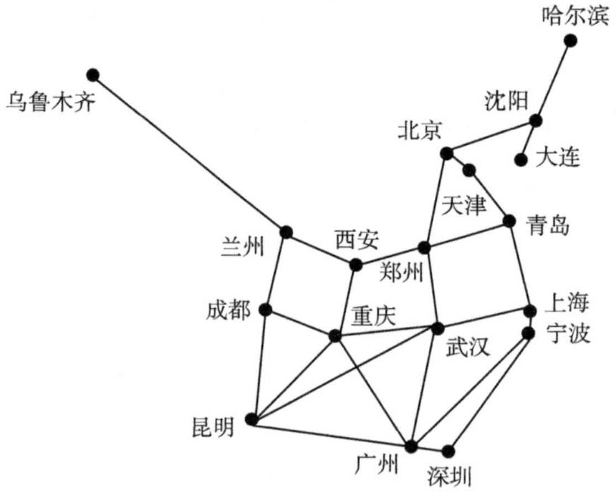

图4.39　18个集装箱中心站分布

一级节点是区域内铁路集装箱运输核心，还承担次级节点及公路集装箱的集疏运作业。应该靠近城市主干线，建设较大规模的集卡停车场和辅助堆场，避免出现箱流积压。一级节点一般应具备以下功能：

（1）能够办理整列快速集装箱列车的始发终到作业以及中转作业，实现集装箱的快速装卸。

（2）具备办理集装箱检验、国际集装箱联运以及海关检查等的能力。

（3）铁路端与公路端能够实现快速集疏运，具有开展多式联运的能力。

（4）配备良好的基础设施，实现路联网集装箱的动态管理。

2. **二级节点**

以区域集装箱的集疏运中心为二级节点，其主要位于城市群内重要城市、大中型港口以及无水港，作业类型上与一级节点基本相同，但规模相对较小，主要办理中转箱流作业，始发终到作业相对较少。二级节点一般应具备以下功能：

（1）能够办理整列快速集装箱列车的始发终到作业以及中转作业，尤其能够大量办理集装箱中转作业。

（2）能够实现集装箱集疏运。

（3）能够实现区域内每日箱流预测以及机车调配，实现区域内集装箱的快速集散。

3. 三级节点

三级节点主要承担集装箱的集疏运作业，大量办理区段集装箱列车的装卸作业。三级节点规模较小，一般可以依托现有路网中的中小型车站，可以选取靠近中小城市、厂矿、工业园区、内河航运港口的车站，也可以利用闲置的小站以及地方铁路车站。三级节点一般应具备以下功能：

(1) 能够完成集装箱的装卸。

(2) 能够接发区段集装箱列车。

(3) 具有公路端集疏运的能力。

4.8.3　铁路集装箱客运化运输组织场站布局与设备配置

1. 一级节点

一级节点是区域内铁路集装箱运输的核心，是铁路集装箱客运化运输组织网络结构中最高级别的节点。按照线束的相对位置，一级节点站型可以分为以下四类。

(1) 线束同侧式

线束同侧式站型布局比较紧凑，站内设备走行距离短，能够充分利用站内空间，压缩站内作业时间。线束同侧式采用贯通式站型，车站两端均能接发列车，能够有效减少列车的折返时间；但是该站型改扩建难度较大，中转线束增加到发线数量或增加线束需要向正线一侧扩建，始发终到线束扩建则需要占用集卡作业线。线束同侧式站型布局如图4.40所示。

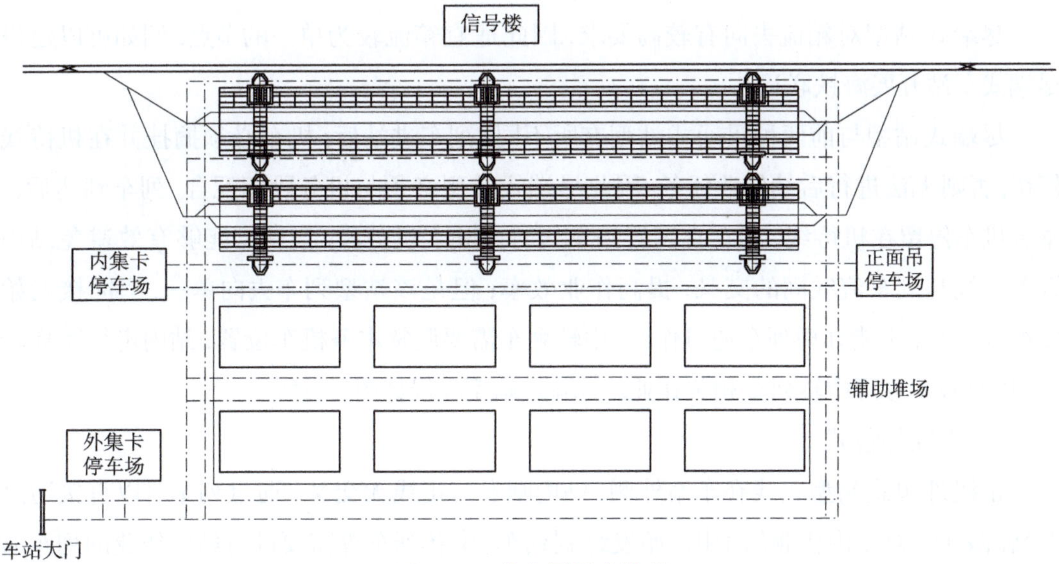

图 4.40　线束同侧式站型

(2) 线束异侧式

与线束同侧不同，线束异侧式的始发终到线束分居正线两侧。靠近辅助堆场一侧的为始发终到线束，以缩短站内设备（集卡、正面吊等）的走行距离，中转线束距离辅助堆场较远。线束异侧式站型使线束平均分配在正线两侧，后续改扩建作业的难度较小，与线束同侧式相比，其站型设备分布更加分散，站内设备走行距离较长，并且设备走行时会切割正线及两侧线束，影响列车接发作业。线束异侧式站型布局如图4.41所示。

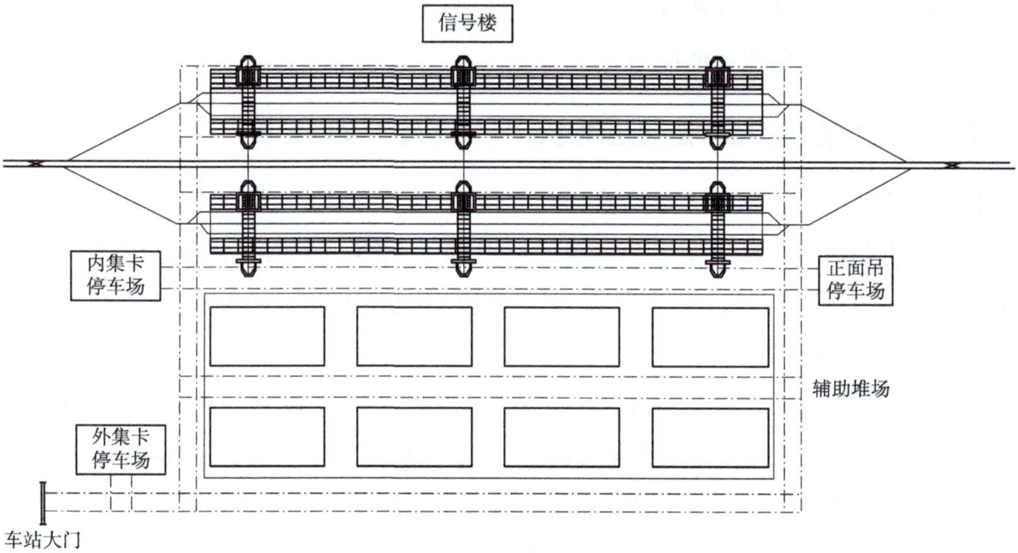

图 4.41　线束异侧式站型

(3) 尽端式

尽端式站型对箱流去向有较高要求，因此适宜箱流较为单一的节点，例如可以建设尽端式车站开展海铁联运。

尽端式站型与前两种贯通式站型有所不同，列车进站后，机车必须摘挂并在机待线停留，否则无法进行后续作业任务，因此尽端式站型必须与机务段相配合。列车到达后，本务机车停留在机待线，当存在闲置到发线时再驶入机务段，该站型能够有效避免站内设备流线与列车流线间的交叉，提高作业效率；但是该站型列车去向单一，只能接发始发终到列车，不能办理列车通过作业，中转列车需要调整本务机车位置，站内走行距离较长，因此较少办理中转列车相关作业。尽端式站型布局如图4.42所示。

(4) 正线外包式

正线外包式站型正线在车站外侧，站内咽喉与正线无交叉。通过列车可以直接通过车站，减少了对站内作业的干扰。始发终到列车、中转列车等需要进行站内作业的列车通过联络线进入车站。正线外包式站型能够实现铁路作业流线与道路作业流线的有效分离，适合于公路—铁路衔接较为紧密的车站使用，能够实现列车的有效分流；但该站型正线限制了车站面积，增加了后续改造的难度。正线外包式站型布局如图4.43所示。

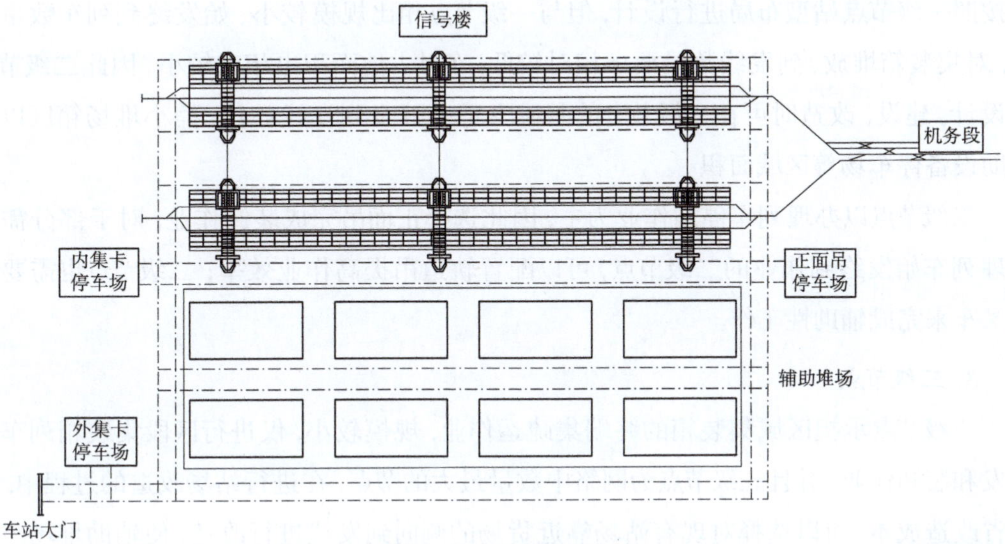

图 4.42　尽端式站型

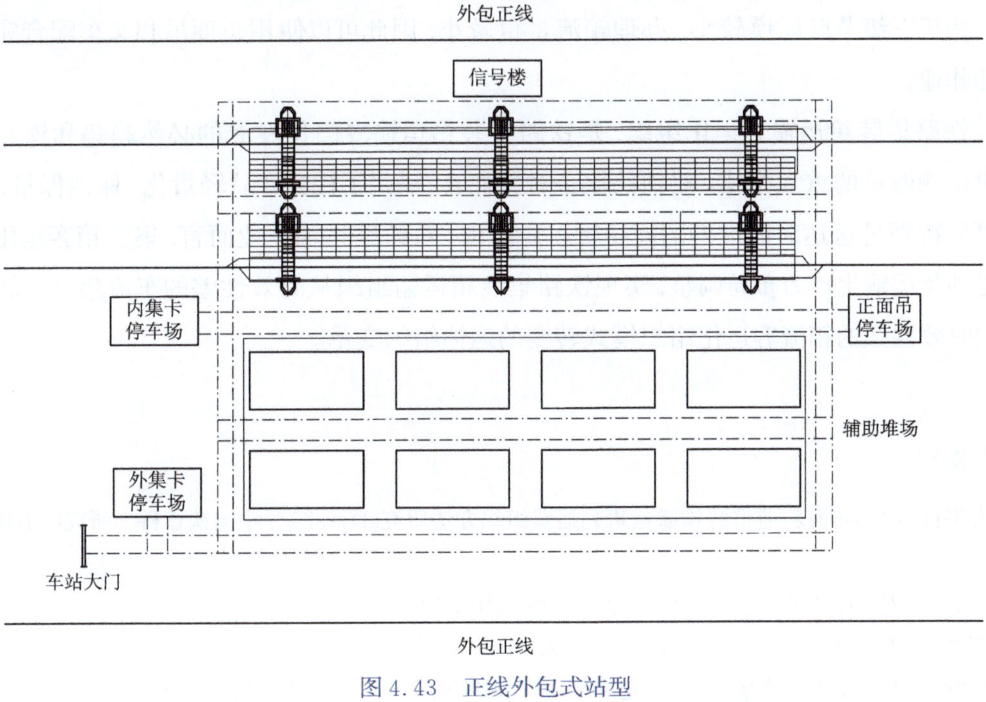

图 4.43　正线外包式站型

一级节点办理大量集装箱客运化列车的始发终到作业装卸集装箱数量大，需要配置轨道式门式起重机；对于部分以办理集装箱中转换乘作业为主的一级节点来说，也可以采用装卸更高的装卸桥；一级节点应该配置部分正面吊辅助装卸作业，同时也应配置正面吊和叉车完成集装箱搬运等辅助性的工作。

2. 二级节点

二级节点在路网功能上为一级节点的辅助站点，站型与一级节点基本相同，因此可以按照一级节点站型布局进行设计，但与一级节点相比规模较小、始发终到列车数量较少，对集装箱堆放、到发线数量要求相对较低，车站占地面积也相对较小。因此二级节点在设计、建设、改造时可在一级节点的基础上适当减少到发线数量、缩小堆场箱区以及辅助设备停车场等区域面积。

二级节点以办理列车停站作业为主，因此选择正面吊完成装卸作业；对于部分需要办理列车始发终到作业的二级节点，可以配置轨道吊提高作业效率；二级节点也需要配置叉车来完成辅助性工作。

3. 三级节点

三级节点承担区域集装箱的终端集疏运作业，规模较小，仅进行区段集装箱列车的接发和装卸作业。并且三级节点为网络中数量最大的节点，在进行站场改造的过程中，为节省改造成本，可以选择对现有站场靠近货场的侧向到发线进行改造，使辅助堆场与现有货场重叠。

由于三级节点规模较小、办理箱流量也较小，因此可以使用正面吊和叉车配合完成装卸作业。

铁路集装箱运输客运化组织，是铁路集装箱运输专门化发展的必然趋势和铁路货运供给侧改革的重大举措。对铁路服务对象而言，满足了社会产品轻量化、保值保量、安全可靠特别是送达时间准确的高品质运输需求；对铁路运输企业而言，集装箱客运化系统是涉及运输生产力布局调整，实现铁路集装箱运输组织从时效性差的车流集结中转模式向时效性强的箱流客运化组织模式转变的运输组织变革。

参考文献

[1] 郑平标. 西部陆海新通道海铁联运班列运营组织方法研究[D]. 北京：中国铁道科学研究院有限公司，2021.

[2] 周晶洁，周在青. 货物学[M]. 北京：电子工业出版社，2006.

[3] 刘雅丽. 集装箱运输管理实务[M]. 北京：人民邮电出版社，2011.

[4] 程虎杰. 中欧班列西通道集结中心选取及去程服务网络设计[D]. 西安：长安大学，2022.

[5] 魏昌辛，杨廷宇，王诗. 西部陆海新通道铁路主通道双层集装箱运输方案研究[J]. 铁道标准设计，2023，67(6)：9-13，19.

[6] 高婧. Z公司铁海联运集装箱服务营销策略研究[D]. 北京：北京交通大学，2020.

[7] 兰泽康. 考虑运输资源周转的铁路集装箱运输动态服务网络设计优化研究[D]. 北京：北京交通大

学，2021.
[8] 魏玉光，谷玉锟，夏阳，等. 基于枢纽集结的中欧班列运输组织优化研究[J]. 铁道学报，2022，44(09)：17-25.
[9] 王笛. 循环模式下的海铁联运班列集疏运组织优化研究[D]. 北京：北京交通大学，2022.
[10] 欧阳姗姗. 基于低碳绿色发展的集装箱港口内陆集疏运网络优化研究[D]. 大连：大连海事大学，2022.
[11] 朱艳茹，吴鼎新，等. 集装箱运输与多式联运[M]. 南京：东南大学出版社，2013.
[12] 孟祥茹，宋伟，姜华，等. 国际集装箱多式联运[M]. 北京：人民交通出版社股份有限公司，2017.
[13] 傅莉萍. 运输管理[M]. 北京：清华大学出版社，2015.
[14] 夏阳. 铁路集装箱客运化运输系统运输组织研究[D]. 北京：北京交通大学，2020.
[15] 夏阳，魏玉光，朱加发，等. 铁路集装箱客运化运输组织研究[J]. 铁道运输与经济，2020，42(S1)：27-31.
[16] 戴靖妍. 集装箱船舶大型化背景下我国与东南亚国家海运贸易面临的机遇和挑战[J]. 集装箱化，2021，32(12)：3-5.
[17] 宋文楠. 铁路集装箱客运化运输组织研究[D]. 大连：大连交通大学，2023.
[18] 霍艳芳，齐二石. 智慧物流与智慧供应链[M]. 北京：清华大学出版社，2020.
[19] 宋浚哲. 集装箱客运化运输站场布局及组织优化[D]. 北京：北京交通大学，2024.
[20] 张琦. 中欧班列通道集装箱联运组织理论[M]. 北京：中国铁道出版社，2019.
[21] 宋明哲. 国际铁路联运班列定价机制研究——以CY公司为例[D]. 重庆：重庆大学，2022.
[22] 闫伟. 中欧班列国内段运输组织优化理论与方法[D]. 北京：北京交通大学，2019.
[23] 孙燕. 集装箱海铁联运港站泊位分配与班列组织计划编制优化研究[D]. 成都：西南交通大学，2022.
[24] 万颖. 集装箱配送中心拆装箱库Fork—Join网络与系统仿真分析方法研究[D]. 武汉：武汉理工大学，2017.
[25] 魏玉光，夏阳. 铁路集装箱客运化系统设计与实现[M]. 北京：中国铁道出版社有限公司，2022.

第5章
冷链物流

本章介绍冷链货物的概念及其基本理化特性和运输特性。基于冷链货物基本特性，介绍冷链货物的场库设备配置、存储方式及仓储要求以及冷链物流载运工具、装卸设备、装卸搬运作业等；介绍冷链物流主要运输线路、集疏运网络以及运输组织形式等。

5.1 冷链货物的物理化学特性

5.1.1 货物种类

冷链货物指在运输过程中，对外界温度需要采取控温措施，以防止死亡和腐烂变质的货物，或托运人认为须按冷链货物运输条件办理的货物。冷链货物运输直接关系到鲜活、易腐的农产品供应链运输，以及人们的日常生活需求，在社会经济发展中占有重要地位。

常见的冷链货物主要有鲜鱼虾、鲜肉及肉制品、瓜果、蔬菜、牲畜、观赏性野生动物、花木秧苗、奶及奶制品类、冷冻食品、药品、蜜蜂等。

按照冷链货物的自然属性，可以分为易腐货物和活动物两类：

(1) 易腐货物，包括肉、鱼、蛋、奶、鲜水果、鲜蔬菜、冰、鲜活植物等。

(2) 活动物，包括禽、畜、兽、蜜蜂、活鱼以及鱼苗等。

按照冷藏运输时的温度需求又可以分为冷冻货和低温货：

(1) 冷冻货。在冻结状态下进行运输的货物，运输温度的范围一般在−10 ℃～−20 ℃之间。

(2) 低温货。在还未冻结或货物表面有一层薄薄的冻结层的状态下进行运输的货物，一般允许的温度调整范围为−16 ℃～1 ℃左右。

5.1.2 冷链货物的性质及物流特性

1. 冷链货物性质

根据冷链货物的分类，可以分析得到以下冷链货物的性质。

（1）易产生化学变化

当易腐货物产生机械损伤后，如产生碰撞，会在受伤处发生氧化，使易腐货物由点及面发生腐烂。这一过程开始时只发生在破损的部位，货物最终腐烂变质的时间可能较长。

（2）微生物作用

当微生物在易腐货物内滋生繁殖，将引起易腐货物发酵、发霉、腐烂并产生有毒物质，使易腐货物失去价值。鲜肉、鱼等食品的品质衰减受微生物生长的影响较大。

（3）呼吸作用

呼吸作用是水果、蔬菜的衰老过程，这一过程中货物消耗本身的营养成分而导致腐败过程。

2. 冷链货物运输与物流特性

根据冷链货物性质，可以分析得到以下冷链货物运输特性。

（1）运输条件要求高

冷链货物容易腐烂变质，对运输过程中的环境条件要求较高，主要体现在对温度的要求上。一般易腐货物均对储运的温度范围有所要求，温度波动幅度不能过大，部分易腐货物对温度控制的要求极为严格，例如新鲜草莓的运输过程要求温度尽量保持在−0.6 ℃～0 ℃之间。对于长距离运输，可能存在昼夜温差以及地域性温度大幅变化的问题，因此对运输过程中的温度控制提出了较高的要求。

（2）货物运量受季节影响波动大

果蔬是易腐货物中极为重要的品类，而受气候或者货物本身性质的影响，部分果蔬的收获采摘具有明显的季节性。这就造成易腐货物运量受季节的影响出现较大的波动。

（3）运输过程碳排放量高

为保证货物质量，冷链货物运输过程需要全程制冷控温，因此产生碳排放量远高于普通常温运输。

5.2 冷链货物场库布置与仓储要求

5.2.1 冷库布置

冷库是低温条件下储藏货物的建筑群。冷库要为冷链货物冷却、冻结、储存建立必要的温度、湿度、卫生等条件，在冷藏链中起着重要的作用。冷库应有合理的结构、良好的隔热，以保证货物储存的质量。冷库的布置是按照冷库的性质进行的，必须符合物流的工艺流程，既能方便生产管理，又要经济合理。

1. **平面布置**

进行冷库平面布局设计时，常采用冷链物流作业的流线设计方案对其区域进行合理划分。常见的平面布局模式主要分为三类：

（1）I形布局

I形是最简单的一种流动模式，拥有独立的进、出货区，分别分布在建筑物两侧，直进直出。建筑物只有一跨，设备沿通道两侧布置，物流作业设施按箭头的方向顺序布置。I形冷库布局如图5.1所示。

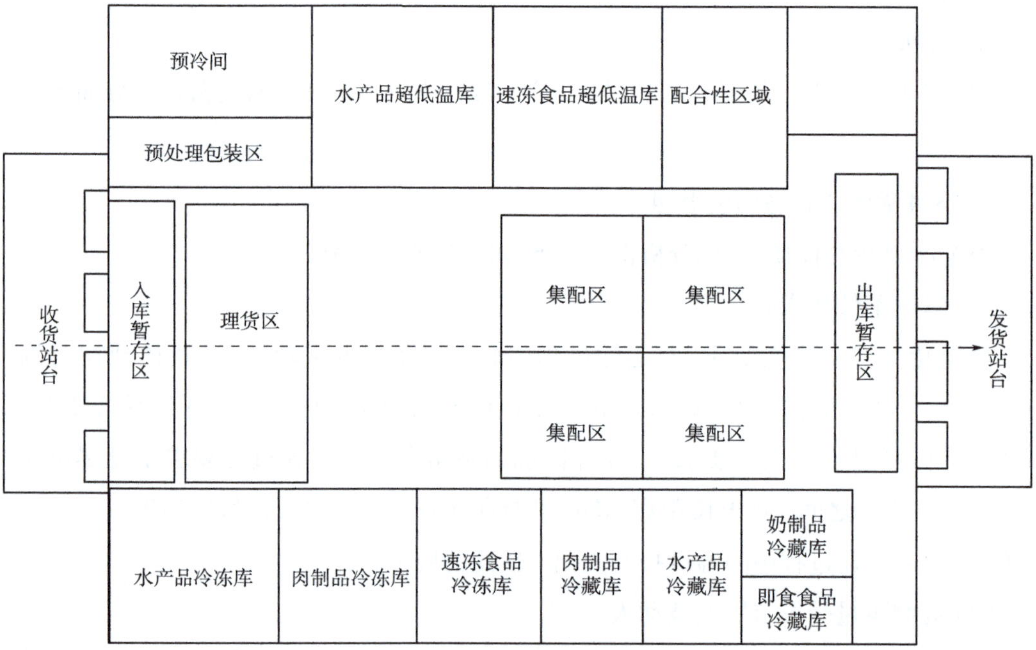

图 5.1　I 形冷库布置图

I形布局内部结构布置简单；各运作动线平行进行，通行便利；人流或货流之间的冲突交叉点较少，可减少作业过程中搬运设备相撞与拥堵情况的出现，作业流线不迂回。但该布局形式冷库内部空间利用率较低；冷库的整体运输路线较长，进出货站台位置距离相隔较远，影响运作效率；储存区被分在主通道的两侧，不利于对冷藏库的统一控制管理，增加了隔热围护结构的外表面积。

（2）L形布局

L形布局的进货区和出货区设置在仓库相邻的两侧，货物由进—存—出形成了一个类似“L”形的移动路线。冷藏区集中布置在同一区域，其他作业区域沿入库站台至出库站台的L形依次布置，一般适用于现有设施不允许直线流动的情况，同时适用于快速流转的货物。L形冷库布局如图5.2所示。

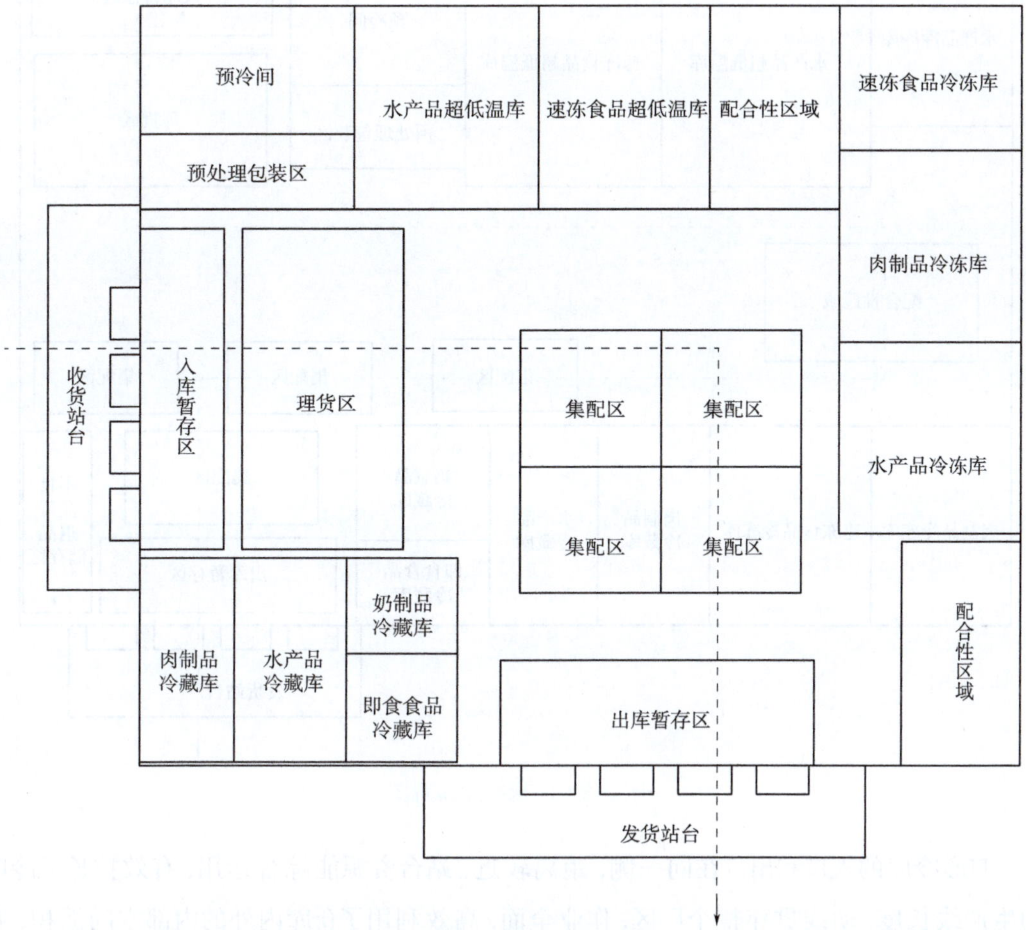

图5.2 L形冷库布置图

L形布局充分利用了冷库的内部空间；接发货区相对集中，方便仓库设施和机械设备的使用，加快信息的传递速度，方便工作人员之间的沟通与联系，便于实现统一管控；储存区集中在一个区域，可以适当节约隔热围护结构的外表面积，以及方便对存储货物进行监测和管理，人流以及货流之间的冲突交叉点较少，能及时应对货物的快速流转问题。其缺点是部分区域距离出货区较远，货物出入库效率会相对降低。

(3) U形布局

U形布局的进货区和出货区在仓库的同一侧，货物由进—存—出形成了一个类似U形的移动路线。U形冷库布局如图5.3所示。

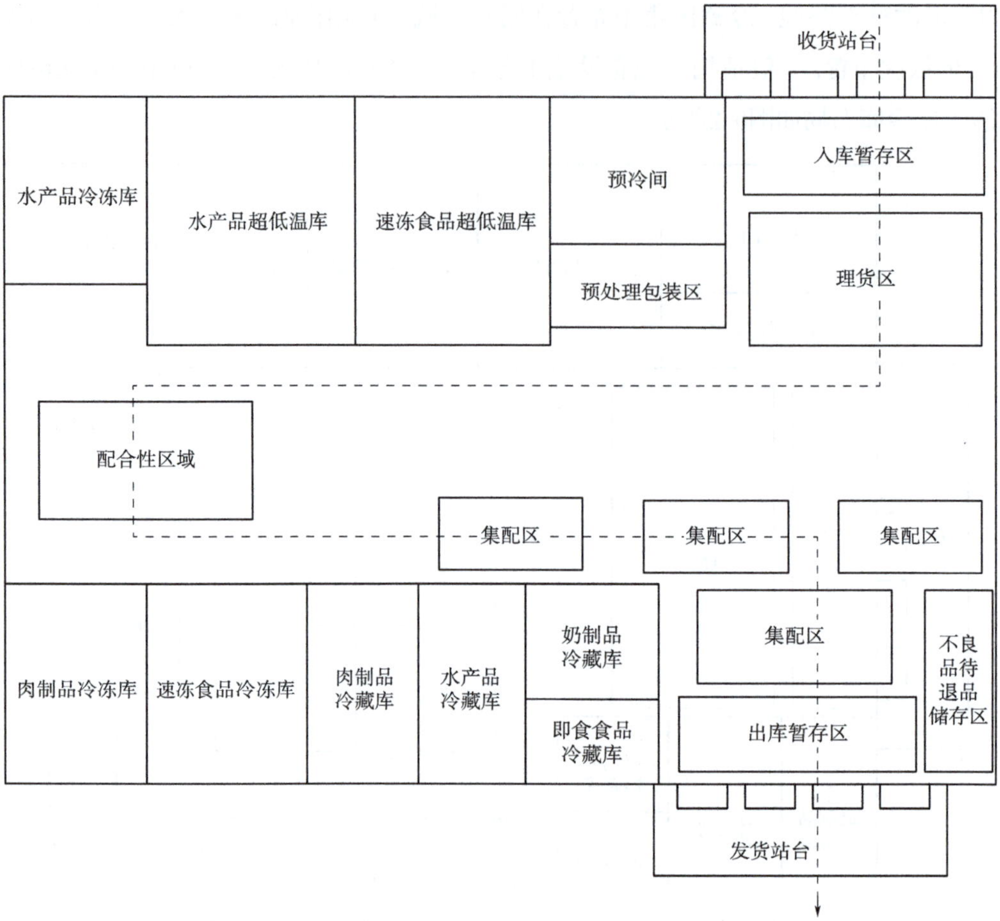

图 5.3　U 形冷库布置图

U形冷库的入口和出口在同一侧，距离较近，站台资源能综合运用，有效拉长了冷库的生产线长度，动线贯穿整个厂区，作业全面，高效利用了仓库内外的内部空间面积，布局紧凑，补货方便。但其作业动线过于迂回，徒增了许多不必要的搬运作业，运作效率相对较低，冷库扩建弹性较差。

2. 装卸区域

装卸区域是货物及人员进出的主要通道，是冷库的第一道“防线”。其主要功能是在最大程度降低冷量损失的基础上，允许货物高效进出，同时保证工作人员的安全通行。冷库进出货作业时，要保持“冷链不断”，在装卸口设置保温滑升门、装卸货平台、门封门罩、货车限位器等设备非常必要，提高货物装卸效率的同时，有效减少开门时外界热量和湿气的侵入。图5.4为冷库进出货装卸区域设施。

冷库保温滑升门是通行口的门户，也是冷库中最“繁忙”的设备，一般安装于0 ℃～10 ℃的低温穿堂区，解决冷库密封保温的问题。图5.5为PVC保温快速门。

图 5.4 进出货装卸区域设施

图 5.5 PVC 保温快速门

充气式门封在车厢尾部周围进行充气膨胀并提供较好的密封效果，如图5.6所示。其宽度及高度调节范围较大，适用于各种货车底盘高度，可以有效解决不同规格车厢的密封问题，减少恶劣天气对装卸作业的影响，为整个装卸操作过程持续提供防护。

图 5.6 充气式门封

冷库门是冷库的重要设施之一，也是冷库进出货物的通道，具备良好的隔热性能、气密性能、快开快关及防撞性能。冷库门如图5.7所示。

图 5.7　冷库门

5.2.2　仓储要求

仓储管理可以解释为对物品的保管、存储和控制等。仓储管理一般会使用某一个特定的场所（比如仓库），通过克服从产品的生产到终端消费市场的供应链条中的时间差异，最大程度保证产品的供需。

仓储可以分为静态和动态两种模式，静态仓储主要针对不易腐烂、不用保鲜的产品，将该类产品存放于指定的场所；而动态仓储主要针对易被消耗的产品，运用特定的仓库，对产品进行保管、控制和配送等一系列管理措施。冷链物流的运作过程中主要是通过冷库进行的动态仓储。冷链物流的仓储作业和普通仓储大致都可以分为入库作业、在库管理和出库作业三个步骤。

由于冷链货物的特殊性，冷链物流的仓储作业具有一定的特殊性，其要求远远高于普通货物仓储。一般具有以下特征：

1. 货物仓储前需进行预冷

冷链物流的仓储作业入库流程中，除了一般的查验、点数外，还要查验货物内部新鲜状态，并记录货物温度。货物需要经过预冷之后才可进入冷库，防止高温货物吸冷造成库温升高，从而影响整个冷库的储藏条件。

2. 用于仓储的冷库对低温和湿度要求十分严格

冷库储藏的均是生鲜食品、生鲜农产品、肉类、水产等，均有易腐、易损耗的特点，不能久放。此外，食品、农产品等的新鲜度直接取决于环境温度是否合适，在储藏和运输过程中需要全程使用冷库，才能保证产品的品质。因此在库存管理流程中，保持干净度、及时发现并处理积水、结冰、挂霜等现象极其重要。还要定时做温度测试，尽可能减少温度波动，做到严格控制库温，并通过合理通风换气以保持库内有合适的养分和湿度。

3. 对仓储建筑的构造有较高的要求

冷库一般为了确保储运货物过程中温度和湿度的稳定性，需要有特殊设施，如制冷装置以及隔热防潮等设施。

4. 不同种类货物需要分类储存

不同种类的生鲜农产品以及易腐食品等，一般有不同的最佳冷藏和冻结温度，因此在入库时需要对不同的产品进行分门别类的放置，起到控制不同的储藏温度、湿度以及避免不同物品之间相互影响的作用，从而达到生鲜产品的理想储存效果。

5. 出库作业需在低温时段进行

冷链货物出库作业流程中，需要对货物进行归类、分拣、计量以及质量检验等人工作业。但冷链运输的货物需要恒定的冷藏温度，仓库频繁进行开关门很容易造成库温不稳定，从而影响产品新鲜度，因此出库时最好选择气温较低的时间段进行，并且需要减少开关门次数并以最快速度保证产品出库并迅速移至分发间。

5.2.3 自动化冷库

自动化冷库管理与控制系统的主要任务是对具体仓库中货位等基本信息进行管理，优化仓库储存的效率，管理商品在库中的经济情况并控制冷库中的自动化设备，实现冷藏库中商品的自动出入库和储存操作。

1. 立体自动化冷库的概念及组成

立体自动化冷库是指由电脑控制的全自动化冷库，采用预制装配式隔热维护结构的冷库内设有多层高位货架，供存放货物的托盘使用，搭载于托盘上的货物的堆垛依靠受电脑指令控制的高架起重机以及平面输送带完成作业。冷库内装有空气冷却器，保持库内货物需要的设定温度。立体自动化冷库是冷链物流系统的重要组成部分。自动化立体冷库包括冷库管理自动化和入库出库的作业自动化。所谓冷库管理自动化，包括对货箱、账目、货格及其他信息管理的自动化。入库出库的作业自动化，包括商品的自动识别、自动认址、货格状态的自动检测以及堆垛机各种动作的自动控制。

自动化立体冷库主要由库房、堆垛起重机、出入库运输机、控制计算机、状态检测器等部分组成，必要时还配有信息输入设备如条形码扫描器等。

2. 自动化冷库设备

(1) 分拣设备

如今有越来越多的自动分拣系统与拣选设备应用于冷链物流中心。所谓自动分拣设备指的是受到自动控制的一套机械分拣装置，它是由接受分拣指令的控制装置、把到达分拣位置的货物取出的搬送装置、在分拣位置把货物分送的分拣装置和在分拣位置存放货物的暂存装置等组成。分拣设备外观如图5.8所示。分拣作业只需通过键盘向控制装置输入分拣指令，其余的全部由机械装置执行完成。目前比较常用的分拣控制技术是扫描识别技术，在货物的固定位置上贴有某种标识，货物到达分拣位置，扫描仪对标识扫描识别，然后按事先设定的程序操作使货物按指定路线运到指定的位置。采用自动分拣装置使分拣处理能力提高，准确率也大大提高。

图 5.8　分拣设备

低温物流中心一般采用RF、电子标签辅助拣选系统等拣选设备，会用到很多数据终端设备。这些专为严酷的冷链环境而打造的移动数据终端，非常适合高强度分拣扫描，采用了内部加热系统和屏幕除冰技术以及特制电池组，能够优化产品操作生命周期和操作员进出冷冻环境的可用性，能够在−30℃的低温环境下正常运行。

从物流技术发展趋势来看，现代化冷库分拣设备基本上朝着无人化、高效率、高周转率、节能、环保等方向实现技术水平的提升。

图 5.9　机器人

(2) 机器人

在物料处理系统中，机器人主要用于货物分类、成组载荷。在分类作业中，机器人能够记忆位置、识别垛形，把指定位置的货物取出后放到输送机上。在成组作业中，机器人能够按成组要求，把有关的货物集中到一起，如图5.9所示。此外，在恶劣环境中，如高温、有毒气体等会危害人员身体健康的场合，可由机器人替代人工进行装箱打包等作业。机器人操作的高准确率和高速度在自动化分拣作业中起着重要作用。

（3）活动货架

货架用于存放货物，而活动货架可以让存有货物的货架移动到分拣位置，综合存储功能与运输功能，减少人力消耗。活动货架的工作原理是尽可能地利用物料重力产生一个滑动力，使物料自动向前移动。所以活动货架都设计成后部高于前部，货物从后部装入，逐步向前移动，这对于先进先出的库存管理是非常有利的。活动货架如图5.10所示。

图 5.10　活动货架

3. 自动化冷库优势

（1）堆垛效率高。现代化冷库采用高速堆垛机，最快水平速度为120 m/min，升降速度为60 m/min，货叉伸缩速度为32 m/min。

（2）信息化设备的应用使操作简单化。人机界面显示操作步骤与作业状况，既可手动操作又可联机操作。

（3）冷库设备保养维护准确迅速。利用系统的自动诊断功能及自检故障诊断系统，可迅速准确地对设备进行保养维护管理。

（4）货物处理全面多样。自动化冷库的设备主要有固定货物存放台、无人搬运车及出入库运输机，能够提高货物处理效率。

（5）仓库利用率及管理水平较高。立体仓库的单位面积储存量为普通仓库的4～7倍，提高了仓库管理水平，减少货损，优化库存，缩短周转期，节约资金。

图5.11、图5.12分别为库架合一的自动化冷库以及高密度存储的穿梭式货架系统。

图 5.11　库架合一的自动化冷库

图 5.12　高密度存储的穿梭式货架系统

5.3　冷链货物的装卸与搬运

5.3.1　冷链货物的主要作业设备

1. 堆垛作业设备

(1) 电动叉车

电动叉车的动力装置是蓄电池和直流串激电动机，其牵引性能优于内燃机。电动叉车如图5.13所示。此外，运转平稳无噪声，不排废气，检修容易，操纵简单，营运费用较低，整车的使用年限较长。由于冷库内内燃机启动困难，且与普通的物流作业相比，冷库特殊的低温作业环境，对叉车的性能有更高的要求，因此冷链货物升降作业过程基本使用具有特殊技术特征的电动叉车。

图5.13 电动叉车

冷库用电动叉车具有以下技术特点：

①使用可靠电器元件。电气元件采取的主要措施是防冻防锈，开关尽量采用非接触式，电缆线采用特殊橡胶表皮外装，防止硬化变质，运用内部加热元件，保持关键元件的干燥环境。

②防冷凝水措施。叉车的控制设备被安全装在密封的箱体中，这可有效避免冷凝现象而造成水滴凝结，并防止侵蚀控制设备的情况发生。

③防锈防腐蚀措施。对金属结构件进行喷丸处理、漆膜强化处理等，车身铁板在底漆喷涂的基础上，可以进行耐低温防锈保护层喷涂，以此应对出入库作业的巨大温差。

④耐低温性能油脂。为了防止低温作用下产生的硬化现象，工作液压油采用低温环境下改变其黏度特性的特种液压油，润滑脂也要选用具有较好低温特性的润滑油脂。

⑤低温环境下的防滑措施。在低温冷库中，叉车可以采用专用的防滑轮胎。前移式叉车驱动轮直径比平衡重叉车驱动轮直径小，防滑性能差，因此，在冷库前移式叉车轮胎应具备带防滑套的聚氨酯轮胎，确保叉车在冻结路面上充分发挥驱动力和制动力。

（2）智能装卸提升机

智能提升机是一种具备智能化控制功能的吊装设备，操作方式灵活多样，包括手柄模式和悬浮模式，通过快速搬运和精准定位物料，提高了操作安全性和工作质量。智能提升机具有许多优点，包括高效性、精准性、可靠性、智能控制、适应性强和节省成本。智能提升机能够精准定位和运输货物，将货物准确移动到指定位置，保证了物流过程的精准性和可靠性。智能装卸提升机如图5.14所示。

图 5.14　智能装卸提升机

2. 传送作业设备

（1）电动托盘车

电动托盘搬运车是物流仓储行业常用的一种搬运设备，其外形如图5.15所示。它由整体式电机驱动系统、液压动力单元、MOS管电控元器件、蓄电池、货叉起升系统、安全保护系统和车轮等部分组成，可大大提升货物搬运效率。

图 5.15　电动托盘搬运车

电动托盘搬运车相较于传统托盘车有如下技术特征：

①采用电动液压泵进行升降，使用电控或者电阻式电控进行行驶速度的调节。

②有带踏板和不带踏板的多种规格。

③行驶电机的安装方式有直立式和卧式电机两种。

④部分电动搬运车安装有转向助力系统，转向操作更灵活。

⑤电动搬运车适用于重载及长时间货物转运，可大大提高货物搬运效率。

(2) 伸缩式皮带传送机

伸缩式皮带输送装车机是一种采用伸缩式的皮带系统，通过将货物从一个位置转移到另一个位置，实现高效的装卸作业。其主要组成部分包括输送带、伸缩机构、驱动装置和控制系统等。伸缩式皮带传送机如图5.16所示。

图5.16　伸缩式皮带传送机

3. 装卸搬运设施

(1) 移动登车桥

移动式登车桥是用于与货车车厢桥接的辅助设备，在物流行业运用十分广泛，只需单人操作，不需动力电源，即可实现货物的安全快速装卸。它广泛用于无装卸设备的货台及流动装卸场所，是与叉车配合使用的货物装卸辅助设备。利用移动登车桥，叉车可以直接驶入集装箱进行快速的货物装卸。移动登车桥如图5.17所示。

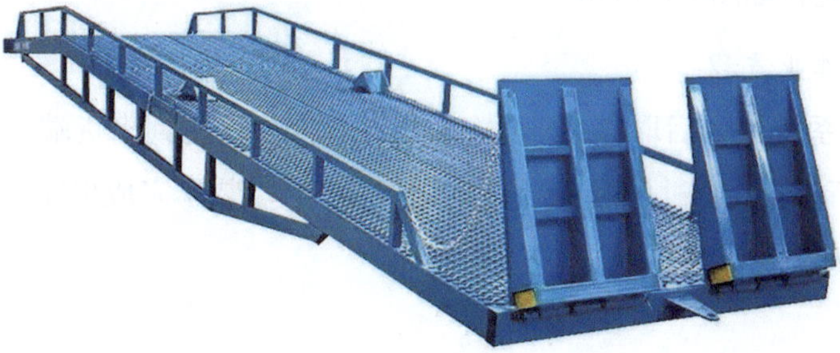

图5.17　移动登车桥

（2）装卸平台

装卸平台的主要作用是将封闭式月台和冷藏车连成一个整体，方便叉车的机械化门对门作业。在装卸月台上，装卸平台位于保温滑升门下方，平台与基坑之间的缝隙、暴露于室外的平台底部都会导致热负荷的增加。

伸缩式液压装卸货平台是最近五年冷库物流设施的主要选择，可以安装在冷库滑升门内侧，门关闭后直接落至基坑底部，用于隔断室外与室内的空气对流，从而实现卸货位的全密封。平台舌板可灵活伸缩，广泛适用于各种车辆的搭接。图5.18为伸缩式液压装卸货平台。

图 5.18　伸缩式液压装卸货平台

5.3.2　冷链货物的出入库作业流程

1. 入库卸货作业流程

厢式货车到站台后进行卸货，通过伸缩皮带机运送至码盘作业区，人工取得空托盘，在码盘作业区码盘。叉车司机将码好盘的托盘运送到传输带上，进行外形检测。如果外形检测符合要求，在输送线上进行薄膜缠绕，缠绕后通过输送线将托盘货送至指定位置，等待堆垛机取货。堆垛机接到命令后，取货送至指定的货架，完成入库卸货作业。入库卸货作业具体流程如图5.19所示。

2. 出库装货作业流程

堆垛机接到系统命令后取货，送至输送线，由输送线送到出货端，冷库的叉车取货到发货站台，进行拆盘，通过伸缩皮带机运送货物出库，装车完成出库装货作业。出库装货作业具体流程如图5.20所示。

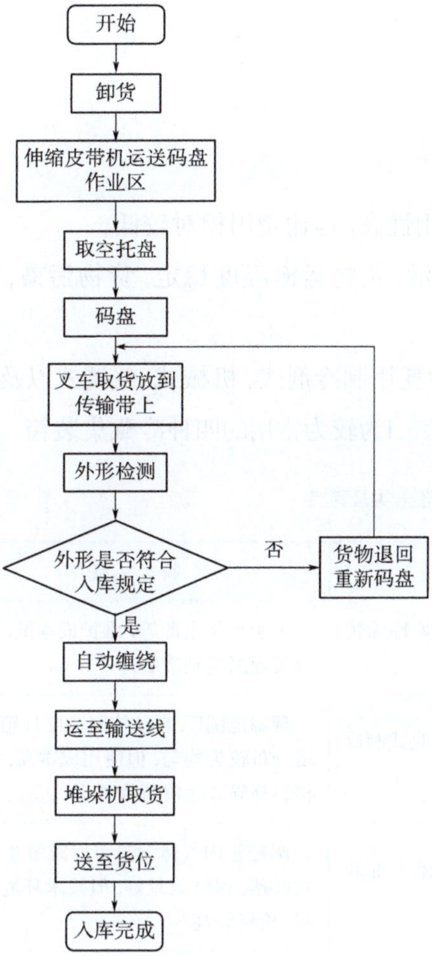

图 5.19　入库卸货作业流程图

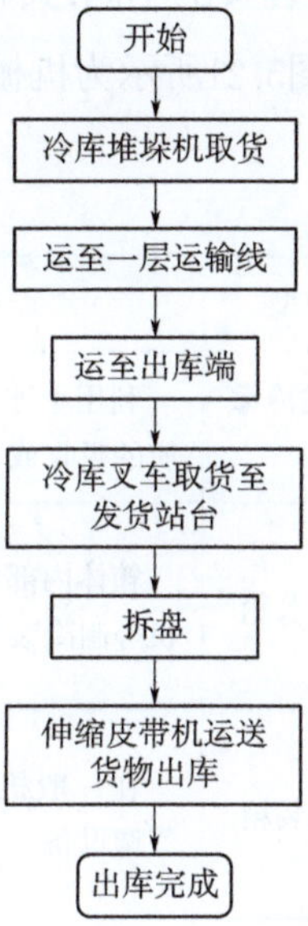

图 5.20　出库装货作业流程

5.4　冷链货物载运工具

5.4.1　冷藏集装箱

1. 冷藏集装箱概念及分类

冷藏集装箱作为集装箱的一种，在运输过程中可以保持恒定低温环境，是具有良好保温功能的特殊集装箱，适用于易腐货物的运输和储存。在多式联运转运过程装卸时可以直接将整箱货物吊装，运输调度灵活、运输成本较低，且运输途中无须换装，实现直达运输，同时可以作为移动冷库来存储易腐货物，用于调节市场供应。

冷藏集装箱一般采用镀锌钢结构，箱内壁、底板、顶板和门由金属复合板、铝板、不锈钢板或聚酯制造。可控温度范围一般为−30 ℃～20 ℃。冷藏集装箱一般具有以下

特点:

(1)可用于多种交通运输工具进行联运。

(2)可以从产地到销售点实现直达运输。

(3)一定条件下可以当作活动式冷库使用。

(4)使用中可以整箱吊装,装卸效率以及适用性高,运输费用相对较低。

(5)营运调度灵活,使用经济性强,装卸灵活、货物运输温度稳定,货物污染、损失低,可适用于多种载运工具。

根据制冷装置的不同,冷藏集装箱可以分为耗用制冷剂式、机械式、气调式以及低压式等类型。如图5.21所示为机械式冷藏箱结构。表5.1为较为常用的四种冷藏集装箱。

表 5.1　常用冷藏集装箱分类及特点

冷藏集装箱类型	制冷装置	特　点
耗用制冷剂式冷藏集装箱	利用干冰、液氮、液体二氧化碳等特殊物质的吸收或放出热量进行制冷	无须外接电源等,维护成本低,但较难实现温度精准制冷
机械式冷藏集装箱	箱体内部设置如制冷压缩机和吸收式制冷机等制冷装置进行制冷	调温范围广、自动控制温度且箱内温度分布较为均匀,但使用成本高,且风机容易导致生鲜货物脱水
气调式冷藏集装箱	在一般机械式冷藏集装箱的基础上加装气调设备	调控箱内气体含量可以减缓生鲜货物成熟,保鲜效果好,但技术环境要求高、价格较高
低压式冷藏集装箱	箱体装置由制冷系统、真空系统和动力系统组成	低压环境进行储运与气调式冷藏集装箱相似,但需要进行换气

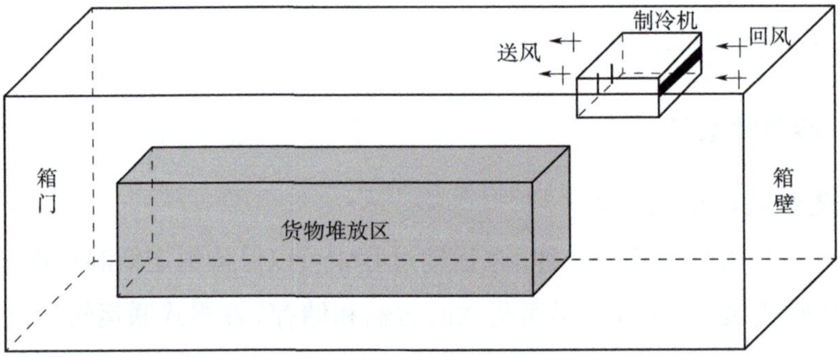

图 5.21　机械式冷藏箱结构图

冷藏集装箱用于货物的长距离输送,结构坚固,能够承受环境的变化,而且还具有制冷装置自动化程度高,能够及时自动进行冷却、加热以及除霜操作,箱体内的流场调控准确,箱体壳体抗震性高的特点。

2. 冷藏集装箱适箱货物

冷藏集装箱既有普通集装箱的功能，也具有自身保温控温的特有功能，因此广义的冷藏集装箱适箱货物包括需要保温控温的货物（以易腐货物为主）以及普通集装箱的适箱货物。就技术水平而言，冷藏集装箱可以运输其他冷藏工具适运的全部货物，具有较为广泛的适箱货物。结合研究现状，将冷藏集装箱适箱货物分为易腐货物与特殊货物，并将冷藏集装箱适运的易腐货物进一步分为未冷却货物、普冷货物以及冻结货物三类。

（1）易腐货物

①未冷却货物，指运输温度较高的冷链货物，一般温度需要控制在0 ℃～10 ℃，包括果蔬等易腐货物。

②普冷货物，指储运过程中需要低温冷藏的货物，一般温度在−18 ℃～0 ℃之间，主要包括部分冻鱼、冻肉和冰鲜水产品等。

③冻结货物。储运过程中温度一般要求保持在−18℃以下，包括速冻食品、部分冻肉、冻水产品、冰激凌等。

（2）特殊货物

除易腐货物以外，部分特殊货物需要在低温环境下进行运输，如部分摄影材料、医疗器械等。

3. 冷藏集装箱主要类型

（1）新能源锂电池冷藏箱

新能源锂电池冷藏箱采用新能源锂电池作为制冷系统动力源，应用先进的直流变频制冷机组，电气控制技术，节能环保，−20 ℃～25 ℃全范围温控，可用于冻货、各种新鲜果蔬冷链货物多式联运，方便快捷，实现“门到门”运输。新能源锂电池冷藏箱如图5.22所示。

图 5.22　新能源锂电池冷藏箱

(2) 45 ft冷藏集装箱

45 ft冷藏集装箱(如图5.23)可满足公、铁、水路联运要求，主要用于满足有冷藏、保鲜要求的食品、药品、果蔬等物品较长距离的运输。该产品自带冷机及油箱，加油一次可持续运行10 d，并采用智能化、信息化技术，实现了远程监控及控制冷机、GPS位置跟踪管理、集装箱运用管理以及物流信息管理。

(3) 40 ft隔热保温箱

40 ft隔热保温箱利用箱体自身优异的隔热性能保温运输，不消耗柴油等能源，超大容积，可用于牛奶、矿泉水、果蔬等大宗保温类货物铁、公、水路运输及其多式联运，加装智能化远程监控系统，可实时感知箱内温度及湿度，方便快捷，实现“门到门”运输。图5.24为40 ft隔热保温箱。

图 5.23　45 ft 冷藏集装箱

图 5.24　40 ft 隔热保温箱

(4)蓄冷型冷藏集装箱

蓄冷型冷藏集装箱运用箱体顶部储存的蓄冷剂释放冷量进行冷链货物运输。加装智能化远程监控系统,可实时感知箱内温度及湿度,方便快捷,实现铁公水路运输及其联运。图5.25为蓄冷型冷藏集装箱。

图5.25 蓄冷型冷藏集装箱

5.4.2 冷藏车

冷藏车是装有制冷装置和聚氨酯隔热箱的冷藏专用运输车辆,常用于运输冷冻食品(冷冻车)、奶制品(奶品运输车)、蔬菜水果(鲜货运输车)、疫苗药品(疫苗运输车)等。

1. 冷藏车制冷方式

(1)冰水或盐水制冷

利用大气压下冰的熔点低的特性吸热制冷保存。该方法的特点是制冷投资装置费用低,运行成本较少。缺点是冰水本身的生产需要耗能且吸收热量少。车厢内制冷有限,并且挥发之后会腐蚀车辆和运输产品。

(2)干冰制冷

该制冷方式的优点是装置简单运输成本低,使用方便,不会使车厢腐蚀或者污染货物,并且可以防止冷藏产品氧化。缺点是干冰挥发二氧化碳过多的时候会导致水果蔬菜等产品因呼吸困难而坏死,而且车厢内温度不易控制,干冰制作成本较高,损耗严重,应用不广泛。

(3)冷板制冷

该方法的原理是利用冷板中制冷剂的物理状态的变化对其进行储冷。该方式的特点是能够保持较低的温度,通常情况下冷板温度比车厢温度低10℃左右。缺点是冷板较为笨重，体积较大，影响载货量，保温持续时间短，温度不易实现精准控制，不适合较长距离的冷藏运输。

(4) 液氮制冷

该方式的特点是制冷装置简单，工作可靠无污染，制冷量大，温度控制更为精确，制冷迅速适合物品保鲜。缺点是需要经常注入，制作成本较高，不适合广泛使用。

(5) 空调制冷

该方式利用空调的压缩机、蒸发器、冷凝器等各个部件，对制冷剂进行压缩、冷凝、蒸发等过程对车厢内外进行热交换实现制冷。特点是温度可调，精确可靠，温度范围较宽，制冷时间长，可适用于远距离长时间的冷藏运输，不需要注入额外的气体，运载车厢空间一般较大，适合各种不同的货物。缺点是装置复杂，运行费用高。该方式是目前最广泛使用的制冷方式。

2. 冷藏车的主要类型

铁路冷链运输车类装备主要包括B_{10}型机械冷藏车、B_{21}型机械冷藏车、B_{22}型机械冷藏车、B_{23}型机械冷藏车、BX_{1K}型集装箱专用平车，BH_{10}型单节机械冷藏车等。主要车类装备参数见表5.2。

表 5.2 铁路冷链主要车型装备参数

参数	单位	B_{10}	B_{21}	B_{22}	B_{23}	BX_{1K}型集装箱专用平车
自重	t	41.1	38.5	38	38.2	20.4
载重	t	38	45	46	45.5	61
有效载货容积	m³	100	92	105	105	—
车内装载尺寸	mm	17 300×2 560×2 300	18 000×2 550×2 000	18 000×2 558×2 300	18 000×2 560×2300	13 800×3 070（承载面）
门孔尺寸	mm	2 700×2 300	2 700×1 900	2 700×2 300	2 702×2 306	—
冷藏间保持温度	℃	−24～14	−22～14	−24～14	−24～14	—
最高运行速度	km/h	120	120	120	120	120

(1) 机械冷藏车

目前，使用机械制冷方式的机械冷藏车在市场中占据主导地位。机械冷藏车采用隔热车厢，通过制冷机组的运行来维持车厢内部的温度。机械冷藏车的制冷机组一般包括制冷压缩机、蒸发器、膨胀阀和冷凝器等部件，各部件通过制冷剂管道进行连接，车厢内部采用风机进行强制对流换热。如图5.26所示为机械冷藏车制冷循环过程。

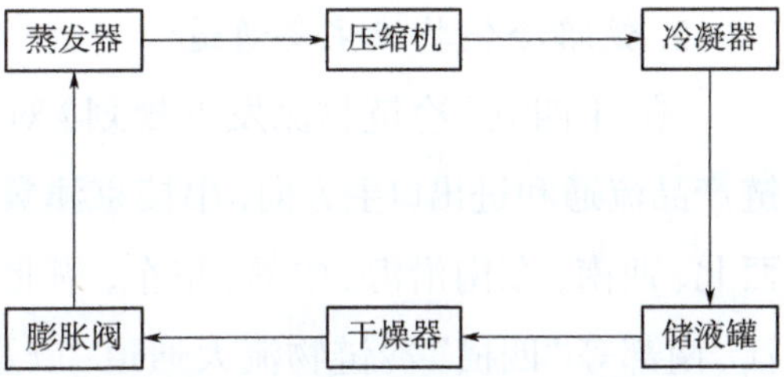

图 5.26　机械冷藏车制冷循环过程

（2）BH$_{10}$型单节机械冷藏车

BH$_{10}$型单节机械冷藏车（如图5.27所示）车辆载重60 t，容积达143 m^3，最高运行速度可达120 km/h，相比既有B$_{10}$型单节铁路机械冷藏车载重提高了56%，容积提高了43%。车辆综合地板承载能力高，可满足叉车机械化作业，装卸效率高。货间温度均匀性、防水性、气密性和隔热性方面做了优化提升，有力地保障了货物品质。

图 5.27　BH$_{10}$ 型单节冷藏车

5.5　冷链物流运输线网和运输组织方式

5.5.1　冷链物流运输线网

目前，我国铁路主要冷链发运货场主要集中在呼和浩特、乌鲁木齐及上海局集团公司等地。机械冷藏车发运站主要分布在新疆库尔勒、内蒙古呼和浩特、云南昆明、河南漯河、山东青岛及黑龙江地区，主要是不制冷保温运输。冷藏箱发运站主要分布在新疆地区、吉林图们、山东潍坊及青岛、安徽合肥北等地区。冷链物流运输线网与货源地以及冷链物流主要产业布局密切相关。

1. 我国冷链货物主要货源分布

从冷链货品产地分类上看，铁路冷链物流运输的市场主要集中于东北、山东、上海、广东的冻肉冻禽运输，沿海地区冻鱼运输，夏季新疆葡萄运输，以及食品加工厂的速冻食品、冰淇淋，肉制品运输等。

2. 铁路冷链物流主要通道

《“十四五”冷链物流发展规划》对我国冷链物流骨干通道规划如下：结合我国冷链产品流通和进出口主方向，串接京津冀、长三角、珠三角、成渝、长江中游等城市群与西北、西南、东南沿海、中部、华东、华北、东北等农产品主产区，建设北部、鲁陕藏、长江、南部等“四横”冷链物流大通道，以及西部、二广、京鄂闽、东部沿海等“四纵”冷链物流大通道，形成内外联通的“四横四纵”国家冷链物流骨干通道网络。

我国铁路冷链物流网络包括铁路冷链通道及载体物流基地，其中铁路冷链通道包括冷链运输主通道和冷链运输次通道。

（1）冷链通道

根据全国冷链运输强度，结合运量预测，依据沿线铁路载体城市冷链产品的产销情况，综合考虑铁路冷链运输综合成本，主要形成主次两级铁路冷链运输通道，见表5.3。

①冷链运输主通道。针对大批量、固定批次的运输需求，采取 “定点、定线、定时、定价、定车次”运输方式，降低时间成本，提高时效性，并且争取国家及地方政府财政补贴，建设我国鲜活农产品的“绿色骨干通道”，主要形成“两纵、两横、三放射”通道结构。

②冷链运输次通道。针对小批量、时效要求高的运输需求，重点采取冷藏集装箱的“特需班列”运输组织方式，保证优先装卸，确保运输到期限。冷链运输次干道主要围绕区域级铁路冷链物流基地向外发散形成“十三条”次要冷链通道结构。

表 5.3　我国铁路冷链物流通道规划表

类　别	通道名称		通道介绍
主要通道	二纵	宁哈冷链通道	凭祥/百色东/防城港—沙井—霞凝—吴家山—圃田—石工—保定—双桥—文官屯/南关岭—大屯—夏家—齐齐哈尔南—满洲里
		宁呼冷链通道	凭祥/防城港—沙井—百色东—王家营西—大弯镇—新筑+银川南—沙良
	二横	乌沪冷链通道	霍尔果斯—乌北—山丹—东川—阳平—新筑—李屯—圃田—商丘—六十里铺—肥东—江南货场—苏州西—南翔
		沪蓉冷链通道	南翔—苏州西—江南货场—肥东—六安—吴家山—荆州—白市驿—大弯镇—名山—(拉萨西)
	三放射	郑海冷链通道	圃田—吴家山—莲塘—赣州东—大田—湛江—海口南
		郑青冷链通道	李屯—圃田—菏泽—董家镇—潍坊—即里
		郑夏冷链通道	圃田—吴家山—莲塘—杜坞—前场

续上表

类 别	通道名称	通道介绍
次要通道	十三支线	亚乌勒克—乌北
		蒙凝—湖潮—王家营西
		海口南—防城港—沙井—湖潮—白市驿
		圃田—白市驿
		肥东—杭州北—宁波北
		东川—曹家堡
		沙良—张家口南—双桥
		晋南—北六堡+晋北—双桥
		即墨—潍坊西—董家镇—保定—石工—北六堡
		加格达奇—齐齐哈尔南—通辽—汐子—双线—保定
		南关岭—文官屯—通辽支线
		佳木斯—夏家支线
		磨憨—王家营西支线

(2) 载体物流基地

综合分析主要运输通道上的地区经济总体水平、冷链货品生产市场规模、冷链市场需求规模、地区货运量规模、铁路场站条件、国家特殊政策扶持等24个指标体系，确定铁路冷链物流基地82个。其中区域级铁路冷链物流基地14个，地区级铁路冷链物流基地68个。

3. 冷链物流主要产业布局

(1) 顺丰冷链布局

顺丰的冷运业务主要聚焦于食品生鲜与医药物流两个领域，目前已经搭建了冷运宅配网、冷运城配网、冷运干线网及冷运仓库网。冷运仓库网提供冷冻/冷藏仓储服务，冷运干线网提供冷运仓库间直发服务，冷运城配网往来于冷运仓库与重点城市之间，冷运宅配提供门到门的服务。依托搭建的四个冷运网络，顺丰目前涉足了多种冷链配送服务，如医药商配、医药零担、医药专车、医药专递、冷运到家、冷运零担、冷运到店、冷运专车等。

顺丰冷运目前已设立约380个分支机构，已经覆盖超过180个城市以及周边区域，业务覆盖食品、医药行业的生产、电商、经销、零售等多个领域。顺丰已建立61座食品冷库、174条食品运输干线，2座医药冷库、22条医药干线，贯通东北、华北、华东、华南、华中、华西等重点核心城市。

顺丰优选冷链物流支持配送从最初的11个，逐步扩展到现在的48个。具体配送城市分布见表5.4。

表 5.4　顺丰优选冷链配送城市具体分布汇总

省　份	城　市	省　份	城　市	省　份	城　市	省　份	城　市
北京	北京	上海	上海	江苏	南京 镇江 无锡 南通 苏州 扬州 常州 泰州	广东	广州 东莞 阳江 汕尾 江门 茂名 韶关 惠州 汕头 珠海 佛山
天津	天津	浙江	衢州 杭州 湖州 嘉兴 绍兴 宁波 台州 丽水 温州 舟山 金华	广东	肇庆 湛江 中山 河源 云浮		
河北	石家庄 张家口 保定 承德 廊坊 唐山 沧州 秦皇岛 衡水						

可以看出顺丰优选在发展中以北、上、广、深为核心，构建一线、二线等城市冷链物流配送体系。

（2）京东冷链布局

京东以冷链存储网络、冷链运输网络、冷链配送网络的“三位一体”综合冷链基础网络体系为平台，以智能化温控技术和冷链设备为核心，提供集成化、智能化、网络化和个性化的冷链物流服务。京东还建立了“双48小时”全球航线网络、八大物流枢纽和30个全球供应链节点，实现全球互联的近千条国际运输线路。此外京东冷链以仓储网络为节点，形成了完整的运输及配送网络，在各个节点之间提供整车和卡班运输，提供优质、高效的专属快递服务及生鲜本地送货上门服务。

目前京东冷链物流网络已覆盖300多个城市。京东物流已在10个城市建立了13个冷链仓，分布情况见表 5.5。

表 5.5　京东冷链物流 13 个冷链仓分布情况

区　域	冷链仓所在城市
华南区	广州
西南区	成都
西北区	西安
华中区	郑州、武汉
华东区	上海、南京、杭州
华北区	北京
东北区	沈阳

4. 冷链物流运输多式联运网络

（1）网络结构

冷藏运输服务网络是基于一般线网条件下建立起来的，具有一般线网的特点，同时也有一定的区别。从图层的角度去看冷藏运输网络的组成，冷藏运输网络可以看作公路运输网络、铁路运输网络、海运运输网络、航空运输网络四种网络的结合，不同网络结合节点需要满足基本的冷藏技术设备条件。

冷藏运输对技术设备条件要求高，并非所有的一般的运输线网节点、枢纽点都会设置冷藏设备，而是要基于需求与供给去设置。目前来看，冷藏运输采用公铁联运较多，国外进口的一些医药、肉制品、海鲜等会涉及一些海铁联运。

基于公路运输的灵活性，一般公铁联运中“门到站”“站到门”由公路运输方式承担，而铁路运输更适用于中长距离的运输。冷链运输服务主要包括运输起点至铁路车站货物接取服务、铁路车站至铁路车站的运输服务、铁路车站至运输终点的货物送达服务、运输起点至运输终点的公路直达服务。在实际的运输过程中，有多种运输工具在不同类别的运输网络线路上进行协作，共同完成运输任务，冷链集装箱多式联运网络结构如图5.28所示。

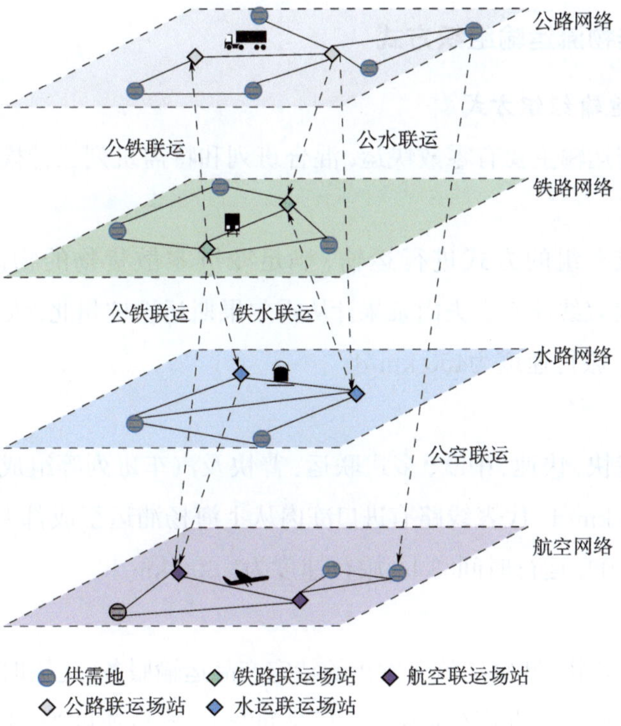

图 5.28　冷链集装箱多式联运网络结构

（2）网络特征

冷链物流运输网络除了具有一般物流运输网络系统的特征外，因其运输产品的特殊性，还包括如下特征：

①服务性

冷链物流运输网络系统运作的目标是将冷链货物以最低成本、在有效时间内、在保证品质的前提下完好地从供给方送达需求方，逐步实现“按需送达、响应及时、零库存、短在途时间、无间歇传送”的理想物流业务运作模式。

②专业性

冷链物流运输网络，因其所运输对象的特殊性，决定了运输工具必须具有高度的专业性，而且相应的仓库必须是冷藏仓库，中转点也必须具备冷藏条件，更重要的是冷链物流运输的管理，必须具备物流运输专业背景的人才才能胜任。

③信息性

冷链物流运输网络中信息流在整个物流过程中起到了事前计算相关运输路径，对输送过程进行全程监控，对结果进行事后的分析和反馈，对整个冷链物流过程起着引导和整合的作用。

5.5.2 冷链物流运输组织方式

1. 铁路冷链运输组织方式

目前铁路冷链运输主要有零散快运、混合班列和特需班列三种模式。

（1）零散快运

以整车、箱或车组的方式进行运输，满足冷链零散货物的物流需求，速度约为400～600 km/d。代表线路有农夫山泉果汁从霍尔果斯运至杭州北，大部分为零散运输，运行时间10～11 d，旅行速度为450 km/d。

（2）混合班列

冷链货物与特快、快速、中欧、多式联运、普快及汽车班列等组成混合班列，旅行速度约为800～2 200 km/d。代表线路有进口冻肉从上海杨浦运至成都大湾镇，挂靠既有多式联运班列X8710/09，运行时间33 h，旅行速度为1 600 km/h。

（3）特需班列

针对大宗冷链货物，铁路物流开发出的特定产品运输服务，运输时间约为800 km/d。具体代表线路有图们至金港班列运输，运行时间23 h，旅行速度为1 100 km/d，百色至大红门果蔬特需班列，线路运行时间为3 d，旅行速度约为800 km/d。

2. 冷链物流多式联运组织方式

（1）冷链物流多式联运组织特点

冷链物流多式联运是指综合多种运输方式，充分发挥不同运输方式各自经济模式，在运输全流程保证货品的低温环境确保品质，带给消费者经济快速的服务。冷链物流多

式联运特点如下:

①运输设备要求高。由于冷链运输货物尤其是食品在进行运输时,需要全程控温,温度变化幅度要求严,所以冷链集装箱在进行运输和转运时必须保持温度恒定,否则会使货物受损。

②运输时限要求严。在进行国际生鲜食品多式联运时,由于距离较长,所以运输时间也会随之增加,然而进行冷链运输的货物会因为时限的变化而变化,为了尽量减少货损率所以对运输时限要求高。

③货物运量波动大。生鲜是目前国际多式联运贸易中主要的运输种类,不同的生鲜食品成熟时期不同,因此会影响货物运输需求。

(2)冷链物流多式联运组织形式

在冷链物流多式联运过程中,可以根据运输范围的不同,将组织方式分为冷链物流国际多式联运和国内多式联运。

冷链物流国际多式联运:

①海陆联运。海运与陆运相结合,包括“海铁联运”和“公海联运”。由于海运是目前国际运输中最主要的运输方式,因此海陆联运是目前冷链物流国际多式联运的主要组织形式。

②大陆桥运输。即中间是公路或铁路,两端是海运。目前主要的大陆桥有西伯利亚大陆桥、新亚欧大陆桥以及北美大陆桥。

③其他路桥运输形式。例如小陆桥和微桥运输等。

冷链物流国内多式联运:

①公铁联运。以集装箱为运输单位,采用公路与铁路运输方式的结合。优点有手续简单、责任统一、节省运费、降低运输成本、提高运输组织水平,实现连续运输。

②公水联运。采用公路与水路运输方式的结合,实现了内陆与港口地区的集装箱运输,通常建在内河比较发达的地区。

③铁水联运。开展铁水联运,一方面有利于运输效率的提高,减少一定的物流成本,另一方面有利于“一带一路”的建设。

④公铁水联运。包括三种运输方式之间的联合运输,优点是成本低、灵活、方便、低碳。

3. 冷链物流“前置仓”运作模式

(1)“前置仓”运作模式概念

生鲜电商的配送具有冷链成本高、批量小、频次多、损耗高、“最后一公里”保鲜难等特点，生鲜配送的难度大。因此，冷链物流配送的网络半径应该适当，控制成本，针对“最后一公里”配送问题，很多生鲜电商企业首选“前置仓”配送模式。

“前置仓”配送模式具体表现在，生鲜电商企业选择在靠近消费者的地方建设前置仓，利用大数据分析购买波动率，前置购买频次高的生鲜产品，企业根据消费者在线上的下单情况选择就近的前置仓为其配送，区域配送中心为附近的生鲜电商前置仓补货。生鲜产品冷链物流前置仓配送系统包含四个节点：供应商、区域配送中心、前置仓、终端消费者。“前置仓”模式具体配送结构如图5.29所示。

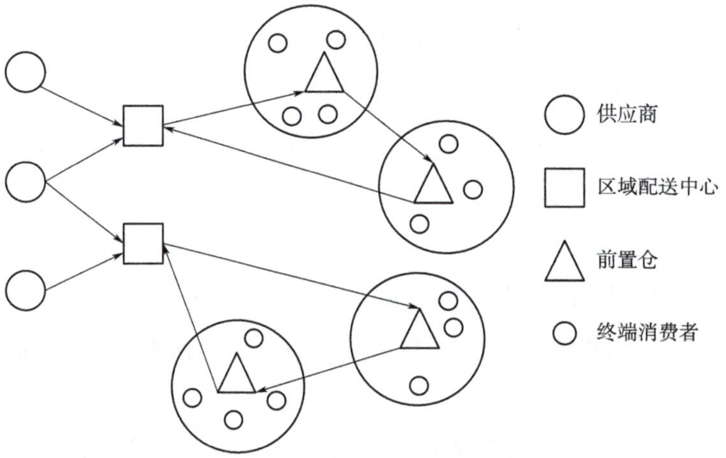

图 5.29　生鲜企业“前置仓”配送模式

（2）前置仓运作模式优缺点

前置仓的优势：

①成本低。一方面前置仓的租赁成本低，且虽然前置仓有冷藏设施，但与生鲜自提柜相比，节省了高额的设备成本。另一方面，前置仓的设立拉近了与终端客户的距离，配送环节成本降低。

②配送效率高。前置仓的辐射范围为3～5 km，与终端用户的距离近，响应快，在一小时内即可将货物送达，相较于传统物流既可以保证时效性，又可保障产品的新鲜度。

③前置仓配送模式符合冷链物流发展趋势，在全国范围内都有前置仓的布局，对冷链企业有重大的战略意义。

前置仓的劣势：

①客户需求不确定，容易造成缺货或者货损。

②运营较为复杂，各个地区需求不同，对于产品种类需要精确把控以满足顾客的需求。

4. 我国铁路冷链物流发展概况及要求

(1) 铁路冷链物流发展概况

在计划经济时代，我国铁路运输占据冷藏运输市场的大部分份额，占比超过80%。在改革开放之后，我国冷链物流服务需求发生变化，不仅需要冷藏干线运输，更多的需求转向“门到门”全程不断链配送服务，再加上公路、航空运输服务方式不断发展，在整体冷链物流市场中，铁路在长距离冷链运输中的优势没有得到充分发挥，“最后一公里”问题依然制约铁路冷链运输的发展。

我国铁路冷链物流体系如图5.30所示。

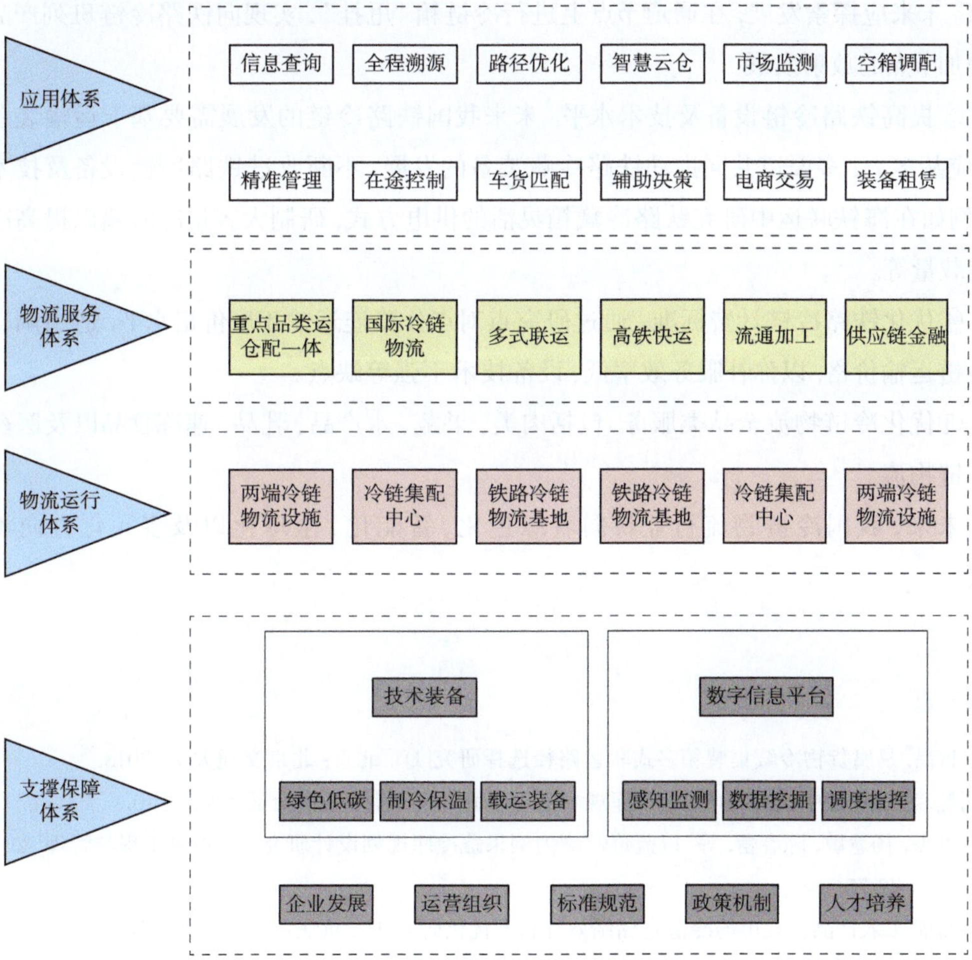

图 5.30 铁路冷链物流体系

(2) 铁路冷链物流发展要求

全面树立现代物流观念，通过冷链物流“三个强化”推动“三个转变”。其中“三个强化”指：强化物流是铁路主责主业的经营理念；强化多式联运、全程物流的系统观念；

强化对接市场、满足客户的主动意识。“三个转变”指：从“运输”向“物流”转变，从“坐商”向“行商”转变；从“管理”向“服务”转变。具体要求如下：

①发展多式联运冷链物流运输模式。在《“十四五”冷链物流发展规划》中明确提出发展多式联运冷链物流运输模式，能够有效提高我国冷链运输行业的发展，使冷链市场规模进一步扩大。

②提高铁路冷链运输组织及运输能力。积极创新铁路冷链编组方式，满足冷链多样化需求。目前冷藏班列最小编组为25组，其中干冷混编是铁路冷链班列开行初期非常必要的运输组织模式。另外，铁路冷链班列目前以点对点为主，明显难以满足冷链运输实际需求。未来应探索发展，在通道节点上进行冷链箱“甩挂”，实现向铁路冷链班列产品不断增加节点的放射发展。

③提高铁路冷链设备及技术水平。未来我国铁路冷链的发展需要基于运输装备发展，应从多方、多渠道共同推动铁路冷藏装备的发展，不断改进铁路冷链设备及技术水平。例如在海铁联运中研究铁路冷藏箱灵活的供电方式，研制大容量冷藏箱以提高冷藏箱装载量等。

④优化铁路冷链计费标准。通过研究点对点公路连运输年度价格水平，适当调整铁路冷链运输价格，以弥补服务效率低、设备技术不强等缺点。

⑤优化冷链物流全品类服务，包括肉类、果蔬、水产品、乳品、速冻食品以及医药产品冷链物流。

未来，我国冷链物流行业将向着绿色化、智能化、全球化以及多元化方向不断发展。

参考文献

[1] 李世昌. 易腐货物冷藏集装箱多式联运路径选择研究[D]. 北京：北京交通大学，2018.

[2] 周健. 冷链物流中心平面布局与冷库规划流程研究[D]. 成都：西南交通大学，2010.

[3] 秦世杰，杨慧敏，陈春蕾，等. 以蓝莓贮藏为例果蔬冷库规划设计研究[J]. 物流工程与管理，2015，37(6)：72-75.

[4] 蔡璐瑶. C农产品批发市场冷链仓储绩效评价及优化研究[D]. 重庆：重庆交通大学，2022.

[5] 王胜男. 低碳视角下冷藏集装箱多式联运路径选择研究[D]. 大连：大连海事大学，2022.

[6] 周俊. 我国铁路冷藏集装箱运输发展及运营问题研究[D]. 北京：北京交通大学，2009.

[7] 李勤国. 冷藏集装箱分类及其在冷链物流中的应用[J]. 保鲜与加工，2017，17(3)：118-123.

[8] 张瑞婷. 浅谈自动化立体冷库的物流工艺设计[J]. 城市建设理论研究（电子版），2015，5(12)：5743-5745.

[9] 张海波. 哈尔滨局集团公司冷链物流发展战略研究[D]. 南昌：华东交通大学，2019.

[10] 曾丽君. 顺丰公司冷链物流质量控制[D]. 兰州：兰州大学，2019.
[11] 陈鹏. 深圳顺丰公司冷链物流配送网络化研究[D]. 广州：广东工业大学，2023.
[12] 杨思东，王慧. 京东冷链物流体系分析及优化建议[J]. 物流技术，2020，39（9）：134-137.
[13] 齐冰. 单点OD点对间铁路冷藏货物多式联运路径选择问题研究[D]. 成都：西南交通大学，2018.
[14] 陈静. 不确定条件下的集装箱冷链多式联运系统多目标优化研究[D]. 南京：东南大学，2022.
[15] 程涛. 冷藏集装箱多式联运与配送路径协同优化研究[D]. 大连：大连海事大学，2019.
[16] 李佳洁. 生鲜产品冷链物流前置仓选址及路径问题研究与应用[D]. 重庆：重庆大学，2020.

第 6 章

阔大货物运输

本章介绍阔大货物的基本概念、货物特性及其运输特点，并介绍铁路限界、铁路超限货物、铁路超重货物、公路阔大货物等的概念与特点。基于阔大货物基本特性，介绍阔大货物的场库设备配置及阔大货物载运工具、装卸设备、办理条件、作业要求等，以及阔大货物主要运输线路以及运输组织形式等。

6.1 阔大货物的特性

6.1.1 阔大货物的定义

阔大货物一般具有超长、超宽、超高、体积较大、重量较重等特点，多为电力、冶金、能源、化工、机械、基础设施建设等行业所需设备，主要包括超限超重货物、超长货物和易于集重的货物等。

铁路是阔大货物的主要运输方式之一。由于阔大货物，特别是超限、超重货物多具有体积和重量较大、外形复杂或者形状不规则等特点，为了保证货物本身的价值和安全，保证铁路行车安全和人身安全，阔大货物在运输条件确定、运输物流过程、运输组织方法、运输管理水平等各方面都具有比普通货物运输更复杂、更困难、更严格等特点，使得超限超重货物运输往往成为铁路货运与物流中的重点和难点，是铁路货物运输和现代物流发展不可忽视的一部分。

6.1.2 铁路限界

为保证行车安全，接近铁路线路的各种建筑物和设备，必须与铁路线路保持一定的距离，同时对在线路上运行的机车车辆的轮廓尺寸也有一定的限制，因此铁路规定了各种专门的限界，其中最基本的是机车车辆限界和基本建筑限界两类。

1. 机车车辆限界

机车车辆限界是一个与平直线路中心线垂直，在线路中心线所在垂直平面两侧、尺寸对称的横断面极限轮廓。当机车车辆（无论是具有最大公差的新车或具有最大公差和磨耗限度的旧车）停留在水平直线上，无侧向倾斜与偏移，其纵中心线和线路中心线处于同一垂直平面上，机车（除电力机车的受电弓外）、车辆的任何部分均应在机车车辆限界之内。

目前我国标准轨距铁路采用的机车车辆上部限界和通过设有车辆减速器的调车驼峰的机车车辆下部限界分别如图6.1、图6.2所示。

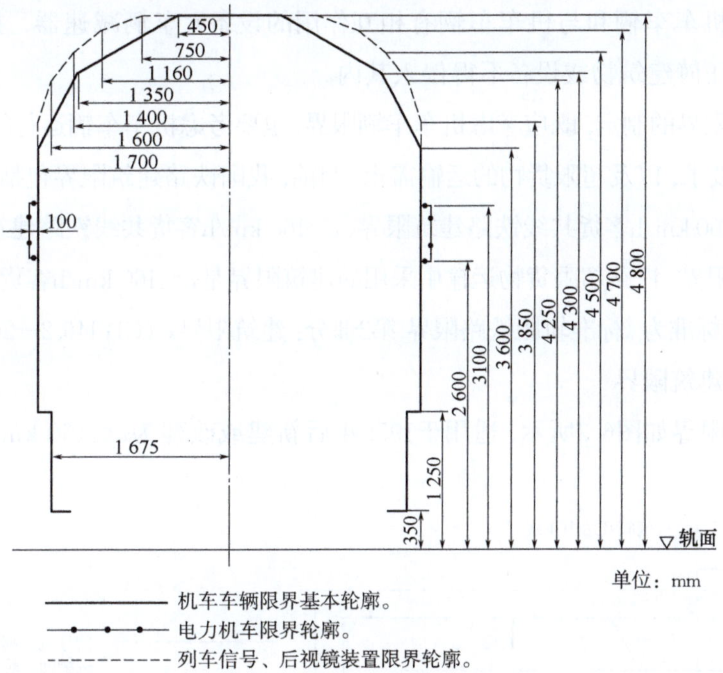

图 6.1　机车车辆上部限界

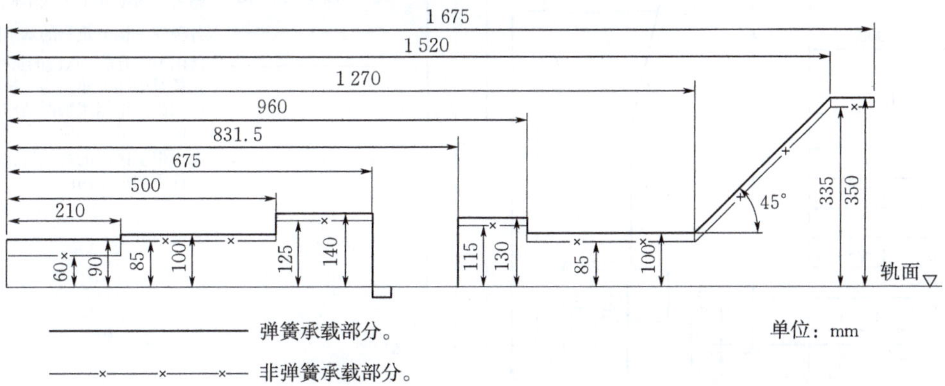

图 6.2　通过驼峰车辆减速器（顶）（制动或工作位置）的货车下部限界

我国铁路实行统一的机车车辆限界始于1950年编制的《铁路技术管理规程》(简称《技规》)。1959年，将1950年《技规》中的机车车辆限界正式以国家标准《标准轨距铁路机车车辆限界和建筑接近限界》(GB 146—59)颁发。随着我国铁路建设与运输生产的不断发展，2014年、2020年分别对《技规》中铁路限界国家标准进行了修订，形成了现行国家标准《标准轨距铁路限界 第1部分：机车车辆限界》(GB 146.1—2020)、《标准轨距铁路限界 第2部分：建筑限界》(GB 146.2—2020)。

2. 建筑限界

建筑限界是一个与平直线路中心线垂直，在线路中心线所在垂直平面两侧、尺寸对称的横断面极限轮廓。这个轮廓是铁路线路周围的各种建筑物或设备接近线路的限制轮廓。除了机车车辆和与机车车辆有相互作用的设备（车辆减速器、接触电线及其他）外，其他任何建筑物或设备不得侵入其内。

铁路建筑限界的制定，既应考虑机车车辆限界，也要考虑机车车辆运行的安全条件、机车车辆的发展要求，以及超限货物的运输需求。目前，我国铁路建筑限界包括客货共线铁路建筑限界（v≤160 km/h客货共线铁路建筑限界、v>160 km/h客货共线铁路建筑限界）和客运专线铁路建筑限界。铁路超限货物运输中采用的建筑限界是v≤160 km/h客货共线铁路建筑限界，现行国家标准为《标准轨距铁路限界 第2部分：建筑限界》(GB 146.2—2020)。

(1) 基本建筑限界

基本建筑限界如图6.3所示，适用于1959年后新建或改建为v≤160 km/h的客货共线铁路。

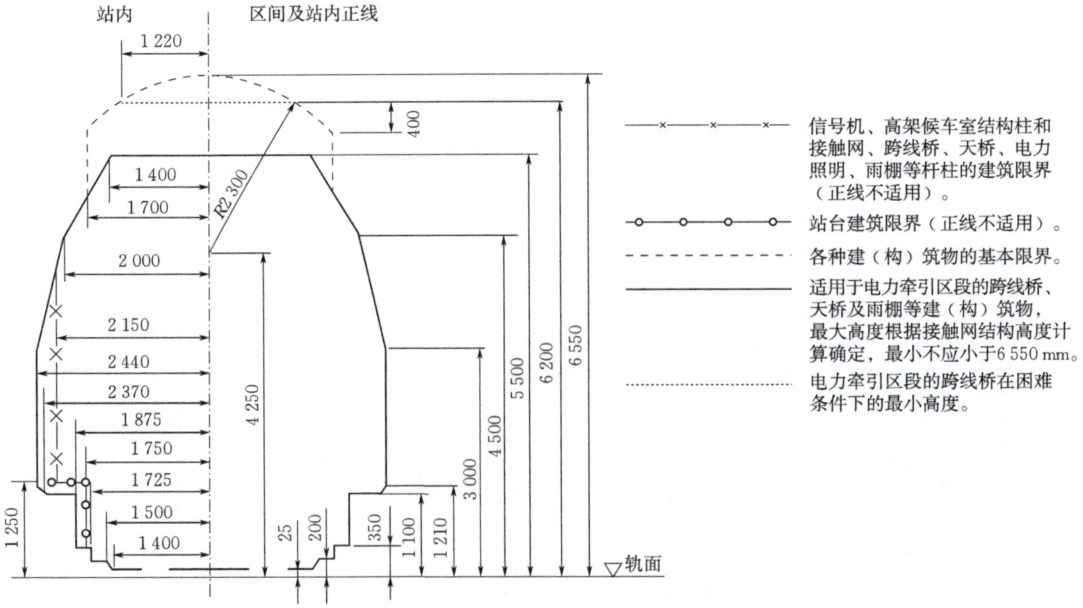

图6.3 基本建筑限界（单位：mm）

（2）隧道、桥梁建筑限界

适用于内燃牵引区段和电力牵引区段的隧道建筑限界如图6.4和图6.5所示。适用于内燃牵引区段和电力牵引区段的桥梁建筑限界如图6.6和图6.7所示。

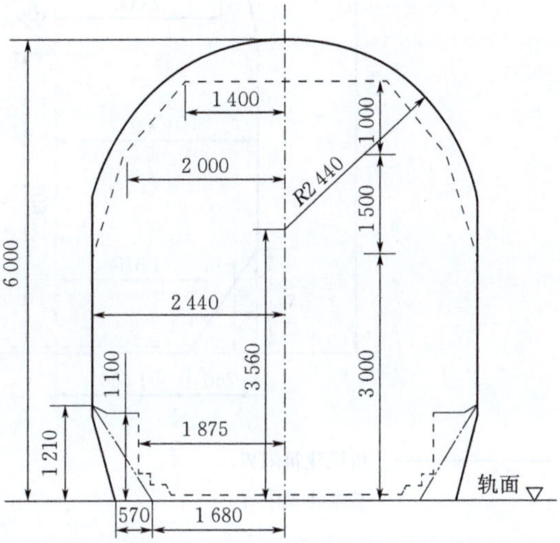

隧道建筑限界。

基本建筑限界。

适用于新建铁路的隧道建筑限界。

图 6.4　隧道建筑限界（内燃牵引区段）（单位：mm）

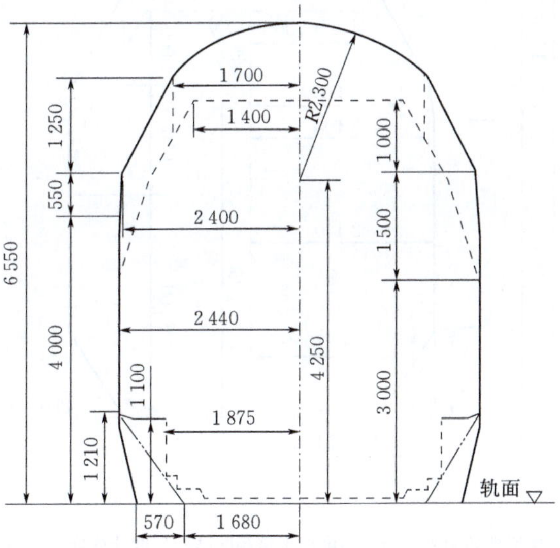

隧道建筑限界。最大高度根据接触网结构高度计算确定，最小不应小于6 550 mm。

基本建筑限界。

适用于新建铁路的隧道建筑限界。

图 6.5　隧道建筑限界（电力牵引区段）（单位：mm）

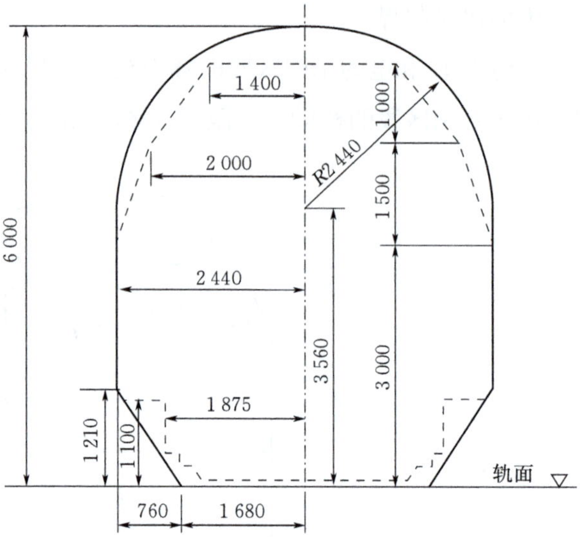

——— 桥梁建筑限界。

- - - - 基本建筑限界。

图 6.6　桥梁建筑限界（内燃牵引区段）（单位：mm）

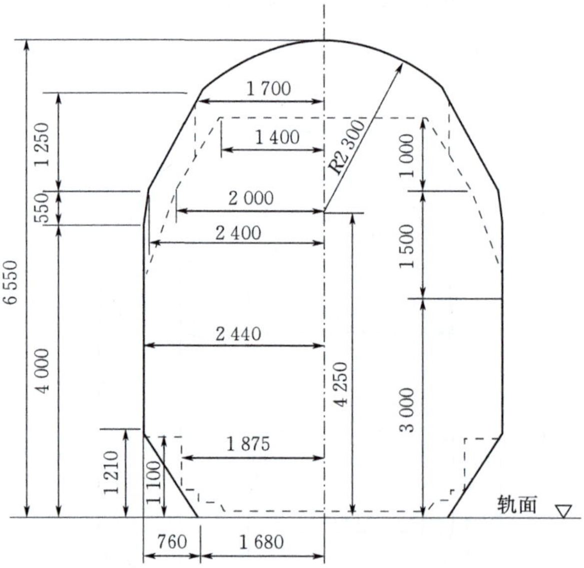

——— 桥梁建筑限界。最大高度根据接触网结构高度计算确定，最小不应小于6 550 mm。

- - - - 基本建筑限界。

图 6.7　桥梁建筑限界（电力牵引区段）（单位：mm）

由图6.4～图6.7可知，隧道、桥梁建筑限界均比基本建筑限界大。这是由于隧道及桥梁的结构、施工特点以及线路的维修、养护、巡查等要求决定桥隧建筑限界不应该小于基本建筑限界。在基本建筑限界与隧道、桥梁建筑限界之内，可以安装照明、通信、警告信号等设备，而这些设备不应侵入基本建筑限界之内。

1959年正式实施建筑限界国家标准以后，我国新建或改建线路的个别地段存在实际限界小于国家标准的情况，因此在确定超限车运行条件时，必须考虑通行线路的具体限界尺寸。

6.1.3 铁路超限货物

1. 铁路超限货物定义

货物装车后，车辆停留在水平直线上，货物的任何部位超出机车车辆限界基本轮廓者或车辆行经半径为300 m的曲线时，货物的计算宽度超出机车车辆限界基本轮廓者，均为超限货物。

2. 超限货物的种类和等级

（1）根据货物超限部位所在的高度，超限货物分为上部超限、中部超限和下部超限三种类型。

上部超限：自轨面起高度超过3 600 mm，任何部位超限者；

中部超限：自轨面起高度超过1 250 mm～3 600 mm之间，任何部位超限者；

下部超限：自轨面起高度在150 mm～1 250 mm之间，任何部位超限者。

（2）根据货物的超限程度，超限货物分为一级超限、二级超限和超级超限三个等级。

一级超限：自轨面起高度在1 250 mm以上超限但未超出一级超限限界者；

二级超限：超出一级超限限界而未超出二级超限限界者，以及自轨面起高度在150 mm至未满230 mm间超限但未超出二级超限限界者；

超级超限：超出二级超限限界者，以及自轨面起高度在230 mm至1 250 mm间超限者。

各级超限限界如图6.8、图6.9、图6.10所示。

超限货物的超限等级表明了超限货物超出机车车辆限界的程度，是确定超限货物运输条件以及超限车运行条件的重要依据，也是发站核收超限货物运输费用的主要依据。

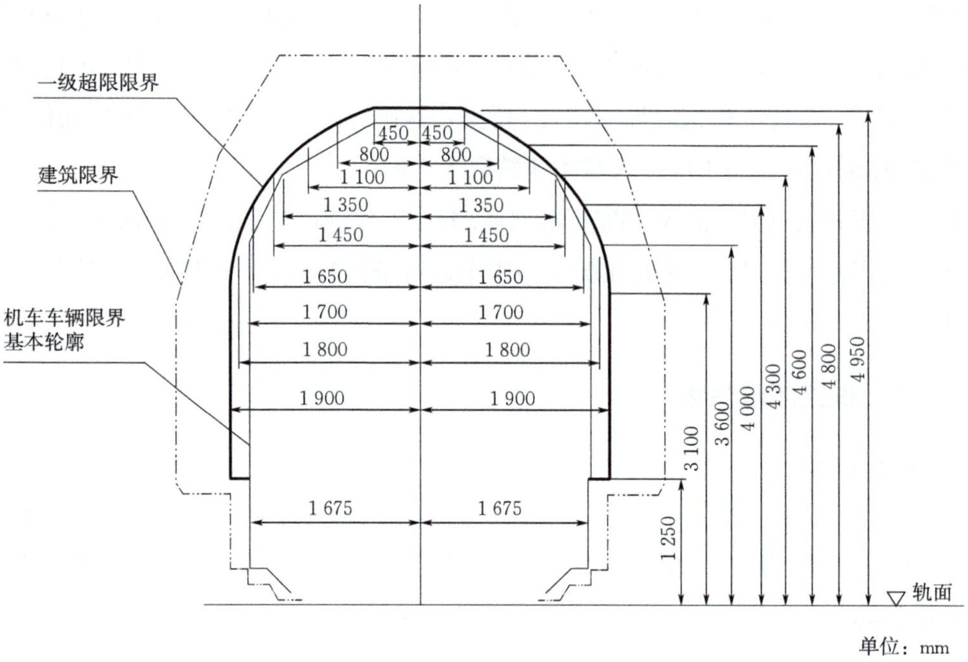

图 6.8　一级超限限界

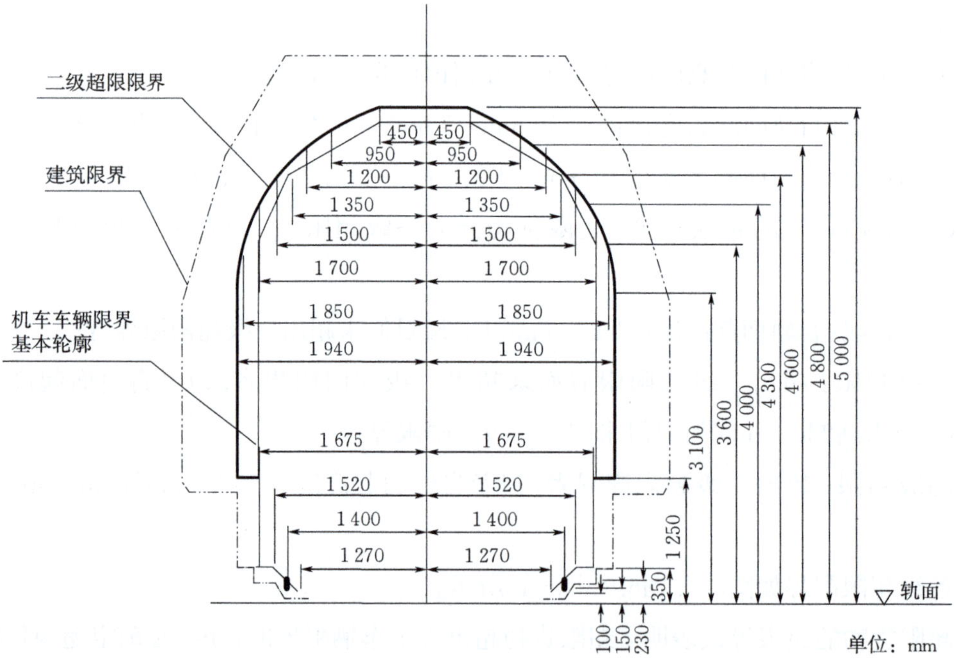

图 6.9　二级超限限界

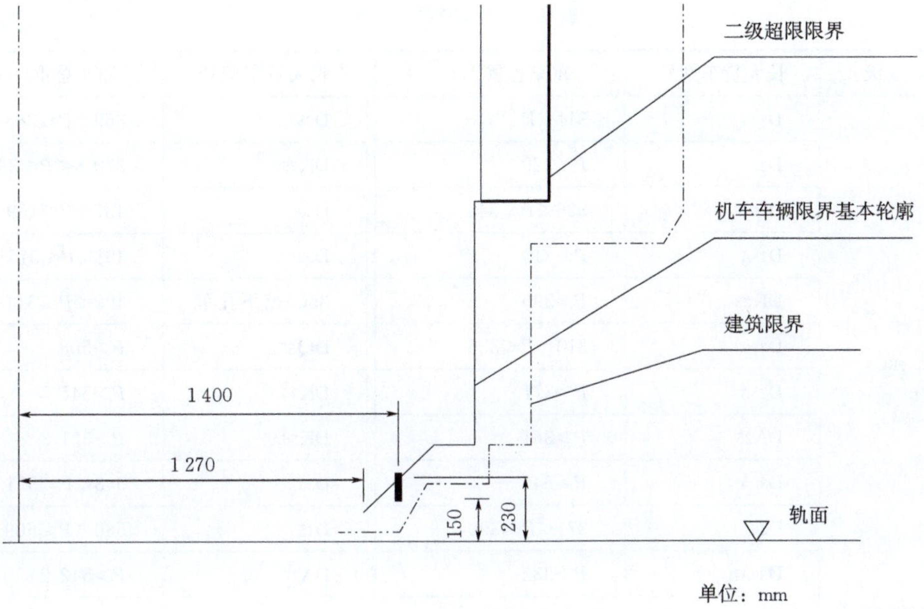

图 6.10　二级超限限界下部限界图

6.1.4　铁路超重货物

1. 铁路超重货物的定义

装车后，重车总重活载效应超过桥涵设计标准活载（中—活载）的货物，称为超重货物。

2. 铁路超重货物的等级

根据货物的超重程度，超重货物分为一级超重、二级超重和超级超重三个等级。

一级超重：$1.00<Q\leqslant1.05$；

二级超重：$1.05<Q\leqslant1.09$；

超级超重：$Q>1.09$。

注：Q为活载系数。

超重货物分级表见表6.1。

表 6.1　超重货物分级表

等　　级	长大货车型号	重车总重P(t)	长大货车型号	重车总重P(t)
一级	D2	$314<P$	D28	$369<P\leqslant388$
	D2A	$P>329$	DK29	$370.8<P\leqslant389.5$
	D2G	$326<P\leqslant342$	D30G	$437<P\leqslant459$
	D18A	$P>310$	D32	$491<P\leqslant515$
	DK23	$P>296$	350 t落下孔车	$490<P\leqslant514$
	D23G	$310<P\leqslant326$	DQ35	$P>508$
	D25A	$P>374$	DK36	$P>545.7$
	DA25	$P>361$	DK36A	$P>521.3$
	D32A	$P>545$	D38	$543<P\leqslant571$
	D26	$371<P\leqslant390$	D45	$580<P\leqslant609$
	D26AK	$P>332$	DA37	$P>542.2$
	D26B	$371<P\leqslant390$	DQ45	$585<P\leqslant615$
二级	D2G	$342<P\leqslant355$	350 t落下孔车	$P>514$
	D23G	$P>326$	D32	$515<P\leqslant535$
	D26	$P>390$	D38	$571<P\leqslant592$
	D26B	$P>390$	D45	$609<P\leqslant632$
	D28	$P>388$	DQ45	$615<P\leqslant638$
	D30G	$P>459$	DK29	$P>389.5$
超级	D2G	$P>355$	D45	$P>632$
	D32	$P>535$	DQ45	$P>638$
	D38	$P>592$		

注：以上均为货物装载无偏心情况，如有偏心，则应按实际装载偏心另行计算等级。

6.1.5　公路阔大货物

1. 公路大型货物的定义

根据《道路大型物件运输管理办法》规定，大型物件指符合下列条件之一的货物：

(1) 货物外形尺寸：长度在14 m以上或宽度在3.5 m以上或高度在3 m以上的货物。

(2) 重量在20 t以上的单体货物或不可解体的成组（捆）货物。

道路大型物件运输是指在我国境内道路上运载大型物件的运输。

2. 公路大型货物的分类

根据我国交通行政管理部门的有关规定，道路大型物件按其外形尺寸和重量（含包装和支承架）分成四级：

（1）一级大型物件是指达到下列标准之一者：

①长度大于14 m（含14 m）小于20 m；

②宽度大于3.5 m（含3.5 m）小于4.5 m；

③高度大于3 m（含3 m）小于3.8 m；

④重量大于20 t（含20 t）小于100 t。

（2）二级大型物件是指达到下列标准之一者：

①长度大于20 m（含20 m）小于30 m；

②宽度大于4.5 m（含4.5 m）小于5.5 m；

③高度大于3.8 m（含3.8 m）小于4.4 m；

④重量大于100 t（含100 t）小于200 t。

（3）三级大型物件是指达到下列标准之一者：

①长度大于30 m（含30 m）小于40 m；

②宽度大于5.5 m（含5.5 m）小于6 m；

③高度大于4.4 m（含4.4 m）小于5 m；

④重量大于200 t（含200 t）小于300 t。

（4）四级大型物件是指达到下列标准之一者：

①长度在40 m及以上；

②宽度在6 m及以上；

③高度在5 m及以上；

④重量在300 t及以上。

大型物件的级别，按其长、宽、高及重量四个条件中级别最高的确定。

6.2　阔大货物的场库设备配置与仓储要求

由于阔大货物主要为化工、电力、能源、冶金、机械以及基础设施建设等行业的大型设备、核心部件、基础构件等，具有重量和尺寸大、外形复杂或形状不规则等特点，部分设备对自然环境条件比较敏感。因此，阔大货物的主要储存设施为堆场与仓库。其中，堆场以自然条件堆场或简易堆场为主，仓库则以单层仓库或者具有运输传送设施的多层仓库为主。

阔大货物的特性决定其仓储要求的重点是仓储的安全性及装卸的便利性。

1. 仓储安全性

部分阔大货物属于行业关键核心部件，具有重要的使用价值；部分阔大货物属于仪器设备类物件，对自然环境条件比较敏感。上述阔大货物应存放于有条件配置仓库的场站。

同时，阔大货物的存放以及堆码方式，既要考虑阔大货物本身的重量、尺寸及其承重限制与堆码层数限制，也要考虑场库设备的地面承载能力、装卸设备的作业能力限制等条件；既要保证储存作业的安全性，也要保证与储存相关作业的安全性。

2. 装卸便利性

由于阔大货物重量和尺寸大、外形复杂或形状不规则，因此阔大货物的仓储应根据货物的性质特点，选择便于搬运作业、换装作业、装卸作业等相关作业的场库设备以及货位，并考虑货位布置与轨道式龙门起重机、轮胎式龙门起重机等大型装卸设备配置的衔接配套，便于阔大货物的装卸、搬运作业。

6.3 阔大货物的装卸设备

由于阔大货物具有尺寸超大、重量超重、外形庞大或者形状不规则等特点，因此，阔大货物装卸作业必须使用大型、专业装卸设备。常见的阔大货物装卸设备有以下几种。

6.3.1 桥式起重机

桥式起重机两端桥架落于高架式的水泥柱或金属支架的轨道上，并沿轨道纵向运行进行物流吊运的起重设备，其外形结构如图6.11所示。

图 6.11 桥式起重机

桥式起重机一般由桥架（又称大车）、提升机构、小车、大车移行机构，操纵室、导电装置等部分组成。桥式起重机的桥架沿铺设在两侧高架上的轨道纵向运行，起重小车沿铺设在桥架上的轨道横向运行，构成三维、六个方向的工作范围。该种工作方式可充分利用桥架下方的空间吊运货物，不受地面设备和货物本身的阻碍，主要应用于一些既有货场、码头、厂房、露天料场等地。

6.3.2 门式起重机

门式起重机又称龙门吊，其外形结构如图6.12所示。

图 6.12 门式起重机

门式起重机的水平桥架通过两侧支腿支撑在地面上，构成门架形状的桥架型起重机，其结构主要由桥架结构、大车运行机构、起重小车、小车运行结构、起升机构以及电气部分等组成。门式起重机在地面轨道上运行，进行装卸作业，具有场地利用率高、作业范围大、通用性强等特点，是阔大货物装卸作业的主要装卸设备。

6.3.3 汽车起重机

汽车起重机又称汽车吊，其外形结构如图6.13所示。

图 6.13 汽车起重机

汽车起重机主要由起升、变幅、回转、起重臂和汽车底盘组成，起重时需在硬质地面伸出支腿保持稳定。汽车起重机的装卸作业无须占用固定场地位置，还可以在公路上行驶，整体运用较为灵活，是阔大货物装卸作业的重要装卸设备。

6.4 阔大货物运输的载运工具

载运工具的选择是否合适，对阔大货物运输的效率、效益和安全有重要影响。阔大货物运输的安全性主要取决于货物在载运工具上的装载位置以及装载方法是否合适、是否满足相关的装载技术条件，货物在载运工具上的加固方法是否得当、对货物的加固是否达到了必要的强度。

6.4.1 铁路载运工具

装运阔大货物的铁路车辆主要有长大平车、凹底平车、双联平车、落下孔车以及钳夹车等类型的专用货车。

1. 长大平车

从车底架结构形式看，长大平车与普通平车的主要差别是长大平车的底架长度比较长，车辆标记载重量较普通平车大，主要用于装运长度较长的钢轨、型钢以及桥梁等，其外形结构如图6.14所示。

图 6.14 D23G 型长大平车

2. 凹底平车

凹底平车的结构特点是转向架分布于车辆的两端，车辆中部为承载货物的凹底架。D26A型凹底平车如图6.15所示。凹底架承载面距轨面高度较低，可以降低货物装车后的高度以及重车重心高度，也可以降低货物上部超限的可能性或者超限等级。因此，凹底平车多用于装运货物高度较高或者货物重心高度较高但是货物长度不太长的机械设备、变压器等货物。

图 6.15 D26A 型凹底平车

3. 双联平车

双联平车无承载底架，由两个安装于两组车辆转向架群中央心盘之间的货物转向架支承货物，货物跨装在两个可转向的货物转向架上。双联平车适用于装运长度比较长的超长货物，对于圆柱体形状的货物，如氨合成塔、尿素合成塔、加氢反应器、锅炉等，可以在货物转向架上安装具有一定凹槽高度的鞍座，用于圆柱体货物的支承和加固。D30G型双联平车如图6.16所示。

图 6.16 D30G 型双联平车

4. 落下孔车

落下孔车底架中部具有一定长度和宽度的装货孔，装货时使货物落入孔内，货物的重量由车辆两侧截面高度较大的侧梁承担。DK36A型落下孔车如图6.17所示。落下孔车中部的装货孔能够有效降低超高货物装车后的货物高度以及重车重心高度，充分利用铁路限界高度，因此适用于装运外形尺寸超大，特别是高度超高、重心高度高的超大型货物或超限、超重货物，如轧机机架、具有承载肩座的变压器、发电机定子等。但由于落下孔车的两侧梁在一定程度上限制了一定高度内货物的宽度，同时受到落下孔长度的限制，因此，落下孔车不适合于装运长度很长的超长货物或者宽度很宽的超限货物。

图 6.17　DK36A 型落下孔车

5. **钳夹车**

钳夹车具有独特的超限货物运输能力，它由两个对称的半节车组成。装运货物时，将两个半节车分开，货物夹置在两个半节车之间，使货物与两个半节车的钳形梁成为一个整体，货物成为整个车辆的一部分，称为长连挂。空车运行时，两个对称的半节车由辅助装置连接在一起，称为短连挂。钳夹车的空车短连挂和重车长连挂分别如图6.18及图6.19所示。由于钳夹车无承载货物的地板面和侧承梁，因此装载货物时能够最大限度地充分地利用铁路建筑限界。钳夹车一般用于装运发电机定子、主变压器、轧钢机牌坊、核电站压力壳等超高、超宽型的超限货物。

图 6.18　钳夹车空车结构示意图（短连挂）

图 6.19　钳夹车重车结构示意图（长连挂）

6.4.2　公路载运工具

1. 平板车

公路平板车是道路运输常见的大型载重货车，车辆没有车厢，只有高度1 m左右的侧板，可承运货物一般为3～30 t，如图6.20所示。由于车辆结构特点，公路平板车适合于装运挖掘机、装载机、收割机等工程机械类大型货物。

图6.20　平板车

2. 挂车

(1) 半挂车

半挂车是车轴置于车辆重心(当车辆均匀受载时)后面，并且装有可将水平和垂直力传递到牵引车的联结装置的挂车。常用的半挂车有重型低平板挂车、鹅颈式半挂车、厢式半挂车等，其外形结构如图6.21～图6.23所示。

图6.21　低平板挂车

图 6.22　鹅颈式半挂车

图 6.23　厢式半挂车

半挂车具有以下特点:

①装载质量较大,可装载15～120 t的货物;

②车速较全挂车快,一般为25～75 km/h,运行较为灵活;

③半挂车底盘上没有传动装置,货物承载面比较低(一般为750～1 200 mm),便于装载体积较大、高度较高的大型或超大型货物;

④半挂车通过联结装置与牵引车相连,车辆通过性和灵活性较全挂车好;

⑤通过联结装置,半挂车不仅获得了牵引车的牵引动力,而且转移了部分载货质量由牵引车承担,即相应提高了半挂车的载货重量。因此,半挂车常用于装运超长、超宽、超高、超重的大型超限货物。

(2)全挂车

全挂车是指荷载全部由车辆的挂车部分承担,挂车与牵引车之间仅用挂钩连接的车辆,其外形结构如图6.24所示。与半挂车相比,全挂车的牵引车只提供车辆的牵引动力,不承担挂车的荷载。全挂车可以连接一节或多节挂车,用于装运超长货物或者大型设备。

全挂车广泛应用于机场、港口、火车站、工厂以及大型仓库等有大型货物道路运输需求的场所。

图 6.24　全挂车

3. 公路超限货物车辆界定

根据中华人民共和国交通运输部颁布的《超限运输车辆行驶公路管理规定》，在公路上行驶、有下列情形之一的货物运输车辆，即为超限运输车辆：

(1) 车货总高度从地面算起超过4 m；

(2) 车货总宽度超过2.55 m；

(3) 车货总长度超过18.1 m；

(4) 二轴货车，其车货总质量超过18 000 kg；

(5) 三轴货车，其车货总质量超过25 000 kg；三轴汽车列车，其车货总质量超过27 000 kg；

(6) 四轴货车，其车货总质量超过31 000 kg；四轴汽车列车，其车货总质量超过36 000 kg；

(7) 五轴汽车列车，其车货总质量超过43 000 kg；

(8) 六轴及六轴以上汽车列车，其车货总质量超过49 000 kg，其中牵引车驱动轴为单轴的，其车货总质量超过46 000 kg。

6.5　阔大货物的装载与加固

6.5.1　阔大货物装载的基本要求

阔大货物在车辆、船舶上的合理装载和稳定装载，是确保列车运行、车辆行驶、船舶驾驶以及货物运输安全的重要前提和保证。因此，阔大货物在车辆、船舶上的装载应符合以下基本要求，并且根据不同运输方式制定的相关运输规则与标准进行作业。

1. 装卸设备的选择

一般情况下，阔大货物需要使用大型化、专业化的装卸设备，在指定的作业场地进行装卸作业。

2. 载运工具的选择

根据托运人提供的货物详细信息，合理选择载运工具，包括载运工具的类型、载重等，以确保：

（1）所使用的载运工具能够满足阔大货物的运输需求。

（2）货物的重量、尺寸等能够充分利用铁路货车、公路车辆以及船舶的载重能力和容积。

（3）阔大货物及其加固材料和装置的总重量不超过铁路货车、公路车辆以及船舶的容许载重量，避免超载。

（4）对于铁路和公路等陆路运输方式，阔大货物装载方案的制定应考虑货物装车后的超限超重等级，宜尽可能选择超限超重等级或程度较低的方案，或者经济合理的装载方案，降低运输组织的难度和复杂程度。

3. 装载方案的制定

阔大货物装车或装船，应按照预先制定的货物装载加固方案或者船舶积载图进行装载。货物装载加固方案应包括以下内容：

（1）货物品名、数量、重量、重心位置、外形尺寸等基本参数和图纸。

（2）使用车型。

（3）装载加固材料或者装载加固装置。

（4）装载方法。

（5）加固方法。

（6）相关计算。

（7）其他要求。

此外，船舶积载图还需要考虑货物装船后船舶的前、后吃水以及平均吃水，该航次装运各港站货物的数量及其在船上各货舱的配置情况，装卸货物的特殊要求及其注意事项等。

4. 货物加固

为了确保货物在运输全程维持装车、装船时的装载状态，保证运输安全，防止运输过程中货物发生移动、滚动、侧翻、倒塌等，对装车、装船时/后的货物还应选择适当的加固装置或者加固材料，进行合理的加固。

货物在运输过程中，由于各种外界因素，货物在车辆或船舶上会受到横向、纵向以及垂直方向上的力。如果货物与车辆、船舶之间或者货物之间的摩擦力不足以平衡上述外界力，就可能会导致货物与车辆、船舶之间相对位置的变化，即货物在车辆、船舶上的装载位置或状态发生变化，货物发生移动、滚动、侧翻、倒塌等现象，不仅造成货物损失，还可能危及列车、车辆或船舶的运行安全。因此，货物按照装载方案或者船舶积载图装车、装船完毕后，还应根据货物的外形尺寸、数量、重量、重心位置等信息以及所使用的载运工具的类型、结构等特征，进行合理的货物加固，即使用合适的加固材料、采用适当的加固方法，将货物和载运工具相对固定为一个组合体，避免或消除外力作用下货物在车辆、船舶上装载位置或状态的变化。

6.5.2　铁路阔大货物运输装载基本条件

根据我国铁路《铁路超限超重货物运输规则》，阔大货物在铁路货车上的装载，应遵循以下基本条件：

1. 均衡装载

在货物的外形尺寸、数量、重量、重心位置等条件允许的情况下，装车后货物的重心或者几件货物的总重心在车地板上的投影应位于车辆纵横中心线的交叉点上，即车辆中央。均衡装载有利于车辆转向架承受相同的货物重量，且同一轮对的两个车轮的轮压相同，保证良好的重车运行稳定性。

在特殊情况下，为了充分利用车辆的载重量、节省游车的使用、降低货物装车后的超限超重等级或者受货物外形尺寸、数量、重量、重心位置等条件的限制，货物装车后重心或者总重心在车地板上的投影会偏离车辆中央。主要有以下几种情况：

①超长均重货物，为了尽量不使用游车或减少游车使用数量，节省运输成本，采用一端突出车端板装载的情况。采用一端突出装载时，应注明每车装载货物的件数及合装、分装等具体装载方法，货物突出车端的长度、突出端的宽度及高度。当货物为两端同时突出装载时，上述信息应分别注明。需要使用游车的，注明使用游车的车种及辆数。

②非均重货物或者外形尺寸不规则的货物，货物重心不在其几何中心。若将货物重心对应车辆中央装载，可能出现车辆一端车地板长度空间富裕，而另一端货物超出车辆端板甚至需要加挂游车的情况。

③一辆货车上装载两件及其以上货物时，受货物外形尺寸、数量、重量、重心位置等条件的限制，货物装车后的总重心不易对应车辆中央。

货物装车后的重心或者总重心不能避免偏离车辆中央时，必须满足以下条件：

①偏离车辆纵中心线的距离，即横向偏移量，不得大于100 mm；

②偏离车辆横中心线的距离，即纵向偏移量，应保证每个转向架承受的货物重量不超过货车容许载重量的1/2，且两个转向架的负重之差不大于10 t。

③阔大货物装车后、运输过程中，特别是进出车站时，可以利用铁路车站的限界门或者超偏载检测仪测定货物在车辆上是否发生偏载及其偏载状况。当偏移过量时，应进行货物装载整理，直至均衡装载或者满足安全要求。

2. 避免对角装载

一辆货车上装载两件及其以上货物时，应避免对角线装载。

3. 重车重心高度要求

货物装车后，将车辆和其所装载货物作为一个整体，该组合体自钢轨轨面起算的总重心的高度称为重车重心高度。重车重心高度会对列车运行稳定性产生影响。为了保证列车运行安全，我国铁路规定，一般货物的重车重心高度不得超过2 000 mm；罐车重车重心高度不得超过2 200 mm，双层集装箱重车重心高度不得超过2 400 mm。对于重车重心高度超过上述规定，且不能降低时，列车须按有关规定限速运行。

货物装车后，虽然不超载，但是重车重心超过上述限制时，可以采取以下措施：

（1）具备配重条件时，可以采用在同一车辆上配装重心较低的货物的方法，降低重车重心高度。

配重的条件主要有：车辆仍有可利用的载重能力；车地板上仍有可装载配重货物的空间；配重货物装车后，符合上述货物装载技术条件的要求；可用于配重的货物与已装车货物到达同一到站；用于配重的货物重心较低，货物数量和重量满足配重要求。

（2）不具备配重条件时，可以选用车地板面或车辆承载面较低或者车辆自重较大或者空车重心高度较低的货车装运货物。

（3）既不具备配重条件、也不具备车辆选用条件时，重车重心高度超过限制的应按规定限速运行。限速规定见表 6.2。

表 6.2　重车重心超高限速运行规定表

重车重心高度H（mm）	区间限速（km/h）	通过侧向道岔限速（km/h）
$2\,000<H\leqslant 2\,400^{*}$	50	15
$2\,400<H\leqslant 2\,800$	40	15
$2\,800<H\leqslant 3\,000$	30	15

* 适用于除罐车和双层集装箱车以外的其他车辆。

6.5.3　铁路阔大货物运输的加固

货物装载于铁路货车上，运输过程中作用于货物上的力主要有纵向惯性力、横向惯性力、垂直惯性力、风力以及摩擦力等。在通常情况下，产生于货物与车辆之间以及货物与货物之间的摩擦力具有阻止货物发生相对移动的作用，是各种力中的稳定因素。当外界作用力较大、摩擦力不足以平衡时，就需要加固装置或加固材料施加于货物上的力或力矩，用以防止货物发生纵向、横向的水平移动，或滚动、侧翻等。

货物的外形尺寸、重量、重心位置不同，载运工具的类型、结构不同，货物在车辆上可能会发生的装载位置或状态的变化情况也会有所差异，相应地，需要采用不同的加固方法。常用的加固方法主要有拉牵加固、阻挡加固、掩挡加固以及腰箍下压式加固等。

1. 拉牵加固

拉牵加固是指使用拉纤绳把货物拴固在车辆上，利用拉牵绳拉力在纵向和横向上的水平分力分别平衡货物的纵向、横向惯性力，防止货物发生纵向、横向的移动或者侧翻的加固方式。

可用于拉牵加固的加固材料主要有钢丝绳、镀锌铁线、盘条等。

2. 阻挡加固

阻挡加固是指在平支承面货物的周围，采用挡木或者钢挡，利用挡木或者钢挡的阻挡力防止货物发生纵向、横向水平移动的加固方式。

具有平支承面结构的货物，使用木地板的铁路货车装载时，可以采用阻挡加固方式，在其两侧和两端钉固挡木或钢挡，防止货物发生水平移动。货物使用铁地板长大货物车装载时，可以采用在货物周围加焊钢挡的阻挡加固方式，防止货物移动。

3. 掩挡加固

掩挡加固是指对于圆柱形、球形货物或者轮式货物的车轮，在其柱面、球面或者轮面与车辆地板接触面之间，采用掩挡的方法防止货物发生纵向、横向水平滚动的加固方式。

可用于掩挡加固的加固材料主要有三角挡（铁制、木制、铁塑制等）、木掩、钢掩、轮挡（木制或铁制）等。

掩挡加固可以单独使用，也常用于配合腰箍下压式加固方法，以防止货物发生横向滚动。

4. 腰箍下压式加固

腰箍下压式加固是指对于圆柱形货物或者方形货物，使用钢丝绳、钢带等加固材料从货物上部把货物下压捆绑（箍）在车辆上，利用腰箍的拉力增加货物对车辆地板的压力，从而增加货物与车辆地板之间摩擦力，防止货物移动的加固方式，常称为腰箍加固或者下压加固。

主要加固方法与加固材料见表 6.3。

表 6.3　主要加固方法与加固材料

货物类型	加固方法	防止货物装载位置或状态的变化	主要加固材料
有平支承面的货物	拉牵加固、阻挡加固、腰箍下压式加固	纵横位移	挡木、拉牵铁线、盘条、钢丝绳、钉子或扒锯钉
	拉牵加固、腰箍下压式加固	纵横倾覆	拉牵铁线、盘条、钢丝绳、拉杆
圆柱形、球形货物	拉牵加固、阻挡加固、腰箍下压式加固	顺装纵横位移	拉牵铁线、盘条、钢丝绳、横腰箍
		横装纵横位移	挡木、拉牵铁线、盘条、钢丝绳、钉子或扒锯钉
	掩挡加固、腰箍下压式加固	纵横滚动	凹形垫木、掩木、三角木、钉子或扒锯钉
轮式货物	拉牵加固、掩挡加固	纵横位移	挡木、拉牵铁线、盘条、钢丝绳、钉子或扒锯钉
	拉牵加固、掩挡加固	纵横滚动	掩木、三角木、拉牵铁线、盘条、钢丝绳、钉子或扒锯钉

加固材料类型、规格以及数量的选择，一方面需要考虑货物的类型、外形尺寸、数量、重量、重心位置，同时需要考虑运输过程中货物可能发生的装载位置或状态的变化情况以及为了防止这种变化所采取的加固方法。

①一般情况下，加固材料的质量应符合相关国家标准。

②通常情况下，加固材料应与相关配件配套使用，并具有相应的强度。例如，使用钢丝绳拉牵时，应采用配套的钢丝绳夹；使用紧线器作连接装置时，紧线器强度应与钢丝绳强度相匹配。

③对同一件货物，应采用材质、类型、规格相同的加固材料，以保证加固材料的受力要求。

④加固方法的选择，以及加固材料的选择、数量、规格等，应保证既能满足运输过程中货物受力的平衡，维持货物的装载位置与装载状态，同时，也应避免加固材料对货物、车辆的损坏，以及加固材料自身受损而降低加固强度。

6.6　阔大货物的主要运输线路和运输组织方式

6.6.1　阔大货物的主要运输方式

根据阔大货物的性质特点，目前，阔大货物运输方式主要包括公路、铁路、水路等。

1. 公路运输

公路运输机动灵活、覆盖面广、可达性高，便于实现“门到门”运输。特别是随着高速公路以及高等级公路网的逐步扩大完善，公路运输速度进一步提升。

阔大货物，特别是需要大型化、专业化装卸设备进行装卸作业的阔大货物，特别强调维持货物装车时稳定的装载加固状态、保证运输安全。大型或超大型货物，采用公路全程直达运输能够避免货物途中进行中转装卸作业，一方面降低货物装卸费用与中转时间消耗，另一方面降低中间站装卸设备配置要求，避免货物装载状态发生较大改变，保证货物全程运输安全。

2. 铁路运输

铁路运输具有运输距离长、运量大、费用低、安全性好、能耗少、绿色低碳、受外界环境影响较小等特点，在大宗货物运输以及中长距离货物运输中具有比较明显的优势。

铁路货运站一般设置有一定面积的仓库、堆场，配置大型装卸机械，便利于阔大货物的装卸、储存等作业。多种类型的铁路专用货车为铁路承运阔大货物提供了基本运力保证。但受铁路运输方式的制约，铁路不能为阔大货物提供“门到门”运输服务，需要公路运输衔接实现末端送达。此外，由于铁路限界的限制，只有在铁路建筑限界尺寸范围内的阔大货物才能经由铁路运输，因此，铁路对所承运阔大货物的外形尺寸具有严格要求。

3. 水路运输

水路运输具有成本低、运距长、运量大、环境效益较高、速度慢、受自然条件影响大等特点，在大宗低值货物运输、集装箱运输以及中长距离货物运输特别是国际运输中具有比较明显的优势。

办理货物作业的港口一般设置有散堆装货物码头，配置大型装卸机械，用于阔大货物的储存作业以及装卸船作业。货物运输船舶具有承载面大、承载重量大、装卸作业相对便利的优势。特别是近年来国际远洋货物运输船舶大型化，装卸设备大型化、智能化快速发展，不仅有利于实现货物运输规模经济效益，降低货物运输单位成本，也为大型或超大型阔大货物运输提供了运力。水运在阔大货物运输尤其是长距离大件货物运输中具有不可替代的作用，成为进出口阔大货物的主要运输方式。

6.6.2 阔大货物的主要运输线路

由于阔大货物特别是超限、超重货物多具有超长、超宽、超高、超重、外形复杂或者形状不规则等特点。对于铁路和公路运输，在装车后、运输过程中，阔大货物与铁路限界、道路上各种构筑物之间的距离通常小于普通货物，因此，阔大货物的运输条件更复杂、运输组织难度更高。此外，阔大货物主要是化工、电力、能源、冶金、机械以及基础设施建设等行业的大型设备、核心部件、基础构件等，其运输需求往往与大型工程建设、基础设施建设等相关，货物运输去向明确，一般采用特定径路运输或者经过踏勘的运输。下面以铁路运输为例，介绍阔大货物运输线路的选择。

1. 办理阔大货物运输的铁路局集团有限公司

承运阔大货物运输的铁路局集团有限公司应根据超限超重货物运输需要，统筹规划管内办理线路和车站，完善超限超重货物运输网络，提升运输效率和服务能力。

铁路局集团有限公司和车站应严格按照批准范围办理超限、超重货物运输业务，并切实加强限界和桥涵承载能力管理，确保超限、超重货物运输安全。确需在非超限、超重货物办理站办理军运超限、超重货物的，按铁路军运有关规定办理。

2. 办理阔大货物运输的线路

线路办理超限、超重货物运输，应经中国国家铁路集团有限公司（以下简称国铁集团）货运部审核公布。

线路办理超限、超重货物运输，应具备下列基本条件：

（1）线路已开通使用并办理普通货物运输；发到站和经由的铁路线路须已开办超限超重货物运输业务。

（2）线路建筑限界和桥涵承载能力满足超限、超重货物运输安全要求；经由的铁路正线（区段），根据超限货物装后尺寸、超重货物等级，相关铁路正线（区段）的限界、线桥承载能力，结合车流径路、列车编组计划等正确确定。超限、超重货物应经由最短径路运输，但受到建筑限界或其他不利因素影响时，可指定径路运输。跨铁路局集团有限公司运输的，经由以铁路局间分界站表述。

（3）相关运输站段有合格的超限超重货物运输专业技术人员；

（4）有健全的超限、超重货物运输安全管理制度和事故施救信息网络。

我国铁路对装载限界有限制的特定区段见表6.4。

线路开办超限、超重货物运输业务，由铁路局集团公司超限超重货物运输主管部门牵头组织，向国铁集团货运部提交下列材料：

表 6.4　铁路对装载限界有限制的特定区段

线路名称	区　段
京包线	南口—西拨子
广九线	深圳北运往九龙方向
丰沙线	沙城—三家店上行
运往朝鲜的货物	

①铁路线路开通运营并办理普通货物运输的证明材料；

②线路名称、起讫站、全长、线路等级、线路类型（单双线）、线路允许速度、电气化接触网最低高度、最小线间距、最大限制坡度、最小曲线半径、最大外轨超高值、钢轨类型、最小道

岔号、桥梁数量、隧道数量等线路基本条件的有关材料；

③线路综合最小限界，车站接发超限列车固定线路，侵限设施设备现状及整治措施；

④全线超重车通行径路上的桥涵类型、数量、承载能力（活载系数及允许通过超重货物等级），病害桥涵现状及整治措施；

⑤相关管理人员和作业人员的配备情况及培训合格证明材料；

⑥相关业务和安全管理制度，包括铁路局集团公司超限超重货物运输管理办法、限界管理办法、事故施救信息网络，以及相关站段超限超重货物运输管理办法。

3. 办理阔大货物运输的车站

车站（含与车站接轨的专用线、专用铁路，下同）办理超限、超重货物运输，由铁路局集团公司自行规定审批办法，并将批准的车站报国铁集团货运部备案，及时在中国铁路95306网站公布。

车站办理超限、超重货物发送、到达，应具备下列基本条件：

①所在铁路线路已开办超限、超重货物运输；

②车站已开办货运业务；

③车站接发超限、超重列车固定线路和准许通行超限、超重车线路的实际建筑限界和桥涵承载能力满足超限、超重货物运输安全要求；

④有合格的超限超重货物运输专业技术人员；

⑤有健全的超限、超重货物运输安全管理制度。

在非货运营业站临时办理铁路工程建设所需的架桥机、铺轨机、桥梁等超限、超重货物到达、发送业务，由铁路局集团公司制定管理办法。

车站办理条件发生重大变化，不再满足超限、超重货物运输要求的，由车站提出取消办理站申请，经铁路局集团有限公司审核后报国铁集团运输部备案，铁路局集团公司及时更新中国铁路95306网站相关信息。

6.6.3 阔大货物运输作业流程

1. 铁路阔大货物运输作业流程

铁路阔大货物运输作业流程如图6.25所示。

（1）托运申请

托运人托运超限、超重货物时，除按一般货运手续办理外，还应提供下列资料：

①超限超重货物托运说明书如图6.26所示，货物外形的三视图。图中应标明货物的有关尺寸、支重面长度、货物重量，并以“+”号标明重心位置。

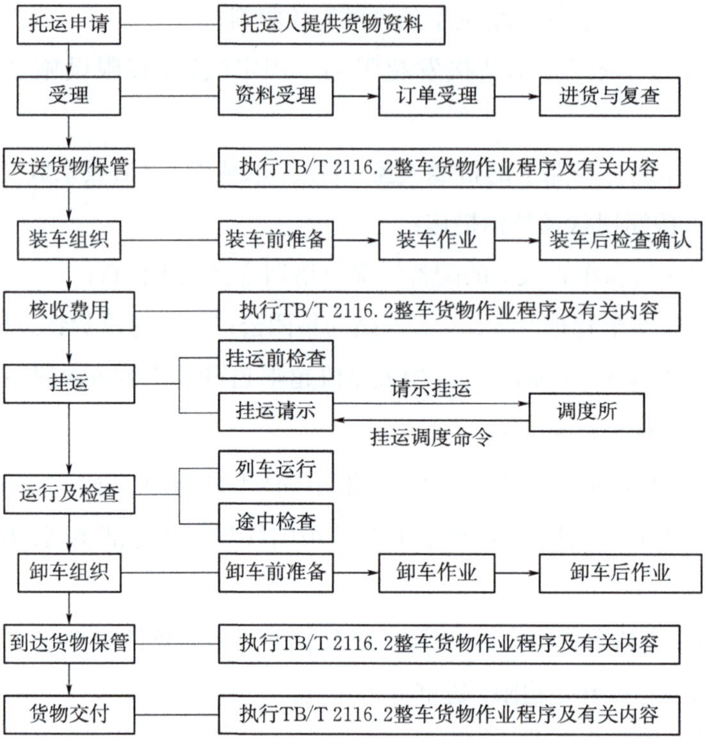

图 6.25　铁路阔大货物运输作业流程

②自轮运转货物，应有自重、长度、轴数、轴距、固定轴距、转向架中心销间距离、运行限制条件，以及过轨技术检查合格证。

③申请使用的车种、车型、车数及装载加固建议方案。

④超过承运人计量能力的货物由托运人确定货物重量，并应有货物生产厂家出具的货物重量证明文件（数据应为货物运输状态时的重量，重量数据如不含装载加固材料或装置重量，须单独注明），对变压器、电抗器等货物，残余油料重量须单独注明；货物生产厂家具备货物称重计量条件的，应要求托运人提供经厂家计量衡器称重的货物重量数据。

⑤其他规定的资料。

托运人应在超限超重货物托运说明书、装载加固建议方案和所提供的资料上签字盖章，并对内容的真实性负责。

（2）受理

车站受理超限、超重货物，主要包括以下内容：

①审核托运人提出的有关技术资料。托运人提供的货物技术资料及相关证明文件齐全有效、符合规定，且货物发到站（含专用线、专用铁路）具备超限、超重货物运输条件。

<table>
<tr><td colspan="2">发局</td><td colspan="2"></td><td>到局</td><td colspan="2"></td><td colspan="4">预计装后尺寸（mm）</td></tr>
<tr><td colspan="2">发站</td><td colspan="2"></td><td>到站</td><td colspan="2"></td><td colspan="2" rowspan="3">由轨面起高度</td><td colspan="2">由车辆纵中心线起</td></tr>
<tr><td colspan="2">装车
地点</td><td colspan="2"></td><td>卸车
地点</td><td colspan="2"></td><td rowspan="2">左宽</td><td rowspan="2">右宽</td></tr>
<tr><td colspan="2">品名</td><td colspan="2"></td><td>件数</td><td colspan="2"></td></tr>
<tr><td colspan="2">每件重量</td><td></td><td>总重量</td><td></td><td>重心
位置</td><td></td><td>中心高</td><td></td><td></td><td></td></tr>
<tr><td colspan="2">货物长度</td><td colspan="2"></td><td>支重面
长度</td><td colspan="2"></td><td>侧高</td><td></td><td></td><td></td></tr>
<tr><td rowspan="4">高度</td><td>中心高</td><td></td><td rowspan="4">宽度</td><td colspan="2">左</td><td>右</td><td>侧高</td><td></td><td></td><td></td></tr>
<tr><td>侧高</td><td></td><td colspan="2">左</td><td>右</td><td>侧高</td><td></td><td></td><td></td></tr>
<tr><td>侧高</td><td></td><td colspan="2">左</td><td>右</td><td>侧高</td><td></td><td></td><td></td></tr>
<tr><td>侧高</td><td></td><td colspan="2">左</td><td>右</td><td>侧高</td><td></td><td></td><td></td></tr>
<tr><td colspan="2">要求使用车种</td><td colspan="2"></td><td colspan="2">标记载重</td><td></td><td>侧高</td><td></td><td></td><td></td></tr>
<tr><td colspan="2">卸车时的要求</td><td colspan="5"></td><td></td><td></td><td></td><td></td></tr>
<tr><td rowspan="4">其他要求</td><td colspan="6" rowspan="4"></td><td colspan="3">车地板高度</td><td></td></tr>
<tr><td colspan="3">垫木、支架（座架）或
转向架高度</td><td></td></tr>
<tr><td colspan="3">预计装在车上货物重心位置
距轨面的高度</td><td></td></tr>
<tr><td colspan="3">重车重心高度</td><td></td></tr>
</table>

注：粗线栏内由铁路填记

发货单位　　　　戳记　　　　　　　　年　　月　　日提出

图 6.26　超限超重货物托运说明书

②订单受理。受理货物，对货物进行确定、核查及相关准备工作。

③受理资料后，发站测量核对货物外形尺寸和重心位置，以超限超重货物运输申请电报向铁路局集团公司货运主管部门申请装运办法。

跨三个及以上铁路局集团有限公司的各级超重货物和超级超限货物，由铁路局集团公司审查后向国铁集团货运部提出申请。铁路超限超重货物运输申请电报如图6.27所示。申请电报主要内容包括：发站、到局、到站，货物概况，货物外形尺寸，拟使用车种、车型及辆数，装载方法，预计装后尺寸，特殊运输要求等。

1.发站、到局、到站 2.货物概况 3.货物外形尺寸 4.拟使用车种、车型及辆数 5.装载方法 6.预计装后尺寸 7.其他特殊运输条件要求 ×站(×局)超限超重××××号 年 月 日

图 6.27 铁路超限超重货物运输申请电报

国铁集团货运部、铁路局集团公司接到超限超重货物运输申请电报后，及时向各有关单位发布确认电报，铁路超限超重货物运输确认电报如图6.28所示，明确装运办法。确认电报主要内容包括：发站、经由、到站，货物概况，使用车种、车型及辆数，装载方法，装后尺寸，超限超重等级，装运办法等。发布确认电报时，应加强与相关铁路局集团公司的沟通协调，确保限界满足安全要求。

1.发站、经由、到站 2.货物概况 3.使用车种、车型及辆数 4.装载方法 5.货物装后尺寸 6. 装运办法 铁总(×局)超限超重××××号 年 月 日

图 6.28 铁路超限超重货物运输确认电报

(3)发送货物保管

铁路阔大货物运输发送货物保管环节，按照《铁路车站货运作业 第2部分：整车货物作业》(TB/T 2116.2)执行，包括交接、管理、问题处理。

(4)装车

超限、超重货物禁止无确认电报装车。车站接到铁路局集团公司确认电报后，通知托运人办理其他货运手续，并及时组织装车。

①测量要求

测量以mm为单位，包括装车前测量和装车后测量。

装车前，按批准的装载加固方案测量货物尺寸。

a.长度：测量其最大长度、支重面长度、重心至端部的距离、检定断面至重心的距离。

b.高度：自支重面起，测量其中心高度、侧高度和重心高度。

中心高度：自支重面起至最大高度处的高度为中心高度；

侧高度：中心高度以下各测点至支重面的高度。如有数个不同侧高度时，应由上至下测出每一个不同的侧高度。

c.宽度：测量中心高度处的宽度和不同侧高度处的宽度。

中心高度处的宽度：中心高度处，在货物重心所在纵向垂直平面左侧和右侧的最大宽度；

侧高度处的宽度：每一侧高度处，在货物重心所在纵向垂直平面左侧和右侧的最大宽度。

装车后，按实际的装载加固状态测量（含装载加固材料或装置）货物尺寸。

a.长度：跨装时，测量支距和两支点外方的长度；突出装载时，测量突出车辆端梁的长度；如两端突出不相等时，应分别测量。

b.高度：自轨面起测量其中心高度和侧高度。

c.宽度：自车辆纵中心线所在垂直平面起，分别测量中心高度和不同侧高度处在其左侧和右侧的宽度。

②装车前工作

装车前，发站应做好以下准备工作：

a.通知车辆部门检查车辆技术状态。

b.确认拟使用的车种、车型、车数符合确认电报和装车要求，装载加固材料和装置的规格、数量及质量符合装载加固方案规定。

c.测量车地板的长度和宽度，测量车地板高度时应将车辆停于平直线路上。在负重车上标画车辆纵横中心线。

d.在货物上标明重心位置（投影）、索点。

e.开好车前会，向装车人员布置装车事项。

③装车作业

装车时，站段应派超限超重运输和装载加固专业技术人员到装车现场进行指导。装载和加固作业须严格按装载加固方案进行。

a.汇报装车车号、货物品名、数量及开始装车作业时间等信息。

b.测量车地板的长度和宽度，在负重车上画好纵横中心线和计划装载货物的位置线。标出货物重心投影点和加固位置等。

c.测量车地板高度以计算重车重心高度。

④装车后检查确认

装车后，须检查、确认货物装载加固符合规定要求。重点检查、确认的内容包括：

a.装车后尺寸复核。

b.货物实际装载位置符合装载加固方案；使用的加固材料和装置规格、数量、质量及加固方法、措施、质量符合装载加固方案。

c.装车后，车站应对照确认电报进行复核，发现货物装后尺寸、重车重心高度等数据超出确认电报范围的，发站须重新向铁路局集团有限公司拍发超限超重货物运输申请电报。

（5）核收费用

铁路阔大货物运输核收费用环节，按照《铁路车站货运作业 第2部分：整车货物作业》（TB/T 2116.2）执行，包括费用核收和票据交接。

由于超限货物和需限速运行的货物运输条件特殊，办理手续复杂。为确保列车运行安全和货物运输安全，发站应将超限货物的超限等级在货物运单货物名称栏内注明。承运人记载调度命令号，其运费按下列规定计算：

①一级超限：按运价率加50%计费；

②二级超限：按运价率加100%计费；

③超级超限：按运价率加150%计费；

④限速运行（不包括仅通过桥梁、隧道、出入站线限速运行）的货物，按运价率加150%计费。需限速运行的超限货物，只核收150%的加成运费，不另核收超限货物加成运费。

（6）挂运

发站挂运超限、超重车前，应向铁路局集团有限公司调度所拍发超限超重车辆挂运申请电报。挂运电报主要内容包括：确认电报号，发站、到站，货物品名、件数，使用车种、车型、车号（含游车、隔离车）及辆数，装载完毕时间，装后尺寸复测情况，装后货物装载加固状态及车辆状态检查确认情况等。

挂运跨及两个铁路局集团有限公司的超限、超重车辆前，需向邻局预报，并征得邻局调度所的同意后方可挂运。相邻铁路局集团有限公司调度所间的预报内容，包括挂运车次、确认电报号码、车型、车号（含游车、隔离车）、到站、品名、超限等级、超重等级和有关注意事项等。

车站接到挂运命令后，应及时做好车辆挂运准备工作，并将调度命令交值乘司机。运行有限制条件的超限、超重车，除有特殊要求外，禁止编入直达、直通列车。

（7）列车运行

挂有超限车的列车，按《车站行车工作细则》（以下简称《站细》）规定的线路办理到发或通过。接发超限列车固定线路、准许通行超限车的线路实际建筑限界应满足国家标准要求。

①挂有超限车的列车运行在双线、多线或并行单线的直线地段与邻线列车会车时，应遵守《铁路超限超重货物运输规则》的有关规定：

a.邻线列车运行速度小于等于120 km/h的，两运行列车之间的最小距离大于350 mm者不限速，300～350 mm之间者运行速度不得超过30 km/h，小于300 mm者禁止会车。

b.邻线列车运行速度大于120 km/h小于等于160 km/h的，两运行列车之间的最小距离大于450 mm者不限速，400～450 mm之间者运行速度不得超过30 km/h，小于400 mm者禁止会车。

c.邻线列车运行速度大于160 km/h的，禁止会车。

曲线地段与邻线列车会车，必须根据规定相应加宽。

②超限车在运行过程中，如超限货物的任何部位接近建筑物或设备时，应遵守《铁路超限超重货物运输规则》中的下列规定：

a.超限货物的任何超限部位与建筑物或设备之间的距离（以下简称限界距离），在100～150 mm之间时，速度不得超过15 km/h。

b.限界距离在超过150～200 mm之间时，速度不得超过25 km/h。

限界距离不足100 mm时，由铁路局集团有限公司根据实际情况制定办法。

（8）途中检查

运输阔大货物的超限、超重车的途中检查是确保超限、超重货物运输安全的重要措施。对超限、超重车运行途中的检查，落实区段负责制。

途中检查站应按下列内容检查超限、超重车，并在“超限超重货物运输记录”上记录、签认检查结果。

①有无超限超重货物运输记录及其填写是否完整；

②货物两侧明显位置，是否有超限、超重等级标识；

③是否标画有检查线，货物装载加固是否良好，加固材料是否有松动或损坏。

如发现问题，应按照《铁路货运检查管理规则》和《铁路货物运输管理规则》等文件中的有关规定处理。

（9）卸车组织

阔大货物到站后，到站应根据确认电报确定卸车地点和货位，科学制定卸车方案，加强卸车组织，确保安全。

收货人在货场自卸的，车站应与收货人签订卸车协议，明确安全责任，并在卸车前与收货人办理完货物交付手续。

（10）到达货物保管与交付

铁路阔大货物运输到达货物保管与交付作业，按照《铁路车站货运作业 第2部分：整车货物作业》（TB/T 2116.2）执行，包括交接、管理、问题处理，以及到货催领、领货换票、交付货物和事故处理等。

2. 公路阔大货物运输作业流程

公路阔大货物运输作业流程如图6.29所示。

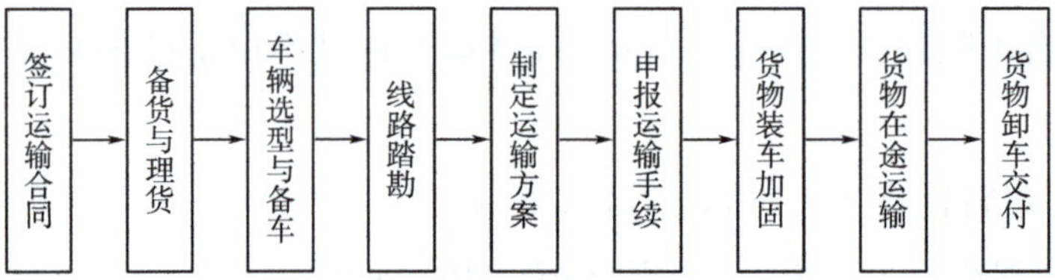

图 6.29　公路阔大货物运输作业流程

（1）签订运输合同

道路运输承运人与阔大货物托运人双方签订书面形式的货物运输合同。货物运输合同的主要内容包括：承托双方基本信息、阔大货物详细基本信息及运输要求、运输起讫地点、运输车辆详细基本信息、选定线路运输距离与运输时间，明确合同生效时间、承托双方的责任与权利、运费结算方式及付款方式、违约责任及相关说明等。

（2）备货与理货

备货是阔大货物托运人准备好拟定运输的货物，进行运输前的准备工作。理货是道路运输承运人对阔大货物的几何形状、尺寸、重量和重心位置进行测量，取得可靠数据和图纸资料的工作过程。通过理货工作分析，为选择阔大货物运输方式，确定阔大货物超限、超重等级，踏勘并选择运输线路，选择载运车辆，制定货物装载方案以及制定合理的运输方案提供可靠依据。

（3）车辆选型与备车

车辆选择一般以阔大货物重量和体积为依据。根据阔大货物外形、尺寸、重量、货物性质、线路通行能力、中转换装作业条件等，合理选择载运车辆以及车组连挂形式。

图6.30、图6.31分别为装运阔大货物的重型牵引车和液压挂车。

图 6.30　装运阔大货物的重型牵引车

图 6.31　装运阔大货物的液压挂车

对于超大型可拆解的机械设备类阔大货物，拆解时应在保证设备状态良好以及后期组装后使用正常的前提下进行，拆解后各部件装车后应尽量降低货物超限等级；尽量优化拆解方法，减少拆解后各部件装车数量，提高车辆载重量利用率，降低运输成本。

(4) 线路踏勘

线路踏勘是阔大货物道路运输的重要环节，踏勘过程不仅是选择运输径路、确定运输方案的直接依据，并且需要根据线路踏勘结果，提前向选定运输线路沿线公安交通管理部门、路政部门以及运输部门进行申报及备案工作，获得沿线当地阔大货物道路运输通行审批许可。

验道工作的主要内容包括：查验运输沿线全部道路的路基、路面宽度、弯道半径、纵向坡度及竖曲线半径、横向坡度及弯道超高处的曲线半径及坡度，查验沿线桥梁涵洞、高空障碍，查看装卸货现场、换装转运现场，了解沿线地理环境及气候情况等。根据上述线路踏勘结果预测全程运输时间，编制运行路线图，为制定运输方案提供基础。

（5）制定运输方案

阔大货物运输方案是阔大货物道路运输依据的基本文件。其主要内容包括：

①车辆配置：根据阔大货物基本信息选配车辆类型以及车辆连挂方式，确定车辆技术参数表、车组运行参数表、车辆装载图及相关参数等。

②技术计算：技术计算结果是阔大货物道路运输安全保证的数据依据。主要包括车辆牵引力校核、货物装载与加固强度计算、运行稳定性计算、挂车承载计算、桥梁通过性判断、车组转弯半径和通道扫空半径计算等。

③运输路线分析：主要包括各路段公路里程、技术等级、坡度、平竖曲线半径、建筑限界、桥涵承载能力、收费站及村镇通过性、空间、地下障碍、尺度以及对困难路段的描述等，并附必要的照片、图示和相关数据表。运输路线分析的直接依据是线路踏勘。

④排障措施：主要包括桥梁加固措施（对于重大加固工程，应通过公路管理部门与设计、施工单位签订合同，提出桥梁检测、加固设计、施工及完工验收等相关文件）；通过立交、收费站的障碍处置方案，对空中线缆、地下管线、村镇环境障碍的排除内容，对局部路段的改造内容等。应附必要的工程图示。

⑤中转装卸现场条件：装卸作业场地面积、车辆回转半径、出入通道、场地承载强度、货物装卸时的方位要求等。

⑥装卸方案：根据现场及作业条件进行方案比选，按照选定的装卸设备和相应的装卸工艺，进行必要的安全技术计算，规定作业程序，明确操作要求，绘制现场平面布置图示。

⑦运行作业计划：主要内容包括车队编组、运行指挥、通信联络、车辆标志、重要作业岗位职责、运行周期、每日运行计划安排、定点食宿、车辆停放、加油、检查、维护等。

⑧安全质量保障措施：遵循的法规及技术标准，制定质保计划，组建质保组织机构，进行全过程控制，对危险源的分析、控制和预防措施，对不符合项采取的纠正措施等。

⑨应急预案：包括运输全过程，突出主要作业环节，明确救助措施，落实协作网络，规定报告程序和处置要求。

（6）申报运输手续

按照交通运输主管部门的规定，准备申报必需的文件、资料、图样等，经审核批准领取“超限运输车辆通行证”；对需要检测、加固、改造的桥梁、路段技改工程，要与设计、施工单位签订合同，保留检测、设计技术文件，工程竣工后提供验收报告，并经路政部门许可；运输途中涉及交通管制时要与公安交通管理部门办理通行安全保障协作手续。

（7）货物装车加固

接收货物的原始记录，进行货物外观检查，确认有关标记，必要时拍照记录。按既定货物装载方案装车，并对货物进行符合安全规定的必要加固后进行安全检查，调整车辆的运行状态，检查货物装载状态。完善办理货物交接手续，交接双方签字确认。

运输工作组织包括：建立临时性的大件货物运输工作领导小组负责实施运输方案，执行运输合同和相应对外联系，组织大件货物运输工作所需各岗位工作人员，实行相关工作岗位责任制，保证大件货物安全运输。

（8）货物在途运输

严格按照规定的程序和规范操作，按既定的线路和车日行程运行，按规定的地点和期限停车作业、检查、食宿。对启运前、运输途中、抵达终点全程进行监督核查，并做好各项原始记录。如有重大风险可做评估，并明确规避风险的措施。

（9）货物卸车与交付

按指定的卸货地点和货物摆放的方位要求停放好车辆，重车交货。交接双方对货物检查验收，移交仪表记录；进行卸车，签署交接文件。

参考文献

[1] 中国铁路总公司. 铁路技术管理规程： TG/01—2014 [S]. 北京：中国标准出版社，2014.

[2] 中国铁路总公司. 铁路超限超重货物运输规则[S]. 北京：中国铁道出版社，2016.

[3] 中国铁路总公司. 标准轨距铁路限界 第1部分：机车车辆限界：GB 146. 1—2020 [S]. 北京：中国标准出版社，2020.

[4] 中国铁路总公司. 标准轨距铁路限界 第2部分：建筑限界： GB 146. 1—2020 [S]. 北京：中国标准出版社，2020.

[5] 交通运输部科学研究院. 道路大型物件运输规范：JT/T1295—2019 [S]. 北京：交通运输部，2019.

[6] 田葆栓. 中国铁路长大货物车使用手册[M]. 北京：中国铁道出版社，2005.

[7] 葛锋. 铁路大件货物运输发展对策研究[D]. 成都：西南交通大学，2014.

[8] 谭政民. 铁路阔大货物装载加固优化及决策支持研究[D]. 成都：西南交通大学，2016.

[9] 韩梅. 铁路货运技术[M]. 北京：中国铁道出版社，2016.

[10] 韩梅，郎茂祥. 铁路货物运输[M]. 北京：中国铁道出版社有限公司，2022.

[11] 韩杨，刘娜. 物流运输管理实务[M]. 北京：清华大学出版社，2020.

第7章

危险货物运输

本章介绍危险货物的概念、种类及其基本理化特性和运输特性。基于危险货物基本特性，介绍危险货物的包装、场库设备配置与危险货物仓储要求、以及危险货物载运工具、装卸设备、办理条件、作业要求等。介绍危险货物主要运输线路以及运输组织形式等。

7.1 危险货物的物理化学性质

7.1.1 危险货物的定义

危险货物是指具有爆炸、易燃、毒害、感染、腐蚀、放射性等危险特性，在运输、装卸和储存保管过程中容易造成人身伤亡、财产毁损或者环境污染而需要特别防护的物质和物品。不同品类的危险货物，其危险特性不同，在货物包装、运输、载运工具、装卸、储存保管及相关作业中的技术条件和防护要求也相应有所不同。但就需要采取特别的防护措施而言，却是对所有运输方式的共同要求。

目前，经由铁路运输的危险货物已多达数千种。按照危险货物的物理、化学性质及运输要求进行分类、分项，是铁路危险货物安全运输的重要保证。

7.1.2 危险货物的分类及其特性

目前我国铁路危险货物类、项的划分，基本是按照《关于危险货物运输的建议书—规章范本》、《危险货物分类和品名编号》(GB 6944—2012) 和《危险货物品名表》(GB 12268—2012) 所确定的类项，结合铁路运输实际情况进行制划定的，共9类、24项，具体见表 7.1。

表 7.1 铁路危险货物 9 类 24 项表

分类名称	分项名称	典型品名
第一类 爆炸品	有整体爆炸危险的物质和物品	电引爆雷管、雷酸汞
	有进射危险，但无整体爆炸危险的物质和物品	起爆引信、火箭、武器弹药筒
	有燃烧危险并有局部爆炸危险或局部进射危险，或同时具有这两种危险但无整体爆炸危险的物质和物品	块状火药、燃烧弹药、烟幕弹
	不呈现重大危险的物质和物品	弹药用雷管、轻武器弹药筒
	有整体爆炸危险的非常不敏感物质	B型爆破炸药、E型爆破炸药
	无整体爆炸危险的极端不敏感物质	极端不敏感爆炸性物品
第二类 气体	易燃气体	压缩氢、乙烷
	非易燃无毒气体	压缩氧、压缩空气
	毒性气体	液氯、液氨
第三类 易燃液体	易燃液体	汽油、乙醛
	液态退敏爆炸品	乙醇饮料
第四类 易燃固体、易于自燃的物质、遇水放出易燃气体的物质	易燃固体、自反应物质和固态退敏爆炸品	非晶体磷、三硝基甲苯、安全火柴、硫
	易于自燃的物质	黄磷、锂电池、活性炭、鱼粉
	遇水放出易燃气体的物质	锂、钠、硅铁、硅钙
第五类 氧化性物质和有机过氧化物	氧化性物质	过氧化氢、氯酸钾、过氧化氢(8%<含量<20%)
	有机过氧化物	过氧化氢异丙基、过乙酸
第六类 毒性物质和感染性物质	毒性物质	氰化物、三氧化二砷、煤焦沥青、硫酸二乙酯
	感染性物质	感染性物质、医院诊断废弃物、诊断样品
第七类 放射性物质	放射性物质	金属钍、金属铀
第八类 腐蚀性物质	腐蚀性物质	硝酸、蓄电池、氢氧化钠、碱性电池液、生石灰汞、染料等
第九类 杂项危险物质和物品，包括危害环境物质	本类指存在危险但不能满足其他类别定义的物质和物品	以微细粉尘吸入可危害健康的物质、高温下运输的物质、经基因修改的微生物和生物体等

1. 爆炸品

爆炸品是指在外界作用下（如受热、受压、摩擦、撞击等）能迅速发生剧烈化学反应，瞬间产生大量气体和热量，使周围压力急剧上升，发生爆炸，对周围环境造成破坏的物品。爆炸品主要包括6项，有整体爆炸危险的物质和物品，有迸射危险、但无整体爆炸危险的物质和物品，有燃烧危险并有局部爆炸危险或局部迸射危险或两种危险都有、但无整体爆炸危险的物质和物品，不呈现重大危险的物质和物品，有整体爆炸危险的非常不敏感物质，无整体爆炸危险的极端不敏感物品等。

爆炸性是爆炸品的主要特性。爆炸是一种迅速的物理、化学变化过程，一般具有变化极其迅速，瞬间放出大量能量的能力，从而产生巨大的推动力或破坏力，并且产生巨大的声响。爆炸品的爆炸性能，通常以敏感度、爆发点、爆速等指标衡量。

敏感度是炸药等爆炸品在外界能量作用下发生爆炸变化的难易程度，或者是某种爆炸品起爆所需要的最小起爆能。起爆能越小，敏感度越高。列入危险货物的爆炸品，一般都是对摩擦、撞击、震动、高热或火焰等敏感度高的物品，即受到摩擦、撞击、震动或者遇到高热、火焰容易发生爆炸的物品。

爆发点是指一定量的爆炸品在规定的试验条件下发生爆炸时加热介质的温度。爆发点是爆炸品在热能的作用下发生爆炸、燃烧或分解难易程度的衡量，反映爆炸品的热敏感度，通常在爆发点测定仪中测定。

爆速是指爆炸品被引发爆炸后，爆轰波沿着爆炸品传播的速度。通常使用爆速测定仪测定。爆速反映爆炸品爆破能力，是炸药的主要性能之一。

2. 气体

危险货物中的气体是指符合下述两种情况之一的物质，即在50 ℃时其饱和蒸气压大于300 kPa的物质，或20 ℃时在101.3 kPa标准压力下完全是气态的物质。

气体可以被压缩或者液化。在运输过程中，为了提高容器的单位体积容量，气体常在高压下被压缩或者液化以减小其占用承装容器的空间。承装有压缩气体或液化气体的容器承受着较高的压力，在运输过程中一旦受到撞击、强烈的震动、高热等外界作用，极易引发容器破裂或者气体泄漏造成燃烧、爆炸或中毒等事故，因而被列为危险货物。列入危险货物的气体主要有3项，包括易燃气体、非易燃无毒气体以及毒性气体。

3. 易燃液体

易燃液体是指易燃的液体或液体混合物，或是在溶液或悬浮液中有固体的液体，其闭杯闪点不高于60 ℃，或开杯闪点不高于65.6 ℃。易燃液体还包括在温度等于或高于其闪点的条件下提交运输的液体，和以液体在高温条件下运输或提交运输，并且在温度等于或低于最高运输温度下放出易燃蒸气的物质。符合易燃液体的定义，但闪点（闭杯）高于35 ℃而且不持续燃烧的液体不视为易燃液体。

通常，易燃液体的易燃危险性用闪点及爆炸极限来衡量。

闪点是易燃液体的蒸气与空气的混合气在接触火焰时发生闪火的最低温度。在闪点测定仪中测定，分为开杯闪点和闭杯闪点。闪点表示易燃液体能够被火焰引燃的最低温度，反映了易燃液体的易燃危险性，被用于易燃液体的分类、分项指标。列为危险货物的易燃液体根据其闭杯闪点不同分为一级易燃液体和二级易燃液体。一级易燃液体是指闪点（闭杯）低于23℃的液体；二级易燃液体是指闪点（闭杯）为23 ℃～60 ℃的液体。

爆炸极限是指一种可燃气体或可燃液体的蒸气与空气的混合物，遇到火花或者火焰能被引燃而发生爆炸的浓度范围。通常用该可燃气体或可燃液体的蒸气在混合物中的体积百分比（%）表示。能被引爆的最高浓度称为爆炸上限，能被引爆的最低浓度称为爆炸下限，爆炸上、下限所限定的浓度分为就是爆炸极限。可燃气体或可燃液体蒸气的爆炸下限越低、爆炸极限范围越宽，其易燃性越强。

通常，易燃液体具有易燃性、挥发性、较大的流动扩散性、遇高温或氧化剂易起火甚至爆炸、易积聚电荷性、受热膨胀性和毒性的特点。

4. 易燃固体、易于自燃的物质、遇水放出易燃气体的物质

列入本类的危险货物主要包括3项，即易燃固体、易于自燃的物质以及遇水放出易燃气体的物质。

易燃固体主要是指易于燃烧的固体和摩擦可能起火的固体，其易燃危险性主要以燃点和燃烧速率等衡量。燃点是物质被加热到一定温度时，接近火焰而着火并能够继续燃烧的最低温度，又称着火点或燃烧点。燃点越低，物质的易燃危险性越高。燃烧速率是指按规定的方法测定的物质在单位时间内燃烧的长度。易燃固体一般燃点低，对高热、撞击、摩擦等敏感，遇火源易燃，燃烧迅速并可能发出有毒烟雾或有毒气体。易燃固体按其危险性大小划分为一级易燃固体和二级易燃固体。

易于自燃的物质是指自燃点低，在空气中易发生氧化反应，放出热量而自行燃烧的物品。通常用自燃点来衡量易于自燃的物质的自燃危险性。自燃点是指物质被隔绝明火加热或自身氧化放热，而无须点火源即能够自动着火燃烧的最低温度。自燃点越低，物质的自燃危险性越高。易于自燃的物质按其危险性大小划分为一级自燃物品和二级自燃物品。

遇水放出易燃气体的物质是指遇水或受潮时，发生剧烈的化学反应，能够较快地放出一定量易燃气体和热量的物品。遇水放出易燃气体的物质遇水后，多释放出有毒或有

强腐蚀性的物质；遇水放出易燃气体的物质遇酸后，将发生更加激烈的反应，释放易燃气体和热量速度更快，会立即引起燃烧或爆炸。遇水放出易燃气体的物质按其危险性大小划分为一级遇水易燃物品和二级遇水易燃物品。

5. 氧化性物质和有机过氧化物

本类危险货物具有强氧化性，易引起燃烧、爆炸，包括2项，即氧化性和物质和有机过氧化物。

氧化性物质具有强氧化性，其本身不一定可燃，但易于分解并释放出氧和热量可能引起或促使其他物质燃烧。氧化性物质按其危险性划分为一级氧化性物质和二级氧化性物质。

有机过氧化物是指分子组成中含有过氧基，具有热不稳定性，对高热、震动或摩擦极为敏感，容易放热分解。

6. 毒性物质和感染性物质

毒性物质在误被吞咽、吸入或与皮肤接触后可能造成人或动物健康损害、严重损伤甚至死亡。毒性物质的毒害危险性主要用半数致死量（LD_{50}，lethal dose to 50%）衡量，又称致死中量或中间致命剂量。毒性物质按其毒性（半数致死量LD_{50}）大小划分为一级毒性物质（剧毒品）和二级毒性物质（有毒品）。

感染性物质主要是指含有病原体、会造成人类或动物感染疾病，引起病态甚至死亡的物品。

7. 放射性物质

放射性物品是指一些元素及其化合物或制品，能够自原子核内部自行放出穿透力很强而人的感觉器官不能察觉的粒子流（射线）而造成损害。根据放射性物品的特性及其对人体健康和环境的潜在危害程度，将放射性物品划分为一类、二类和三类。

8. 腐蚀性物质

腐蚀性物质是指通过化学作用在接触生物组织时会造成损伤或在渗漏时会严重损害甚至毁坏其他货物或运输工具的物质。

腐蚀性物质一般具有较强的化学活性，能够挥发出刺激性的蒸气、具有强烈的腐蚀性、毒性、易燃性和强氧化性等。腐蚀性物质按其性质划分为3项，即酸性腐蚀性物质、碱性腐蚀性物质以及其他腐蚀性物质等，每项都按其腐蚀性强弱分为一级腐蚀性物质和二级腐蚀性物质。

9. 杂项危险物质和物品

此类危险货物是指以上八类危险货物未包括的物质和物品，包括以微细粉尘吸入可危害健康的物质、在高温下运输或提交运输的物质、危害环境的物质以及经基因修改的微生物和生物体等。

7.2　危险货物的场库设备配置与仓储要求

根据各类、各项、各级危险货物的特性，其货物运输包装与储存条件都应有明确的规定与严格的要求。

7.2.1　危险货物的包装

危险货物运输包装是指以保障运输、储存安全为主要目的，根据危险货物性质、特点，按照国家有关法律、法规，专门设计制造的包装物、容器和采取的防护技术。

危险货物运输包装是危险货物安全运输的重要防护，其主要作用包括：

（1）防止危险货物受到高温、雨雪、潮湿空气等外界影响而产生变质或者发生化学反应继而引发事故。

（2）通过包装保护货物处于完整状态，防止货物撒漏、渗漏、挥发造成污染或事故、损坏其他货物或运输工具。

（3）通过包装保护货物处于相对稳定的状态，减少或避免运输、装卸及各种作业过程中货物受到摩擦、撞击、震动等而引发自燃、爆炸等事故。

（4）提高保管、装卸、运输等各作业环节及作业人员的安全性，便于进行各项作业，提高运输效率。

1. 危险货物的包装分类

（1）按危险货物种类分

①通用包装

适用于GB 6944—2012和GB 12268—2012中第3～6类危险货物和第1、第8类中的某些货物。

②专用包装

常见的专用包装主要有两种，即爆炸品专用包装以及针对特殊的危险货物用于某种特殊性质而采用的包装，如双氧水专用包装、二硫化碳专用包装、黄磷专用包装等。

③气瓶包装

气体危险货物的专用包装。此类包装的显著特点是能承受一定的内压力，所以又被称为压力容器。

④抗辐射包装

由于放射性物质本身的放射性污染和广泛的辐射作用，包装材料和结构应具有封严、抗压、抗辐射和抗射线穿透的化学和物理性能。

⑤抗腐蚀包装

腐蚀性物质具有腐蚀性，需用不同的耐腐蚀材料用于货物包装。如氢氟酸具有强腐蚀性，能侵蚀玻璃，因此，不能使用玻璃容器盛装，一般使用耐腐蚀的塑料容器、橡胶桶装运。

（2）按包装材料分类

按危险货物运输包装的材料不同，可将包装分为木质包装、金属包装、塑料包装、编制材料包装、玻璃陶瓷包装和棉麻织品包装等。应根据GB 6944—2012中9类、24项危险货物的不同性质，选择合适的包装材料。

（3）按包装类型分类

按包装形式不同，可将危险货物运输包装分为桶、箱、袋三大类。桶类包装有铁桶、铝桶、复合桶、木板桶、胶合板桶、厚纸板桶和塑料桶等；箱类包装有集装箱、铁皮箱、密木箱、胶合板箱、纤维板箱等；袋类有棉布袋、麻袋、乳胶布袋、塑料袋、纸袋等。

2. 危险货物的包装原则

危险货物的运输包装必须满足以下几个基本原则：

①包装的材质应与所装危险货物的性质适应，即包装材料及容器性质与所装危险货物直接接触部分不受化学反应的影响。

②包装容器应有一定的强度，能经受运输过程中正常的冲击、震动、挤压和摩擦。

③包装及容器的封口必须严密、牢固，并符合所装危险货物的性质和运输要求。

④货物包装与运输包装之间应加适当的衬垫，以防止运输过程中内、外包装之间、包装和包装之间及包装和装卸机具之间发生冲撞、摩擦、震动而使内容器破损。

⑤包装应能经受一定范围内温度、湿度的变化。

⑥包装的质量、规格和形式应适应运输、装卸和搬运条件，如包装的质量不能过重、体积不能过大；形式结构应便于各种装卸方式作业；外形尺寸应与有关运输工具包括托盘、集装箱的容积相匹配等。

⑦应有规定的包装标志和储运指示标志，以便于并保证运输、装卸、搬运等作业安全。

3. 危险货物包装标志

危险货物标志分为标记（见表7.2）和标签（见表7.3），其中标记4个，标签26个，其图形分别标示了9类危险货物的主要特性。

除另有规定外，根据《危险货物品名表》（GB 12268—2012）确定的危险货物正式运输名称及相应编号，应标示在每个包装件上。如果是无包装物品，标记应标示在物品上、其托架上或其装卸、储存或发射装置上。

表 7.2　危险货物标记

序　　号	标记名称	标记图形
1	危害环境物质和物品标记	 （符号：黑色，底色：白色）
2	方向标记	 （符号：黑色或正红色，底色：白色）  （符号：黑色或正红色，底色：白色）
3	高温运输标记	 （符号：正红色，底色：白色）

表 7.3 危险货物标签

序 号	标签名称	标签图形	对应的危险货物类项号
1	爆炸性物质或物品	 （符号：黑色，底色：橙红色）	1.1 1.2 1.3
		 （符号：黑色，底色：橙红色）	1.4
		 （符号：黑色，底色：橙红色）	1.5
		 （符号：黑色，底色：橙红色） **项号的位置——如果爆炸性是次要危险性，留空白 *配装组字母的位置——如果爆炸性是次要危险性，留空白	1.6

续上表

序 号	标签名称	标签图形	对应的危险货物类项号
2	易燃气体	 （符号：黑色，底色：正红色）	2.1
		 （符号：白色，底色：正红色）	
	非易燃无毒气体	 （符号：黑色，底色：绿色）	2.2
		 （符号：白色，底色：绿色）	
	毒性气体	 （符号：黑色，底色：白色）	2.3

续上表

序　号	标签名称	标签图形	对应的危险货物类项号
3	易燃液体	 （符号：黑色，底色：正红色）  （符号：黑色，底色：正红色）	3
4	易燃固体	 （符号：黑色，底色：白底红条）	4.1
	易于自燃的物质	 （符号：黑色，底色：上白下红）	4.2
	遇水放出易燃气体的物质	 （符号：黑色，底色：蓝色）  （符号：白色，底色：蓝色）	4.3

续上表

序　号	标签名称	标签图形	对应的危险货物类项号
5	氧化性物质	 （符号：黑色，底色：柠檬黄色）	5.1
	有机过氧化物	 （符号：黑色，底色：红色和柠檬黄色）  （符号：白色，底色：红色和柠檬黄色）	5.2
6	毒性物质	 （符号：黑色，底色：白色）	6.1
	感染性物质	 （符号：黑色，底色：白色）	6.2

续上表

序　号	标签名称	标签图形	对应的危险货物类项号
7	一级放射性物质	 （符号：黑色，底色：白色，附一条红竖条） 黑色文字，在标签下半部分写上： “放射性” “内装物_____” “放射性强度_____” 在“放射性”字样之后应有一条红竖条	7A
	二级放射性物质	 （符号：黑色，底色：上黄下白，附两条红竖条） 黑色文字，在标签下半部分写上： “放射性” “内装物_____” “放射性强度_____” 在一个黑边框格内写上：“运输指数” 在“放射性”字样之后应有两条红竖条	7B
	三级放射性物质	 （符号：黑色，底色：上黄下白，附三条红竖条） 黑色文字，在标签下半部分写上： “放射性” “内装物_____” “放射性强度_____” 在一个黑边框格内写上：“运输指数” 在“放射性”字样之后应有三条红竖条	7C

续上表

序　号	标签名称	标签图形	对应的危险货物类项号
7	裂变性物质	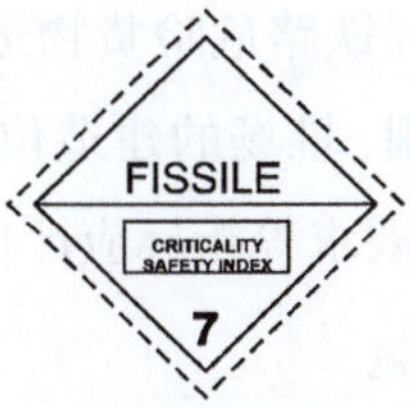 （符号：黑色，底色：白色） 黑色文字 在标签上半部分写上："易裂变" 在标签下半部分的一个黑边框格内 写上："临界安全指数"	7E
8	腐蚀性物质	 （符号：黑色，底色：上白下黑）	8
9	杂项危险物质和物品	 （符号：黑色，底色：白色）	9

7.2.2　危险货物的仓储管理

1. 危险货物仓储的要求

（1）根据危险货物的性质，危险货物仓储仓库、作业站台、专用雨棚等专用设施、设备要与所办理危险货物的品类和运量相适应。耐火等级、防火、防爆、防雷、防静电、污水排放和污物处理等应符合国家有关规定和技术标准。

（2）危险货物集装箱办理站应设置专用场地，并按货物性质和类项划分区域。场地应具备消防、报警和避雷等必要的安全设施；配备装卸设备设施及防爆机具和检测仪器。危险货物集装箱的堆码存放应符合铁路危险货物配方表中的有关规定。严禁在站内办理危险货物集装箱的装箱、掏箱作业。

（3）危险货物的仓储场所应配备有关检测设备和报警装置，作业人员应经过危险货物运输、仓储等业务知识培训，掌握铁路危险货物运输规定并配备相应的防护用品。

（4）危险货物仓库、站台、雨棚、堆场的建造位置、结构、高度、宽度、面积、防火间距、与相邻建筑与设施的安全距离要求等指标应严格遵守规定。

2. 危险货物仓储的设备与设施

（1）仓库

仓库是堆放和保管危险货物的主要场所和设施，根据危险货物品类与性质的不同，仓库的设置与货物储存要求不同。

①一般危险货物仓库

危险货物仓库应按危险货物分类分别建造，化学性质相近、灭火方法相同的货物可合建一个仓库。

危险货物仓库不应设置在地下或半地下，仓库应采用单层结构，其耐火等级不应低于二级。仓库净高不得小于4.2 m并应设置带有防护措施的高窗，窗台高度不得低于2.0 m。仓库的面积应根据储存的危险货物类别与耐火等级确定。仓库应设置不少于两个、独立的安全出口。

危险货物仓库的地面与墙裙应不渗漏，耐酸、碱腐蚀，地面和3 m以下内墙面的材料应不产生火花并便于清洗；储存液体危险货物的仓库应设置防止液体流散的设施；遇湿会发生燃烧爆炸的物品仓库应设置防水浸渍的措施。

危险货物仓库与其他危险货物仓库、建筑、铁路公路线路等的防火间距和安全距离应根据其所储存的危险货物品类决定，并符合《铁路危险货物办理站、专用线（专用铁路）货运安全设备设施暂行技术条件》。

②爆炸品地面仓库

用于储存爆炸品的危险货物仓库应为单层建筑，其耐火等级不得低于二级。每个仓库使用面积不宜超过100 m^2，室内净高不宜低于3 m，不宜大于3.6 m。爆炸品地面仓库应设置独立的安全出口，出口数量不应少于2个，且仓库门应向外平开，门洞宽度不应小于1.5 m，高度不宜小于2 m。

储存具有火灾爆炸危险性货物的仓库，其中所有金属用具及门窗零部件等均应设置接地。仓库货物储存区、装卸作业区及出入口，应设置除静电装置。仓库不应采用侧拉门、弹簧门、卷帘门等易产生火花的设施。仓库应设置独立的避雷针、避雷线（网）以及相关防护屏障，防护屏障的形式应根据总平面布置、运输方式、地形条件等因素确定，可采用防护土堤、钢筋混凝土防护挡墙等形式。

仓库与周围车站、铁路线路、外部建筑等的防火间距和安全距离应按照单个仓库计算药量与建筑性质决定。

③放射性物品仓库

用于储存放射性物品的危险货物仓库宜采用地下建筑，耐火等级不得低于二级，墙体及屋盖宜采用钢筋混凝土结构。

放射性物品仓库的门窗应具有良好的防射线穿透性能，并设置不少于两个且独立的安全出口。仓库应采用装有铁栅和透明铅玻璃的高侧窗，仓库室内墙面应平整、光滑，地面应便于洗刷并设地漏，屋面应设自然通风设置。

(2)站台、堆场和雨棚

通常情况下，货物站台与仓库配套设置，站台与仓库紧邻且平行于仓库纵向轴线。站台与货物装卸线宜采用一线一台矩形站台布置形式（如图7.1所示）；危险货物运量较大特别是装卸量大致相当时，可采用两台夹一线矩形站台布置（如图7.2所示），提高货车双重作业系数。

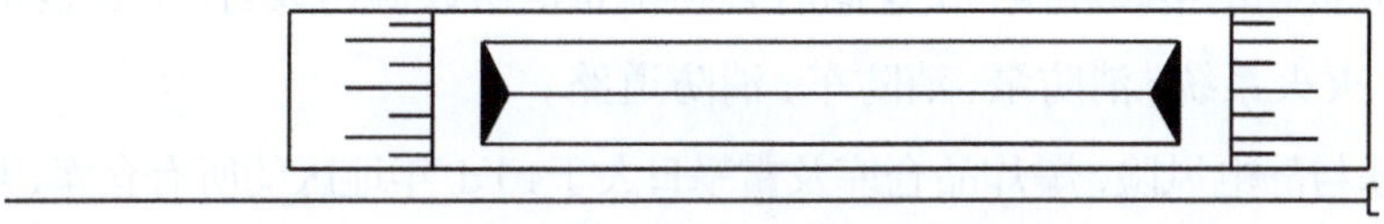

图 7.1　一线一台矩形站台布置形式示意图

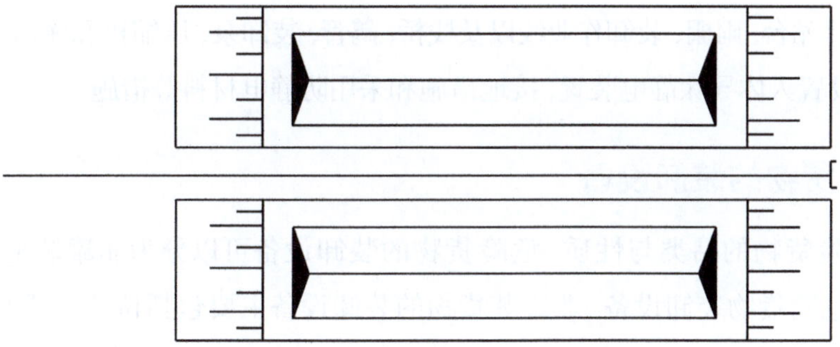

图 7.2　两台夹一线布置形式示意图

用于临时堆放危险货物的站台、堆场和雨棚地面应硬化、不渗漏、耐化学腐蚀、易于清洗。存放具有火灾危险性货物时地面材料应不产生火花并便于清洗，采用绝缘材料作整体面层时应采取防静电措施。站台的宽度一般不应小于15 m。堆场和雨棚的宽度应根据货运量、货位布置及排数、货位宽度和装卸机械类型确定。堆场和雨棚的长度除应满足堆场面积需要外，还应满足取送车组长度的需要。

(3) 储罐

储罐主要用于储存气体危险货物、非气体易燃性货物、毒性物质、腐蚀性物质等，根据储罐储存的危险货物品类不同，储罐的设计压力、厚度、布置、安全距离等指标也有所区别。

常温储存气体储罐的设计压力应当以规定温度下的工作压力为基础确定，并根据液化气体的临界温度与是否有保冷设施决定。储罐应设计液位计、温度计、压力表、安全阀以及高液位报警器、低液位报警器和高液位自动联锁切断进料等。

储罐应采用地上式布置。储罐布置形式应根据储罐类型和储存的危险货物性质确定。非气体有易燃性的物质储罐应成组布置，具有火灾危险性的液体、毒性物质及腐蚀性物质宜单独设立罐区，性质或消防方法相抵触的货物储罐不得同组布置。

储罐与专用线、专用铁路、铁路装卸设施等建筑的安全距离应根据储罐类型与单罐容量确定。

(4) 辅助设施设备

为保障危险货物的仓储安全，仓储区域应配备辅助设施、设备以进行消防。

针对危险货物的可燃风险，在仓储时必须配备消防设施与设备，主要包括灭火器材、消防水系统、灭火系统、消防泵、消防车、消防道路。

针对雷暴与静电风险，爆炸品仓库及雷暴日大于40 d/年地区的所有仓库、堆场、雨棚应采用独立避雷针或架空避雷线（网），使被保护的建筑物处于接闪器的保护范围内；雷暴日小于40 d/年地区的危险货物（爆炸品除外）仓库、堆场、雨棚应装设避雷针或避雷网，或者两者兼备。仓库、站台、雨棚、装卸作业线以及栈桥、鹤管、装卸泵、压缩机和输送管道，根据相关技术要求设置人体导除静电装置、接地措施和采用防静电材料等措施。

7.3 危险货物的装卸设备

按照危险货物的品类与性质，危险货物的装卸设备可以分为非罐装危险货物装卸设备与罐装危险货物装卸设备。非罐装货物的装卸设备主要包括桥式起重机、门式起重机、正面吊、叉车、手推车等，罐装货物的装卸设备有栈桥、鹤管、作业泵、输送管线、流量计等。非罐装危险货物的装卸设备与普通货物装卸设备具有通用性，本节主要介绍罐装危险货物装卸设备。

7.3.1 栈桥

栈桥是指在车站、港口或工厂中，为运输材料、设备或用于装卸货物而修建的临时桥式结构，其外形结构如图7.3所示。

图7.3　栈桥

在危险货物运输中，栈桥是罐装危险货物装卸作业的主要设备之一。栈桥上设置液体、气体货物装卸鹤管；栈桥及其附属物应使用耐火、耐腐蚀、不渗水材料建造，耐火等级不低于三级。罐装危险货物装卸线与栈桥宜采用横列式布置形式。性质相近或相似的液体货物装卸时可同桥布置；毒性物质和腐蚀性物质的栈桥宜单独设置。

栈桥的桥面宜高于轨面3.5 m，栈桥的长度取决于一次装卸车辆数，栈桥的宽度取决于设备配置及装卸作业方式等。

7.3.2　鹤管

鹤管，又称流体装卸臂，是一种用于液体装卸的特殊设备，广泛应用于石油、化工等行业。鹤管采用旋转接头与刚性管道及弯头连接起来，以实现载运工具与栈桥储运管线之间的液体介质传输。鹤管具有很高的安全性、灵活性及较长的使用寿命，是装卸油料介质的理想设备。

按照匹配的运输方式，鹤管可分为铁路装卸鹤管和公路装卸鹤管。

1. 铁路装卸鹤管

铁路装卸鹤管主要服务于铁路油罐车，适用于装卸各类燃料油、润滑油、食用油、原油、重油等油料，以及铁路油罐车装运的其他液体货物。铁路装卸鹤管的外形结构如图7.4所示。

图7.4　铁路装卸鹤管

2. 公路装卸鹤管

公路装卸鹤管主要用于公路油罐车的装卸作业，其外形结构如图7.5所示。

图 7.5　公路装卸鹤管

7.3.3　装卸泵

装卸泵是用于装卸液体危险货物常用装卸设备，根据泵的结构可以分为往复式装卸泵、离心式装卸泵、叶片式装卸泵等，其外形结构如图7.6所示。

图 7.6　装卸泵

装卸泵在使用与设置时，泵体与叶轮材质应与所装卸货物的性质、操作温度、压力及环境温度相适应。在装卸易挥发、易燃、易爆介质时，泵应采用机械密封及相应的辅助结构，并配备防爆电机；在装卸毒性物质时，宜选用屏蔽泵或磁力泵。此外，气体、轻质油品、液态职业性接触毒物（Ⅰ、Ⅱ级）和酸、碱腐蚀性液体的输送泵宜分别设置泵房或露天泵站，输送一级毒性物质的泵房与其他泵房应分隔设置。

7.3.4　输送管道

输送管道是用于输送液体和气体物质的管道，一般运输原油、天然气等危险货物。

管道的材质应与输送的货物性质相容，且管道的强度、刚度、焊接、焊接检验与试压等均应符合国家标准。输送管道的设计压力应按管道系统起点的最高工作压力确定。

管道及其附件的外表面需涂刷防腐涂层，管道的保温层外应设良好的防水层，埋地管道应采取防腐绝缘或其他防护措施。地上或管沟内的管道，应敷设在管墩或管架上。必须采用管沟敷设时，应采取防止物料在管沟内积聚的措施。输送易凝物料的管道，应采取防凝措施。

7.4　危险货物载运工具

7.4.1　铁路危险货物载运车辆

1. 棚车

棚车是铁路货物运输中的主要车辆类型之一。由于棚车具有全封闭式车辆结构，能够避免运输中的货物遭受日照高温、雨雪湿淋等侵袭，适用于部分类别危险货物的运输。

（1）竹底棚车或木底棚车可用于装运爆炸品，或装运钢桶包装的一级易燃液体。使用时，须对车辆门口处金属磨耗板、端侧墙的金属部分采用非破坏性措施进行衬垫隔离处理。

（2）毒品车是专门用于运输毒性物质的棚车，车体易腐部分均采用耐候钢，车体内部所有焊缝均为满焊封闭。W6S型毒品车车辆外形如图7.7所示。

图 7.7　W6S 型毒品车

2. 罐车

罐车是铁路危险货物运输中广泛使用的车辆类型。

罐车按车辆所有权不同，分为铁路产权罐车和企业自备罐车。铁路产权罐车限装品名为原油、汽油、煤油、航空煤油、柴油、石脑油、溶剂油、轻质燃料油及非危险货物的重油、润滑油。自备罐车装运危险货物，品名范围及车种要求应符合《铁路危险货物品名表》“特殊规定”栏的特殊规定。苯、粗苯、甲苯、乙苯、二甲苯可用罐体涂打“苯类”字样的自备罐车运输；汽油、煤油、航空煤油、柴油、石脑油、溶剂油、轻质燃料油可用罐体涂打“轻油类”字样的自备罐车运输。

罐车按装运货物类别不同，主要包括轻、粘油类通用罐车、酸碱类罐车、黄磷罐车、液化气体类罐车等。装运酸、碱类的罐车罐体为全黄色，罐体两侧纵向中部应涂装有一条宽300 mm黑色水平环形色带；装运煤焦油、焦油的罐体为全黑色，罐体两侧纵向中部应涂装有一条宽300 mm红色水平环形色带；装运黄磷的罐车罐体为银灰色，罐体中部无环形色带。装运其他危险货物罐车罐体本底色应为银灰色，罐体两侧纵向中部应涂装有一条宽300 mm表示货物主要特性的水平环形色带：红色表示易燃性，绿色表示氧化性，黄色表示毒性，黑色表示腐蚀性。环带上层200 mm宽涂蓝色，下层100 mm宽涂红色或黄色分别表示易燃气体或毒性气体。环带300 mm为全蓝色时表示非易燃无毒气体。

(1) 轻油类罐车

轻油类罐车主要装运汽油、煤油、柴油等轻油类介质，也可以装运苯类、醇类等相对密度小于1，无腐蚀性的化工介质，主要类型有G16、G17D、G17G、G18、G19、G50、G60、G70、GQ70等。GQ70型轻油罐车外形如图7.8所示。

图 7.8 GQ70 型轻油罐车

(2) 粘油类罐车

粘油类罐车主要供装运非危险货物的重油、润滑油等油类介质，主要类型有G17A、G17B、G17BT、G12等。

(3) 酸碱类罐车

酸碱类罐车主要装运浓度98%以上的浓硫酸及浓度47%以下的液碱（氢氧化钠），主要类型有G10（浓硫酸车）、GJ70型（液碱车）等。

(4) 液化气体铁路罐车

液化气体铁路罐车适用于装运易燃、易爆的危险品，如液化石油气、液氨等货物，也可用于装运与上述货物性质相似的丙烯、丙烷、液氯、液态二氧化硫等，主要有GY60、GY70、GY80、GY80SK、GY95K、GY100SK等系列。GY95K型液化气体罐车结构如图7.9所示。

图7.9 GY95K型液化气体罐车

罐车相比于其他载运工具具有装卸方便、运输能力大、安全性较高等特点。此外，罐车作为运输工具可以直接起到包装容器的作用，且包装牢固和严密，货物不需要额外的货物包装或者运输包装，降低了运输成本。

7.4.2 危险货物集装箱

铁路危险货物集装箱除应执行铁路集装箱及其装卸场所、设施的一般规定外，还应符合下列规定：

(1) 危险货物集装箱仅办理危险货物品名表中下列品类：

①铁路通用箱：二级易燃固体、二级氧化性物质、腐蚀性物质（二级酸性腐蚀性物质、二级碱性腐蚀性物质、二级其他腐蚀性物质）。

②自备危险货物集装箱：除铁路通用箱可装运的货物类别外，还可装运二级毒性物质。

(2) 自备危险货物集装箱投入使用前，铁路局集团公司应在《铁路危险货物集装箱编号登记簿》（格式见表7.4）中进行登记并编号，编号方式如：京TWX0001。

表 7.4　铁路危险货物集装箱编号登记簿

发站：

序号	装运品名	箱号	类型	总重（kg）	自重（kg）	标记载重（t）	标记容积（m^3）	集装箱规格			罐体规格		产权单位名称
								长（mm）	宽（mm）	高（mm）	罐体直径（mm）	罐体长度（mm）	

注:本表 A4 纸印刷

（3）危险货物集装箱同一车限装同一品名、同一铁路危险货物编号的危险货物；包装应与《铁路危险货物运输管理规则》一致。装箱时应采取安全防护措施，防止货物在运输途中倒塌、窜动和撒漏。运输时只允许办理一站直达并符合办理限制要求。

7.5 危险货物的主要运输线路和运输组织方式

7.5.1 危险货物的主要运输方式

危险货物多用于工业生产原料、科学研究、居民生活等领域，其用途极为广泛、生产运输意义重大。由于大多危险品供、销两地相距较远，需要依托城际间的公路、铁路、水运等运输网络运输。一般地，危险货物的运输方式包括公路、铁路、水运、管道等，每种运输方式有相应的适用范围。

1. 管道运输方式

管道运输是输送原油和成品油最主要的方式。与其他运输方式相比，管道运输最为经济、安全、可靠。20世纪60年代以后，随着我国石油工业的蓬勃发展以及大庆、胜利等油田的建设，管道运输得到极大发展。

（1）输油管道

长距离输油管道由输油站和管线两大部分组成。输油管道的起点称为首站，沿途设有中间泵站，输油管道末站接受输油管道送来的全部油品，供给用户或以其他方式转运，因此末站会有较多的油罐和计量装置。

输油管道的主要设备包括：

①离心泵与输油泵站

泵是国内外输油管线广泛采用的原动力设备，大型的输油泵可以采用多级离心泵串联工作，输油泵站的基本任务是提供一定的能量，将油品输送至终点站。

②输油加热炉

在原油输送过程中，需要进行加热输送，从而使原油温度升高，防止输送过程中原油在管道中发生凝结，减少结蜡，降低能耗。目前在我国应用较为广泛的是管式加热炉。

③储油罐

应用较广的储油罐是钢制金属油罐，因其安全可靠、经久耐用等优点，可以储存各种油品。而非金属储油罐大多用于储存原油或者重油。

④管道系统

输油管道一般采用有缝或无缝钢管。焊接钢管又称有缝钢管，是目前输油管路的主要用管。

⑤清管设备

油品运输过程中，由于管道结蜡造成的管径缩小，会使输油阻力增加、能力下降，严重时甚至会引发凝管事故。因此需要使用清管设备处理管道结蜡。目前较为经济有效的处理方法是机械清蜡，从泵站收发装置处放入清蜡球或者其他刮蜡器械，利用泵输送的原油在管内顶推清蜡工具完成清蜡。

⑥计量及标定装置

在现代管道运输系统中，流量计不仅起到计量作用以及时掌握油品的收发量、库存量和损耗量，还能够监测输油管运行，调整全线运行状态，矫正输油压力与流速、发现泄漏等。

（2）输气管道

输气管道系统主要由矿场集气网、干线输气管道、城市配气管网以及与此相关的站、场等设备组成。输气系统各项设备从气田的井口开始，经矿场集气、净化以及干线输送，再经过输气网送到用户，形成密闭、统一的输气系统。输气过程包括：

①矿场集气

集气设备包括井场、集气管网、集气站、天然气处理厂和外输总站等。该过程从井口开始，经分离、计量、调压、净化和集中等一系列过程，到向干线输送为止。

②输气站

输气站的任务是对气体进行调压、计量、净化、加压和冷却，使气体按要求沿着管道向前流动。

③干线输气

干线输气即从矿场附近的输气首站开始到重点城市配气站为止的输送过程。

④城市配气

城市配气是指从干线终点配气站开始，通过各级配气管网和气体调压按用户要求直接向用户供气的过程。

2. 铁路、公路运输方式

铁路运输以及公路运输是目前普遍使用的危险货物运输方式。

铁路危险货物运输制定了严格的规章制度、规范的管理体系和严密的监管流程，危险货物办理车站、相关作业人员、押运人员等都必须获得相应的资质。铁路运输网络相对独立，随着全国铁路网络建设和布局优化，铁路运输的规模效应愈加明显。此外，铁路行车受外界环境影响较小，运输可靠性和安全性更高。因此，铁路危险货物运输具有距离长、成本低、更安全、更环保，事故率相对较低等综合优势。

公路运输以其运输组织灵活、可达性高等优势，成为接驳铁路货场和危险货物供、需企业的重要方式，是实现门到门运输的重要手段。对于需要长距离运输的危险货物，公铁联运可以实现运输方式合理分工、运输模式优化组合、有效降低运输成本和运输风险等综合目标。

7.5.2 危险货物运输作业流程

1. 铁路危险货物运输作业流程

(1) 危险货物办理站管理

危险货物办理站（简称办理站）是站内或接轨的专用线（含专用铁路）办理危险货物发送（含换装）、到达业务的车站。

按类型危险货物办理站可以分为三种：

①站内办理站：仅在站内办理危险货物业务的车站。

②专用线接轨站：仅在接轨的专用线办理危险货物业务的车站。

③兼办站：在站内和接轨的专用线均办理危险货物业务的车站。

危险货物办理站除应执行铁路货场、专用线一般规定外，还应符合铁路危险货物办理站、专用线货运安全设备设施有关技术条件等相关规定以及有关法律、法规、规章对危险货物运输安全管理、安全作业、安全培训和应急处置等要求。

危险货物办理站受理危险货物时，应对货物运单、托运人提供的相关证明等材料进行核查，并检查货物运单记载的品名、类项、编号等内容与铁路危险货物品名表的规定是否相统一，发到站、办理品名、装运方式与办理限制是否相统一，货物品名、重量、件数与货物运单记载是否相统一等。

(2) 危险货物业务办理

危险货物仅办理整车和集装箱运输。国铁集团运输部归口管理国家铁路危险货物运输工作，铁路局集团公司是管内铁路危险货物运输管理的责任主体，各相关单位（部门）应落实领导负责制、专业负责制、岗位负责制、逐级负责制，确保铁路危险货物运输安全。

办理危险货物运输业务时，应符合以下规定：

①铁路危险货物运输实行托运人资质认证制度。办理危险货物运输的托运人应具有国家有关部门审批认定的危险货物生产、储存、使用、经营许可资格，按规定取得“铁路危险货物托运人资质证书”或“铁路进出口危险货物代理人资格确认件”。

②铁路局集团公司应与托运人每年签订托运危险货物安全协议，并将托运人名称、托运品名范围、协议有效期（起止日期）等上报国铁集团货运部备案，国铁集团货运部在

危险货物托运人名称表中公布。

签订托运危险货物安全协议时，铁路局集团公司应查验托运人提供的下列相关材料：托运品名范围；营业执照；危险化学品安全生产许可证，安全使用许可证，经营许可证或工业产品生产许可证。

铁路局集团公司应按照《铁路危险货物运输管理规则》，将要求的相关材料存档，填写托运人登记表，建立托运人材料信息化档案。

③禁止运输法律、法规禁止生产和运输的危险物品、危险性质不明及未采取安全措施的过度敏感或者能自发反应而产生危险的物品。

凡性质不稳定或由于聚合、分解在运输中能引起剧烈反应的危险货物，托运人应采用加入稳定剂或抑制剂等方法，保证运输安全，并在货物运单“托运人记载事项”内填写“已加入稳定剂或抑制剂”字样。

④铁路危险货物品名表“特殊规定”栏规定符合按普通货物运输条件的，铁路局集团公司应在其包装方法和包装标志满足危险货物要求，并使用整车或集装箱装载单一品名的情况下，批准其可按普通货物条件运输。托运人应在货物运单“托运人记载事项”栏内注明“×××(铁危编号)，可按普通货物运输”。

铁路办理危险货物运输办理时，应严格遵照《危险货物品名表》进行承运。托运人托运危险货物时，应在货物运单“货物名称”栏内填写危险货物品名和铁危编号，在货物运单的右上角用红色戳记标明类项名称，并在货物运单“托运人记载事项”栏内填写经办人身份证号码，对派有押运员的还需填写押运员姓名、身份证号码。

托运人托运危险货物时，应如实写明收货人名称、货物的名称、性质、重量、数量等，不得匿报、谎报品名、性质、重量，不得在普通货物中夹带危险货物。

⑤危险货物运输包装应符合国家有关法律、法律和标准的要求，并与内装物的性质、特点相适应。货物包装上应牢固、清晰地标明《危险货物包装标志》和《包装储运图示标志》中相应的包装标志和储运标志。

⑥危险货物装卸作业前，应对车辆和仓库进行必要的通风和检查，向装卸工组说明货物品名、性质、作业安全事项并准备好消防器材和安全防护用品。对车辆采取防溜、防护措施。作业时要轻拿轻放，堆码整齐稳固，防止倒塌，严禁倒放、卧装（钢瓶等特殊容器除外）。装卸车作业严格按照《铁路危险货物运输管理规则》规定的要求进行。

爆炸品、硝酸铵、剧毒品、气体类和其他另有规定的危险货物运输作业实行签认制度。作业应按规定程序和作业标准进行并签认。要对作业过程内容的完整性、真实性负责，严禁漏签、代签和补签。签认单保存期半年。

⑦根据危险货物性质调配专用车辆装运，装运时同一车限同一品名、同一铁危编号。根据危险货物特殊性质，在调车作业和运输编组隔离、车辆技术检查、整备、检修等技术作业中需采取特殊防护事项，要有明确规定，并应书面通知有关单位和人员。危险货物应快装、快卸、快取、快送、优先编组、优先挂运。站内停放危险货物车辆时，应采取安全防护措施，对需要看护的重点危险货物，由车站派员看守并报告铁路公安部门。

运输爆炸品、剧毒品、气体、硝酸铵等危险货物必须实行全程随车（货）押运。装运剧毒品罐车、罐式箱不需押运。其他危险货物需要押运时按有关规定办理。危险货物途中押运人擅离职守的应甩车。

⑧危险货物应按其性质和要求存放在指定的仓库、雨棚等场地。存放保管危险货物时，应符合《铁路危险货物配放表》的要求。《铁路危险货物配放表》见表7.5。编号不同的爆炸品不得同库存放。堆放危险货物的仓库、雨棚等场地应清洁干燥、通风良好，配备充足有效的消防设施。货场应设置明显的安全警示标志，应建立健全值班巡守制度。

对到达的货物要及时通知收货人，做到及时交付货物，及时取送车辆。货位清空后，需及时清扫、洗刷干净。对撒漏的危险货物及废弃物，应及时通知收货人进行处理。对危险性大、撒漏严重的，要会同安监、卫生防疫、环保、消防等部门共同处理。

⑨装运过危险货物的货车、卸后应清扫干净。下列情况应进行洗刷除污：装过剧毒品的毒品车；发生过撒漏、受到污染（包括有刺激异味）的货车；回送检修运输过危险货物的货车。

未经洗刷除污合格的货车严禁使用或排空。

⑩不同危货配装或拼箱时，应满足有关禁止配装的规定。装载易燃易爆货物的车辆应停止自动制动机作用（俗称关门车，即关闭车辆制动缸的截断塞门），防止列车运行中闸瓦与车轮踏面摩擦产生高温或发出火星可能导致引燃引爆。在车场应有固定存放的线路，避免与其他车辆混合存放，调车作业时，应禁止溜放，防止该车辆与其他车辆发生冲撞引发事故。列车中编挂有危货车辆时，应实行必要的隔离，使易燃易爆物品与火源隔离或万一发生意外时，尽量减少或避免扩大损失。

2. 公路危险货物运输作业流程

公路危险货物运输作业基本内容与铁路危险货物运输相同，但依据的法规、规章不同。

（1）托运与承运

办理公路危险货物托运时，仅限于《汽车运输危险货物品名表》内列载的货物，托运时提交技术说明书。公路运输企业承运危险货物，须经有关部门审核批准后方可办理。

表 7.5　铁路危险货物配放表

危险货物的种类和品名				品名编号	配放号													
危险货物	气体	易燃气体		21001—21061，21063—21064	1	1												
		非易燃无毒气体	氧、空气、一氧化二氮（氧及氧气空钢瓶不得与油脂在同库配放）	22001，22003，22017	2	△	2											
			其他非易燃无毒气体	22005—22016，22019—22055	3			3										
		有毒气体（液氯及液氨不得在同库配放		23001—23061	4				4									
	易燃液体			31001—31055，31058，31101—31302，31319，32001—32150，32152	5		×		×	5								
	易燃固体、易于自燃的物质、遇水易放出易燃气体的物质	易燃固体（发孔剂H不得与酸性腐蚀性物质及有毒或易燃酯类危险物品配放）		41001—41062，41501—41554	6		×		×		6							
		易于自燃的物质	一级易于自燃的物质	42001—42040	7	×	×		×	×	×	7						
			二级易于自燃的物质	42501—42526	8	△	△		×	△			8					
		遇水放出易燃气体的物质（不得与含水液体货物在同库配放）		43001—43051，43501—43510	9	△	△		△			×		9				
	氧化性物质和有机过氧化物	氧化性物质	过氧化氢	51001，51501	10					×		△	△	×	10			
			亚硝酸盐、亚氯酸盐、次（亚）氯酸盐（注2）（注5）	51043—51046，51071—51074，51087，51509，51525	11	△			×	×	△	△		△		11		
			其他氧化性物质（配方号13所列品名除外）	51002—51042，51047—51067，51069，51080—51083，51502—51508，51510—51524，51526，51527	12	△			×	×	△	△		△		×	12	
		硝酸胍、高氯酸醋酐溶液、过氧化氢尿素、二氯异氰尿酸、三氯异氰尿酸、四硝基甲烷等有机过氧化物		51068，51075—51079，52001—52103	13	×			×	×	×	×		△	△	×	×	13

说明：

一、配放符号

1. 无配放符号表示可以配放；
2. △表示可以配放，堆放时至少隔离2m；
3. ×表示不可以配放；
4. 有“注1”“注2”等注释时，按注释规定办理。

二、注释

1. 除硝酸盐（如硝酸钠、硝酸钾或硝酸铵等）与硝酸、发烟硝酸可以混存外，其他情况皆不得混存；
2. 氧化性物质不得与松软的粉状可燃物（如煤粉、焦粉、炭黑、糖、淀粉、锯末等）混存；
3. 饮食品、粮食、饲料、药品、药材类、食用油脂及活动物不得与贴有毒性气体、毒性物质、感染性物质包装标志的物品，及有恶臭能使货物污染异味的物品，以及畜禽产品中的生皮张、生毛皮（包括碎皮）、畜禽毛、骨、蹄、角、鬃等物品混存；
4. 饮食品、粮食、饲料、药材类、食用油脂与按普通货物运输的化工原料、化学试剂、香精、香料应隔离1m以上；
5. 漂白粉与过氧化氢、易燃物品、非食用油脂应隔离$2m^2$以上；与饮食品、粮食、饲料、药品、药材类、食用油脂、活动物不得混存；
6. 贴有易燃液体包装标志的液态农药不得与氧化性物质和有机过氧化物混存。

					1	2	3	4	5	6	7	8	9	10	11	12	13	14	15	16	17	18	19	20
危险货物	毒性物质	氰化物	61001—61005	14										×				14						
危险货物	毒性物质	其他毒性物质（注6）	61006—61205，61501—61520，61551—61941	15										△					15					
危险货物	腐蚀性物质 / 酸性腐蚀性物质	溴	81021	16	△				△		×	△	△				×	×	△	16				
危险货物	腐蚀性物质 / 酸性腐蚀性物质	发烟硝酸、硝酸、硝化酸混合物、废硝酸、废硝化混合酸、发烟硫酸、硫酸、含铬硫酸、废硫酸、淤渣硫酸、氯磺酸	81001—81004，81006—81009，81023	17	×	△	△	×	△	△	×	×	△	△	×	注1	×	×	△	△	17			
危险货物	腐蚀性物质 / 酸性腐蚀性物质	其他酸性腐蚀性物质	81005，81010—81020，81022，81024—81135，81501—81647	18	△			△			△		△	△	△	△	△	×	△		△	18		
危险货物	腐蚀性物质	碱性腐蚀性物质（水合肼、氨水不得与氧化性物质和有机过氧化物配放） 其他腐蚀性物质	82001—82041，82501—82526，83001—83030，83501—83514	19									△								×		19	
普通货物	易燃普通货物			20	×			×						△			△			△	×			20
普通货物	饮食品、粮食、饲料、药品、药材类、食用油脂（注3）（注4）			21	△			×	△	△	×		×	△				×	×	×	×	×	△	21
普通货物	非食用油脂			22										△						×	×			22
普通货物	活动物（注3）			23	×			×	△	△	×		×	×	△	△	△	×	×	×	×	×	×	23
普通货物	其他（注3）（注4）			24																				24
配放号					1	2	3	4	5	6	7	8	9	10	11	12	13	14	15	16	17	18	19	

办理危险货物运输的托运单必须是红色的或带有红色标志的，以引起注意。

（2）包装与标志

危险货物包装应根据不同的货物类别、储存及运输要求等使用特定的材料及容器，并要以一定的包装方法包装。容器的封口、衬垫、捆扎及每件最大重量等都必须符合规定要求，每件包装上应有规定的包装标志及危险货物包装标志。

（3）配装

公路运输危险货物必须严格按照规定进行配装，性质不同而相互有影响的货物不得拼装一车。装运火药类的爆炸品，以车辆核定吨位的80%为限。装运一级腐蚀性酸类物资，不得超过两层。严禁用铁货厢、平板车装运危险货物，并一律不带挂车。装运危险货物的车厢，应配备必要的消防防护设备；装运易燃货物的车辆，排气管应装置火星熄灭器，防止火星飞溅造成火灾。

（4）装车

在危险货物装车之前，先要调查清楚待装运危险货物的特性、处理方法和防护措施等。作业场所宜选择避免日光照射、隔离热源和火源、通风良好的地点。要详细检查所装危险货物与运输文件上所载内容是否一致，容器、包装和标志是否完好。若发现包装有损坏，容器有泄漏现象，则应请发货单位调换包装、容器，或经修理加固，符合安全运输要求方可装运，严禁冒险装运。

装卸人员要注意防护，穿戴必要的防护用品，严格执行装卸安全操作规程，不得使用发生火花的工具，必须轻装轻卸，防止货物撞击、震动、摩擦、重压、倒置、滚翻和摔倒，确保安全装卸。

（5）运送

装载爆炸性、放射性物品，托运方必须派人随车押运。凡装载危险货物的车辆，除押运人员外，不得乘搭其他人员。车前应悬挂“有危险”字样的三角旗，并按当地公安部门指定的路线、时间行驶。行驶中，驾驶员应严格遵守交通规则和操作规程，保持一定车距和合理行驶速度，避免紧急制动，严禁超速和强行超车，中途停车应选择安全点停放，押运人员不得远离。

（6）漏散处理

在危险货物装运过程中，若出现漏散现象，应该根据所运危险货物的特性及时采取相应的防护方法及措施。

（7）消防措施

装运危险货物的车辆发生火警，有关人员应根据所装货物的特性，采取不同的灭火方法，立即尽力扑救，防止火势蔓延，减少损失。

（8）卸车交付

危险货物卸车时，不得采用抛扔、坠落和拖曳等方法，避免货物之间的撞击和摩擦。要做到交付无误，交付后并对车辆进行清洗、消毒处理。

全面管控危险货物运输是交通运输可持续发展的应有之义，关系到国家及社会的安全稳定，应当在国家规划层面统筹危险货物的产、运、销一体化布局。石油、天然气及其大量液态化工产品，是危货运输的主要对象，而且产销关系的地域联系相对固定，应采用管道运输为主、其他方式为辅的运输结构，并积极发展和应用适合于危货安全运输的新材料、新装备、新技术。

随着技术进步和经济发展，为满足社会生产和生活需求，新的危险货物特别是危险化学品将不断涌现，其理化性质和运输条件必须及时得到主管部门组织的检测、认证并列入危险货物品名表，以确保运输持续安全。

参考文献

[1] 中华人民共和国国家质量监督检验检疫总局. 危险货物分类和品名编号：GB 6944—2012 [S]. 北京：中国标准出版社，2012.
[2] 中国国家标准化管理委员会. 危险货物品名表：GB 12268—2012 [S]. 北京：中国标准出版社，2012.
[3] 中华人民共和国铁道部. 铁路危险货物办理站、专用线（专用铁路）货运安全设备设施暂行技术条件[S]. 北京：中国铁道出版社，2010.
[4] 中华人民共和国交通运输部，道路危险货物运输管理规定：JT/T 617—2018 [S]. 北京：中国标准出版社，2018.
[5] 贾晓燕. 基于动态时空服务网络的危险货物运输配送方案研究[D]. 兰州：兰州交通大学，2020.
[6] 韩梅. 铁路货运技术[M]. 北京：中国铁道出版社，2010.
[7] 韩杨，刘娜. 物流运输管理实务[M]. 北京：清华大学出版社，2020.
[8] 蒋亮. 物流设施与设备[M]. 2版. 北京：清华大学出版社，2018.